福建江夏学院学术著作出版资助

宅基地使用权抵押法律制度研究

钟三宇 ◎ 著

中国社会科学出版社

图书在版编目(CIP)数据

宅基地使用权抵押法律制度研究／钟三宇著．—北京：中国社会科学出版社，2024.5

ISBN 978-7-5227-3055-4

Ⅰ.①宅⋯　Ⅱ.①钟⋯　Ⅲ.①农村—住宅建设—土地管理法—研究—中国　Ⅳ.①D922.324

中国国家版本馆 CIP 数据核字(2024)第 037549 号

出 版 人	赵剑英
责任编辑	梁剑琴
责任校对	赵雪姣
责任印制	郝美娜
出　　版	中国社会科学出版社
社　　址	北京鼓楼西大街甲 158 号
邮　　编	100720
网　　址	http：//www.csspw.cn
发 行 部	010-84083685
门 市 部	010-84029450
经　　销	新华书店及其他书店
印　　刷	北京君升印刷有限公司
装　　订	廊坊市广阳区广增装订厂
版　　次	2024 年 5 月第 1 版
印　　次	2024 年 5 月第 1 次印刷
开　　本	710×1000　1/16
印　　张	13.25
插　　页	2
字　　数	224 千字
定　　价	78.00 元

凡购买中国社会科学出版社图书，如有质量问题请与本社营销中心联系调换
电话：010-84083683
版权所有　侵权必究

序

农村宅基地使用权,是我国农村土地制度的重要组成部分,是我国具有农民身份者特别享有的一项独立的用益物权,具有严格的身份性、从属性,使用的无偿性、永久性范围的严格限制性等特点,关系到亿万农民的切身利益。然其抵押问题,历来争议颇多,法律与政策之间,常有抵牾。《民法典》延续了《担保法》《物权法》明令止宅基地使用权金融化,禁止其抵押的规定。现行宅基地使用权禁止抵押的法律制度安排,与中央政策导向宅基地使用权金融化探索存在较大矛盾冲突,因而造成宅基地使用权金融化探索受限于法律层面的窘境。

现行立法与党政国策的不一致,导致就宅基地使用权抵押问题产生有多种不同理论学说,诸多学者从不同角度著书立说,进行了仁者见仁、智者见智的阐述,对破解现行宅基地使用权禁止抵押的法律制度安排与中央政策导向宅基地使用权金融化探索存在的相悖问题进行了积极的、有益的探索。在汗牛充栋的相关论著中,钟三宇教授的《宅基地使用权抵押法律制度研究》独出机杼,别具新意,具有很强的理论性、指导性和可操作性。钟教授的专著,从宅基地使用权的法律属性切入,提出宅基地使用权应当界定为"类所有权"或"超用益物权",为我们理解宅基地使用权抵押问题提供了全新的视角。

在我看来,本专著有几个方面的创新:一是为破解宅基地使用权禁止抵押制度的窘境,在规则构造方面,提出了坚持和完善宅基地集体所有制度、对利益相关者进行均衡保护以及效率与公平相统一的原则。这些原则不仅体现了法律的公正与公平,也彰显了对农民根本利益的深切关怀。二是阐述了宅基地资格权和使用权的辩证关系,认为如何处理好宅基地使用权与宅基地资格权之间的关系,直接关系到我国能否建立科学的农民住房财产权抵押制度，提出应将宅基地资格权作为无偿取得宅基地使用权的唯一条件，宅基地资格权不可转让。三是对宅基地使用权抵押当事人资格界定、抵押程序设置以及抵押权实现后果等问题进行了深入探讨，为我们构建科学、合理的宅基地使用权抵押制度提供了有益的参考。四是在论证宅基地使用权抵押融资功效时，结合用益物权属性，提出了抵押融资是宅基地使用权实现该权利的重要功能之一，《民法典》将宅基地使用权置于"用益物权编"，就不可否认地表明其收益功能，而抵押，是获得融资的合法收益的重要方式之一。五是在改善宅基地使用权抵押的运行机制方面，从宅基地使用权确权登记、价格评估以及农村产权交易市场等方面提出了具体的优化建议。这些建议既具有前瞻性，又具有很强的可操作性，为我们推动宅基地使用权抵押制度的改革与发展提供了有力的理论支撑。

"问渠那得清如许？为有源头活水来。"这部专著正是我们探索宅基地使用权抵押法律问题的源头活水。它汇聚了钟三宇教授的智慧与心血，也凝聚了我们对宅基地使用权抵押制度改革与发展的期望和憧憬。相信在未来的日子里，这部专著将成为我们研究宅基地使用权抵押法律问题的重要参考文献，为我国的农村法治建设贡献出它独特的力量。

"桃李不言，下自成蹊。"作为钟三宇教授的硕士生导师和博士生导师，我有幸见证了他从学生时代埋头苦读，至硕士阶段的孜孜以求，再到刻苦攻读博士学位上下求索的成长历程；见证了他从一位青涩学子、经过法学实践、教书育人，逐渐成为法学领域研究者的历程。这部专著的出版，不仅将对宅基地使用权抵押问题的研究产生较大的影响，为相关政策的制定和完善提供有力的理论支持和实践指导，同时也是钟三宇教授个人学术生涯中的一个重要里程碑，我为他所取得的成就感到由衷的欣慰和骄傲！

"长风破浪会有时，直挂云帆济沧海。"愿钟三宇教授在未来的学术道路上乘风破浪、勇往直前，为我国法学研究和法治建设贡献更多的智慧和力量。

是为序。

西南政法大学经济法学院教授、博士研究生导师、法学博士
2024 年 3 月 31 日

前　　言

　　2004年修订的《土地管理法》第11条、第62条、第63条，对集体土地所有权，集体土地使用权，农村宅基地的取得、转让、出租住房等方面进行规定。从这些条款上看，并不能推导出宅基地使用权禁止流转或者抵押的结论。但是，原《物权法》《担保法》却明确禁止宅基地使用权金融化，禁止其抵押。① 《民法典》延续了相关规定。② 现行宅基地使用权抵押的法律制度安排与党的十八届三中全会，2014年、2015年"中央一号文件"相悖。法律与中央政策导向的悖论，造成宅基地使用权金融化法律上的困境。

　　2013年11月22日召开党的十八届三中全会通过了《中共中央关于全面深化改革若干重大问题的决定》，明确了中央政府对宅基地使用权抵押贷款的态度。该决定第六部分明确指出："保障农户宅基地用益物权，改革完善农村宅基地制度，选择若干试点，慎重稳妥推进农民住房财产权抵押、担保、转让，探索农民增加财产性收入渠道。"2014年"中央一号文件"《关于全面深化农村改革加快推进农业现代化的若干意见》进一步指出，要慎重稳妥推进农民住房财产权抵押、担保、转让。2015年11月，中共中央办公厅、国务院办公厅印发《深化农村改革综合性实施方案》，提出宅基地制度改革的基本思路是探索农民住房财产权抵押、担保、转让的有效途径。2016年12月，中共中央、国务院发布《关于稳定

---

① 《物权法》第184条："下列财产不得抵押：……（二）耕地、宅基地、自留地、自留山等集体所有的土地使用权，但法律规定可以抵押的除外……"《担保法》第37条："下列财产不得抵押：……（二）耕地、宅基地、自留地、自留山等集体所有的土地使用权，但本法第三十四条第（五）项、第三十六条第三款规定的除外……"

② 《民法典》第399条规定，宅基地、自留地、自留山等集体所有土地的使用权，但是法律规定可以抵押的除外。

推进农村集体产权制度改革的意见》，提出要落实农民的宅基地使用权的民主管理权利，赋予农民更多的财产性权利。中央政策对宅基地使用权权能松绑的方向应当是相当明确的，各地方政府在中央政策的助推下，也开展了一些有益的实践，然而，宅基地使用权抵押这一制度破题，并不仅仅是中央政策层面的松绑，甚至于法律层面的修订如此简单。

农业经营融资难问题一直是农民、农业经营者难以跨越的鸿沟。宅基地使用权抵押的制度价值是促使农村经济发展模式朝着多元化方向发展，为"三农"问题的制度破解寻找着力点和激励措施，使农户能够通过资源的流动获得一定的增值收益。然而，宅基地使用权抵押不管是在地方试点上，还是中央政策上，仍存在诸多问题需要解决。有必要以宅基地资格权和使用权分离为视角，对宅基地使用权抵押的制度化问题进行系统性研究，厘清宅基地使用权的保障性、福利性和效益性的关系，宅基地用途管制与金融机构宅基地抵押权实现的关系，宅基地所有权与使用权主体的关系，宅基地使用权主体内部的关系等基本问题。提出解决宅基地抵押价值问题，处理好宅基地抵押权实现及相关利益主体博弈问题，完善宅基地抵押价值评价体系和信贷担保机制；解决法律规定之间的悖论、法律与政策之间的背反，为现行立法的修改、实践提供可操作性建议。

除引言和结语外，正文共五章，内容分别为：

第一章：宅基地使用权抵押的基本问题。第一，本书从宅基地使用权的法律文本表达与解读入手，认为我国不同时期的宅基地制度分别体现在与该时期相对应的法律规范当中，通过梳理不同时期的相关法律规范可以得知，我国宅基地制度经历了一个由宅基地私有到宅基地集体所有的发展历程。它是自中华人民共和国成立后历经土地改革、合作化运动、人民公社以及家庭承包制等频繁而又艰难的制度改革而最终得以确立的。第二，归纳和评述了理论界关于宅基地法律属性的四种学说，即地上权说、自物权说、法定租赁权说和用益物权说，在此基础上阐述了本书关于宅基地使用权法律属性的认识，即认为宅基地使用权的法律属性应当界定为"类所有权"或"超用益物权"。第三，阐述了宅基地使用权的功能变迁，认为在宅基地私有和宅基地集体所有的初期，宅基地主要发挥着"居者有其屋"的社会保障功能，而在宅基地使用权流转探索时期，宅基地使用权的资产功能日益凸显。第四，阐述了宅基地资格权和使用权的辩证关系,认为处理好宅基地使用权与宅基地资格权之间的关系,直接关系到我国能否建立科学的农民住房财产权抵押制度,提出应将宅基地资格权作为无偿取得宅基地使用权的唯一条件,宅基地资格权不可转让等创新性观点。第五,从宅基地使用权流转的立法与司法现状以及宅基地使用权的实践情况阐释了我国宅基地使用权流转的现状,归纳了现阶段我国宅基地使用权流转所面临的困境,认为宅基地使用权抵押具有与农村房屋买卖、农村房屋租赁、农村房屋赠与、宅基地使用权入股等宅基地使用权流转方式不可比拟的独特优势。

第二章:宅基地使用权抵押制度及其窘境。首先,从宅基地使用权的含义与特征切入,讨论了宅基地使用权抵押制度产生和发展的可能性,认为农村新型农村养老保险制度、新型农村合作医疗制度、农村最低生活保障制度以及新型农村"五保"供养制度的建立与完善使得宅基地使用权抵押行为的产生成为可能。与此同时,还辩证地分析了农村社会保障体系与宅基地使用权抵押二者之间的关系。其次,宅基地使用权抵押是农村金融创新的产物,认为宅基地使用权抵押是农村金融环境市场化改革的关键突破口,宅基地使用权抵押业务是农村金融创新的典范,应当以此为突破口深化农村金融市场化改革。最后,论述了权利"捆绑"引发的农民住房财产权抵押实践困境,提出不少地方的试点政策因未有效处理好宅基地资格权与使用权的关系,导致试点工作陷入困境,主要包括前置条件限制了农民住房财产权抵押实践、抵押权实现的高风险性降低了金融机构的参与积极性、裁判依据的缺失使抵押权的实现缺乏司法保障,等等。

第三章:宅基地使用权抵押的政策破局与实践探索。第一,从中央层面和地方政府层面,梳理和归纳了我国宅基地使用权抵押的实践依据。第二,归纳了我国当前各地方宅基地使用权抵押的典型探索,包括成都、重庆、浙江、安徽以及广东等地方探索。第三,总结了各地模式中宅基地使用权抵押的经验,包括宅基地土地属性转化、宅基地跟随农村房屋一并抵押、重视宅基地被处置后农民权益的保障问题、土地确权管理工作得到加强、初步建立宅基地使用权价值评估机制、在宅基地抵押中引入担保机构、初步建立了风险分散机制、初步建立了农村产权交易平台,等等。第四,阐述了宅基地使用权抵押地方实践存在的问题,认为我国宅基地使用权试点存在主体过于狭窄、缺乏统一的标准和程序以及风险分散机制不完善、开展宅基地抵押融资业务的金融机构较少、抵押权的实现缺乏司法保障、宅基地价值评估机制不完善等诸多问题。第五，结合前期调研，对影响村民以宅基地使用权抵押贷款意愿的因素进行了分析，认为村民自身特征、所在家庭的特征、所在家庭的社会经济特征等对宅基地使用权抵押意愿均会产生影响。

第四章：宅基地使用权抵押的规则构造。首先，提出我国构建宅基地使用权抵押应当遵循坚持和完善宅基地集体所有制度、对利益相关者进行均衡保护以及效率与公平相统一三个原则。其次，阐述了宅基地使用权抵押当事人的资格界定。在抵押人资格认定方面，认为抵押人在抵押权实现后仍可以有偿取得宅基地使用权，不应强制要求抵押人在抵押权实现后有居住场所，抵押人可以其宅基地使用权为他人债务设定抵押；在抵押权人的资格界定方面，认为除了正规金融机构，可以让非正规金融机构、其他组织甚至是有充足闲置资金的自然人参与到宅基地使用权抵押业务中来。再次，在宅基地使用权抵押程序设置方面，指出宅基地使用权抵押无须经本集体经济组织的同意、通过宅基地使用权抵押获得贷款的用途不应受到限制以及宅基地使用权抵押期限应当受到限制。最后，对宅基地使用权抵押权之实现后果作了探讨，认为除了以折价、拍卖、变卖等方式来实现抵押权外，还可以通过强制管理的方式来实现抵押权。在宅基地使用权抵押权实现后的受让人的范围方面，不应作出限制，但为了最大限度保护本集体经济组织及其成员的利益，应赋予本集体经济组织及其成员在同等条件下的优先购买权。

第五章：宅基地使用权抵押的运行机制改善。首先，提出应当从宅基地使用权确权登记、宅基地使用权价格评估以及农村产权交易市场三个方面来优化我国宅基地使用权抵押的外部环境。其次，对各项外部制度环境进行分析和讨论，关于宅基地使用确权登记，认为应完善宅基地使用权的审批与监管程序，落实宅基地使用权确权登记费用，并且在标准先行的基础上对宅基地的功能区进行合理界定；关于宅基地使用权价格评估，应完善宅基地使用权价格评估的基础性工作，推动市场化的农村土地使用权价格评估机构的成立，建立宅基地使用权基准价格制度；关于农村产权交易市场，应通过强化政策支持来推动农村产权交易市场的进一步发展，将农村产权交易市场界定为公益性服务机构，创新管理机制，通过寻求与区域综合产权交易市场的合作，创新运行机制。

目 录

引言 …………………………………………………………………（1）
  一 本书的研究目的及意义 …………………………………（1）
  二 本书选题研究现状阐述 …………………………………（7）
  三 本书所使用的主要研究方法 ……………………………（9）
  四 本书可能的创新之处 ……………………………………（10）

第一章 宅基地使用权抵押的基本问题 ……………………………（13）
  第一节 宅基地的法律文本表达与解读 ……………………（13）
    一 中华人民共和国成立初期宅基地私有时期的
       宅基地立法 ……………………………………………（13）
    二 政社合一时期的宅基地立法 …………………………（14）
    三 家庭联产承包时期的宅基地立法 ……………………（15）
    四 民法典时代的宅基地立法 ……………………………（17）
  第二节 宅基地使用权的法律属性 …………………………（18）
    一 宅基地使用权法律性质的文本表达 …………………（19）
    二 宅基地使用权法律属性的四种学说 …………………（20）
    三 宅基地使用权法律属性的厘定 ………………………（26）
  第三节 宅基地的功能变迁与诠释 …………………………（36）
    一 宅基地私有和宅基地集体所有初期："居者有其屋"
       的保障功能 ……………………………………………（36）
    二 宅基地使用权流转探索时期：资产功能的显现 ……（37）
  第四节 宅基地使用权流转效力的异化与演进 ……………（40）
    一 宅基地使用权流转之司法裁判追问 …………………（40）

二　宅基地使用权流转之法律渊源比照 …………………………(41)
　　三　宅基地使用权流转之司法逻辑思辨 …………………………(46)
　　四　宅基地使用权流转之发展向度省思 …………………………(47)
第五节　供给侧结构性改革下的宅基地使用权流转 ………………(50)
　　一　供给侧结构性改革：宅基地使用权流转制度的革新力量……(51)
　　二　现实制约因素：宅基地使用权流转制度革新的困境 ………(54)
　　三　"三权分置"：供给侧结构性改革下宅基地使用权流转
　　　　制度的制度因应 ………………………………………………(57)
第六节　宅基地资格权与使用权关系辨析 …………………………(61)
　　一　应将宅基地资格权作为无偿取得宅基地使用权的
　　　　唯一条件 ………………………………………………………(61)
　　二　宅基地资格权不可转让 ………………………………………(62)
　　三　应严格区分一般意义与用益物权意义的宅基地使用权 ……(62)
　　四　明确用益物权意义上的宅基地使用权登记生效主义 ………(63)
第七节　宅基地使用权抵押在宅基地流转中的地位 ………………(63)
　　一　宅基地使用权流转的常见方式 ………………………………(63)
　　二　宅基地使用权抵押同其他流转方式相比具有独特优势 ……(70)

第二章　宅基地使用权抵押制度及其窘境 ……………………………(73)
第一节　宅基地使用权抵押制度的产生 ……………………………(73)
　　一　宅基地使用权抵押的含义与特征 ……………………………(73)
　　二　宅基地使用权抵押制度产生与发展的可能性 ………………(74)
第二节　宅基地使用权抵押与农村金融 ……………………………(79)
　　一　宅基地使用权抵押是农村金融创新的产物 …………………(79)
　　二　宅基地使用权抵押在农村金融创新中的定位 ………………(89)
第三节　宅基地使用权抵押及抵押权实现面临的困境 ……………(92)
　　一　前置条件限制了农民住房财产权抵押实践 …………………(93)
　　二　抵押权实现的高风险性降低了金融机构的参与积极性 ……(93)
　　三　裁判依据的缺失使抵押权的实现缺乏司法保障 ……………(94)
　　四　政府兜底性的风险分担机制"提高了"农民违约
　　　　可能性 …………………………………………………………(95)

第三章　宅基地使用权抵押的政策破局与实践探索 …………………(96)
第一节　宅基地使用权抵押的政策破局 ……………………………(96)

一　中央层面出台的相关政策 …………………………………（96）
　　二　地方政府出台的规范性文件 ……………………………（97）
　第二节　宅基地使用权抵押的地方实践 …………………………（99）
　　一　成都探索 ………………………………………………（100）
　　二　重庆探索 ………………………………………………（103）
　　三　浙江探索 ………………………………………………（105）
　　四　安徽探索 ………………………………………………（107）
　　五　广东探索 ………………………………………………（109）
　第三节　宅基地使用权抵押地方实践评析 ………………………（111）
　　一　宅基地使用权抵押地方实践的经验归结 ………………（111）
　　二　宅基地使用权抵押地方实践存在的问题 ………………（116）
　第四节　宅基地使用权抵押意愿样本分析 ………………………（127）
　　一　被调研村民的基本情况 …………………………………（128）
　　二　宅基地使用权抵押贷款意愿情况与分析 ………………（132）
　　三　宅基地使用权抵押贷款意愿影响因素分析 ……………（134）

第四章　宅基地使用权抵押的规制构造 ……………………………（136）
　第一节　构建宅基地使用权抵押制度应遵循的原则 ……………（136）
　　一　坚持和完善宅基地集体所有制度 ………………………（136）
　　二　对利益相关者进行均衡保护 ……………………………（142）
　　三　效率与公平相统一 ………………………………………（145）
　第二节　宅基地使用权抵押当事人资格界定 ……………………（147）
　　一　宅基地使用权抵押人的资格界定 ………………………（147）
　　二　宅基地抵押权人的资格界定 ……………………………（150）
　　三　缴纳宅基地使用权租赁费 ………………………………（152）
　第三节　宅基地使用权抵押程序设置 ……………………………（153）
　　一　宅基地使用权抵押机制体系 ……………………………（153）
　　二　宅基地使用权抵押无须经本集体经济组织的同意 ……（153）
　　三　通过宅基地使用权抵押获得贷款的用途在法律上
　　　　不应受到限制 ……………………………………………（154）
　　四　宅基地使用权抵押期限应当受到限制 …………………（155）
　第四节　宅基地使用权抵押权之实现后果 ………………………（156）
　　一　宅基地使用权抵押权的实现方式 ………………………（156）

二　宅基地使用权抵押权实现时的受让人资格 …………… (157)
　　三　关于"房地一体"原则与"房地分离"原则的
　　　　选择问题 ……………………………………………… (159)
　　四　建立市场化的"专项风险补偿基金" ………………… (161)
第五章　宅基地使用权抵押的运行机制改善 …………………… (162)
　第一节　完善宅基地确权登记制度 ………………………………… (162)
　　一　我国宅基地确权登记中存在的问题 …………………… (162)
　　二　我国宅基地确权登记中存在问题的原因 ……………… (163)
　　三　我国宅基地确权登记制度的完善 ……………………… (164)
　第二节　构建宅基地价格评估制度 ………………………………… (167)
　　一　宅基地价格评估制度是构建宅基地抵押制度的
　　　　必备要件 …………………………………………………… (167)
　　二　我国宅基地价格评估发展现状 ………………………… (168)
　　三　我国宅基地价格评估存在的问题 ……………………… (170)
　　四　构建宅基地价格评估制度的对策 ……………………… (171)
　第三节　进一步完善农村产权交易市场 …………………………… (173)
　　一　完善农村产权交易市场的意义 ………………………… (174)
　　二　完善我国农村产权交易市场的建议 …………………… (175)
结　论 …………………………………………………………………… (178)
主要参考文献 …………………………………………………………… (182)
后　记 …………………………………………………………………… (198)

引 言

一 本书的研究目的及意义

（一）本书研究目的

2004年修订的《土地管理法》第11条、第62条、第63条，对集体土地所有权、集体土地使用权以及农村宅基地使用权的取得、转让等作出了规定。2019年修正的《土地管理法》，保留了2004年《土地管理法》中的土地分为农用地、建设用地和未利用地三分法，将宅基地置于建设用地之下，是农村村民专享的修建住宅用地；同时，保留了宅基地属于农民集体所有，农村村民"一户一宅"、面积不得超过各省（自治区、直辖市）标准，出卖、出租、赠与住宅后不得再申请宅基地的规定。① 从这些条款上看，并不能推导出宅基地禁止流转的结论。

就权利内容而言，住房财产权应包含房屋所有权和土地使用权两种财产。从权利属性来看两种均属于物权，故前者应独立于后者，但从物理状态来看前者又必须依附于后者而存在。出于避免权利冲突、简化交易关系以及节约交易成本等目的考虑，我国立法针对城镇房屋和建设用地采取了"房地一致"的原则，对于农民住房及宅基地使用权是否适用或准适用此原则，立法并未作出明确规定，从而导致理论与实务中疑问丛生。② 《民法典》第395条第1款规定，债务人或者第三人有权处分的"建筑物和其他土地附着物"为可以抵押的财产。按照该条文之规定，农民自然可以在其拥有所有权的房屋上设定抵押。然而，《民法典》第399条规定，宅基地等集体所有的土地使用权不得抵押，但是，法律另有规定的除外。

---

① 参见《土地管理法》（2019年）第4条、第9条、第62条；《土地管理法》（2004年）第4条、第8条、第62条。

② 高圣平：《农民住房财产权抵押规则的重构》，《政治与法律》2016年第1期。

上述条文关于农民房屋与宅基地使用权抵押关系之处理，与《民法典》第 397 条所规定的房地产抵押关系形成鲜明对比。①

《民法典》试图通过"法律另有规定的除外"这一立法技术为宅基地使用权的抵押预留空间，但在我国现有的法律条文中未见有关规定。此外，《土地管理法》规定集体经济组织内的农民可以出卖或者出租宅基地上的房屋，但却未规定房屋出租或者出卖后宅基地使用权的流转方式。我国既有立法对宅基地使用权流转有严格限制，从本质上而言，我国的宅基地以身份为前提，宅基地资格权与宅基地使用权依然被牢固地捆绑在一起。从法律文本上看，根据《国家标准土地基本术语》（GB/T 19231—2003），宅基地概念的内涵还是比较明确的②，是村民所享有的一种重要的用益物权。③ 但《民法典》在确立宅基地使用权的独立用益物权地位的同时，又规定宅基地使用权人仅享有占有和使用宅基地，并无收益的权利。④ 流转仅限于具有本集体经济组织成员资格的主体之间，这与《民法典》所规定的用益物权人享有的占有使用收益的权利不一致。⑤ 宅基地使用权在事实上蜕化为一项虚设的用益物权，相较于同样作为用益物权的建设用地使用权、农村土地承包经营权，宅基地使用权显然没有受到平等保护。就如厉以宁教授所言，当私人产权受到限制时，便不再是完整意义上的私人产权。⑥ 有学者指出，如果将宅基地使用权的功能仅停留在最低层面，"不仅低估了宅基地的巨大潜在价值，也是忽略了农民新的更高合理要求"⑦。从法理上讲，立法具有天生的滞后性。这种滞后性尤为突出地体现在了宅基地使用权流转立法方面。追求更高生活水平的农民也渴望宅基地使用权能够流转起来。而既有的法律制度显然不能满足农民的这种合

---

① 《民法典》第 397 条：以建筑物抵押的，该建筑物占用范围内的建设用地使用权一并抵押。以建设用地使用权抵押的，该土地上的建筑物一并抵押。抵押人未依据前款规定一并抵押的，未抵押的财产视为一并抵押。

② 《国家标准土地基本术语》（GB/T 19231—2003）规定，宅基地使用权是指经依法审批，由农村集体经济组织分配给其成员用于建筑住宅及其他有关附属物的、无使用期限限制的集体土地建设用地使用权。

③ 苟正金、吴炜：《宅基地使用权退出法律规制研究——以江西省某县为调查对象》，《西南民族大学学报》（人文社会科学版）2019 年第 7 期。

④ 参见《民法典》第 362 条。

⑤ 参见《民法典》第 323 条。

⑥ 厉以宁：《资本主义的起源——比较经济史研究》，商务印书馆 2003 年版，第 161 页。

⑦ 贺日开：《我国农村宅基地使用权流转的困境与出路》，《江苏社会科学》2014 年第 6 期。

理需求。

　　转让和抵押在法律性质上均属处分，并且前者比后者对财产的处分更彻底。根据举重以明轻的原则，法律规定可转让的财产，进行抵押等担保方式并无不可。这种法律规定上的悖论，造成了宅基地使用权金融化法律上的困境。然则，随着城市化的发展，基于盘活城市周边农村宅基地的流转及增加农民资产等考量，各级政府和金融机构都一直尝试突破现有法律的限制，开展农村土地抵押试点，这成为农村金融创新的重要组成部分。2008年，中国人民银行、银监会发布《关于加快推进农村金融产品和服务方式创新的意见》，要求从2008年下半年起，在中部6省、东北3省中各选2—3个有条件的县、市开展农村金融服务改革、产品创新试点，探索创新贷款担保方式，扩大有效担保品范围，加大对农村的融资担保服务。由此，农地"三权"抵押就此在全国部分省市开始试点。据笔者不完全统计，全国至少有15个省市开展了农村宅基地抵押贷款试点。在这一背景下，中国人民银行、银保监会等部门对宅基地使用权抵押贷款的限制也逐步放松。2010年，中国人民银行等四部门联合发布《关于全面推进农村金融产品和服务方式创新的指导意见》，意见要求在不改变土地集体所有性质、不改变土地用途的前提下，在全国范围内推进农村金融产品和服务方式创新工作。因此，研究和分析宅基地使用权抵押问题，对于如何解决农民融资难问题有重要实践意义，对丰富农村抵押贷款理论也有理论意义。

　　中央政府通过督查各地农户土地抵押试点工作，发现农户土地抵押产生了良好的效果，逐步放宽了宅基地使用权抵押的限制，允许有条件的地方政府适度放开农村土地流转，赋予农户农民更多的财产性权利。党的十八届三中全会通过的《中共中央关于全面深化改革若干重大问题的决定》指出："保障农户宅基地用益物权，改革完善农村宅基地制度，选择若干试点，慎重稳妥推进农民住房财产权抵押、担保、转让，探索农民增加财产性收入渠道。"2014年"中央一号文件"《关于全面深化农村改革加快推进农业现代化的若干意见》进一步指出，要慎重稳妥推进农民住房财产权抵押、担保、转让。[①] 2015年11月，中共中央办公厅、国务院办公厅印发《深化农村改革综合性实施方案》，提出宅基地制度改革的基本思

---

① 参见《关于全面深化农村改革加快推进农业现代化的若干意见》第19条。

路是探索农民住房财产权抵押、担保、转让的有效途径。2016年12月，中共中央、国务院发布《关于稳定推进农村集体产权制度改革的意见》，提出要落实农民的宅基地使用权的民主管理权利，赋予农民更多的财产性权利。从上述文件看，在政策层面已认可了宅基地使用权抵押，这是否预示着法律层面禁止性的突破，只剩下一层窗户纸，只需对相关法律法规进行修订，即可完成制度性的破题？

2018年"中央一号文件"《中共中央 国务院关于实施乡村振兴战略的意见》，第一次明确提出了农民宅基地"资格权"的概念及农民宅基地"三权分置"的概念，指出："完善农民闲置宅基地和闲置农房政策，探索宅基地所有权、资格权、使用权'三权分置'……适度放活宅基地和农民房屋使用权……"2019年"中央一号文件"《关于坚持农业农村优先发展 做好"三农"工作的若干意见》提出，继续坚持农村土地集体所有、不搞私有化，但要加快推进宅基地使用权确权登记颁证工作，力争2020年基本完成，以完善宅基地的权益保护。由此，农民住房财产权抵押改革试点工作，由党的政策上升为国家政策。党中央国务院推进农村土地"三权分置"推进了我国农村土地产权制度改革。[①] 在"三权分置"政策之下，集体土地所有权是我国农地权利构成的基础。[②]《土地管理法》（2019年修正）新增加就农村村民住宅被征收的，尊重农村村民意愿，采取重新安排宅基地建房、提供安置房或者货币补偿等方式给予公平、合理的补偿；允许进城落户的农村村民依法自愿有偿退出宅基地、鼓励农村集体经济组织及其成员（以下简称农民、集体农民）盘活闲置宅基地和闲置住宅；对违反农村宅基地管理法律、法规的行为进行监督检查等规定。[③] 通读《土地管理法》（2019年修正），不难发现，新旧《土地管理法》都一致地坚持：宅基地仍然是农村村民享有的专有权利，即宅基地资格权。因此，宅基地所有权主体不变，我们应从宅基地使用权的权能构造着手，通过宅基地使用权权能的法律实现，以国家政策倡导的宅基地所有权不变，宅基地资格权与使用权"两权分离"的维度，探讨农民住房财产抵押困境及其制度规则建构。

[①] 唐烈英、童彬：《论农村土地"三权分置"法律制度之构建》，《社会科学》2018年第8期。

[②] 徐超：《承包地"三权分置"中"三权"的权利属性界定》，《西南民族大学学报》（人文社会科学版）2019年第7期。

[③] 《土地管理法》（2019年）第48条、第62条、第67条。

综上，宅基地使用权抵押这一制度破题，并不仅是法律层面的修订如此简单。不管是地方试点，还是中央政策的放开，仍存在诸多问题需要解决。诸如如何解决宅基地使用权的保障性、福利性和效益性的关系；如何处理宅基地用途管制与金融机构宅基地抵押权实现的关系；如何处理宅基地所有权与使用权主体的关系问题；如何协调宅基地使用权主体内部的关系问题；如何确定宅基地抵押价值问题；如何处理好宅基地抵押权实现及相关利益主体博弈问题；如何完善宅基地抵押价值评价体系和信贷担保机制；如何处理宅基地抵押合法化后立法的修正与实践问题，等等。通过对宅基地使用权抵押法律问题进行系统性研究，笔者期待厘清宅基地使用权抵押的法律内涵，为现行立法的修改、实践提供可操作性建议。

(二) 本书研究意义

1. 实践意义

某种意义上说，任何法学的问题，从根本而言，都是关于法如何在实践中得到有效应用的问题。宅基地使用权抵押法律研究的生命力只有在实践之中得到应用才能得以体现。具体到本书，笔者认为，其所具有的实践意义主要体现在以下几点：

第一，为宅基地使用权立法和司法衍生问题研究提供一份素材。我国在基本法层面，并没有明确禁止宅基地使用权的流转，但各地法院的司法指导意见和审判实践却推衍出宅基地使用权流转的法律效力以认定无效为原则，以认定有效为例外的处理规则。这种隐性制度安排，实际造成宅基地使用权"产权"制度不明晰，使宅基地使用权无法实现资源最优配置的流转。因此，有必要厘清宅基地使用权流转的标准和尺度，回归兼顾效率和保障的价值理念，对宅基地使用权流转效力的判定，应当主要考虑宅基地使用权流转是否违反了宅基地规划或用途管制。解决宅基地改革所面临的基础理论问题，为制度上完善宅基地权利配置，突破宅基地改革的瓶颈提供有价值的参考。

第二，为宅基地使用权抵押试点及未来推广提供可操作性的学理性借鉴。对于宅基地使用权的主体界定、抵押权实现、抵押体系设计、司法裁判、抵押模式选择等，立法与司法并未形成一致性的认识，各省市各自为政，缺乏统一性，因此而备受质疑。本书之研究，将为涉及宅基地使用权抵押提供一些可以参考的操作细节，如对于宅基地使用权抵押的模式总结和分析，抵押操作模型的设计，抵押权实现的障碍及其破解等，将对宅基地使用权抵押的具体操作提供些许借鉴。

第三,为完善我国农村金融供给建言献策。我国为"三农"发展所构建的金融供给,现在看来,为服务"三农"所设立的银行,如农业银行、农村信用社(现已大都改制为农村商业银行),均未能达到预期的作用,农村金融供给的资金基本上是逆向性流动,从农村中获得存款,却流向城市发放贷款,无法为"三农"发展提供持续的资金支持。造成这种后果的直接原因,就是农村市场无法提供符合银行体系要求的抵押物,无法为银行提供持续的盈利基础和风险管控机制。这就需要国家重新检讨农村金融供给体系,对正式金融履行社会责任提供激励和政策支持,对非正式金融进行激励性规制,共同为"三农"问题的破解提供良性的金融供给体系。

2. 理论意义

第一,填补既有相关研究的漏洞。学界对于宅基地使用权的研究多集中于宅基地使用权流转机制研究,相关文献探讨的多是宅基地所有权与使用权之二元关系辨析,宅基地使用权流转的制度困境,宅基地使用权流转模式、农户流转意愿调研与分析,宅基地使用权流转限制与政府职能定位等问题,对于宅基地使用权抵押合法化大背景下的立法和司法适用问题关注不多。尽管有学者以不同形式对宅基地使用权抵押路径选择、机制设计、政策分析等方面进行了研究,但是,因为缺乏系统性,而难以对宅基地使用权抵押的诸多基础性命题给予本源性关怀。笔者的选题"宅基地抵押"研究,将以一种整体性的系统视角来解构宅基地使用权抵押的法律内涵,对于宅基地的法律属性、功能价值,宅基地抵押的制度基础、法律保障、农村金融供给等基础性问题予以解读,将会在一定程度上填补学界对于宅基地抵押系统性研究的空白化状态,以为后续之研究提供些许借鉴。

第二,对宅基地使用权的物权属性,宅基地使用权的主体界定,宅基地使用权抵押的意思自治原则和国家干预原则、体系设计等宅基地使用权抵押的基础命题进行解读。宅基地使用权物权属性问题是涉及宅基地制度破解的基础性命题,是厘清宅基地所有权和使用权二元关系的关键;宅基地使用权主体在法律上的清晰界定,涉及宅基地使用权抵押制度是否具有可操作性,涉及宅基地使用权抵押法律关系确定及相关权利义务的实现;宅基地使用权抵押应遵循相关法律关系主体的自愿原则,但因宅基地使用权这一物权的特殊性，又离不开国家适度干预，二者关系的厘定，对推进宅基地使用权抵押法定化，具有重要意义；宅基地使用权抵押如何进行科学、合理的体系化设计，是宅基地使用权抵押具有可行性、可操作性、可控性的重要因素。

第三，为《土地管理法》《民法典》等法律法规的进一步完善提供参考性建议。中国目前的宅基地制度安排在一定历史时期内具有相当强的合理性，但是随着宅基地功能的变迁，宅基地的保障功能已逐渐减弱，特别是很多农户拥有多处宅基地以及宅基地闲置现象突出，农户向银行融资抵押物缺乏，这就有必要在一定限度上放宽宅基地使用权流转和抵押，实现宅基地保障性和效益性的并重。然而，现行法律层面对宅基地使用权抵押持否定性态度，为此，对其进行修订势在必行。问题是，对现行的宅基地使用权抵押制度安排如何修订？是否简单把《民法典》相关禁止性规定删除即可？答案当然是否定的，我们应当深入分析和理解中国宅基地使用权抵押制度的内在逻辑，厘清宅基地使用权抵押的制度内涵设计，保证宅基地制度上的优势而选择一条可以兼顾保障性和效益性之路的宅基地使用权抵押制度安排。对这些涉及宅基地使用权抵押制度安排的研究，将进一步澄清宅基地使用权抵押的不足之处和完善路径。如此，可以为未来相关法律法规的修缮提供些许可能性的路径。

二 本书选题研究现状阐述

第一，宅基地使用权的物权属性。在现代，各国物权法注重效益原则，重视财产价值形态的支配和利用。这种立法趋势反映到理论研究上，即是学者更加重视宅基地权利属性的研究。农村集体土地所有制到底是什么立法不清楚（江平，2007），国家、集体、个人的权利不明导致纷争（薛刚凌，2007），国家对集体土地（含宅基地）享有规划、整治、用途管制及征收等权力（沈守愚，2002；梁慧星，2004；王利明，2004），对集体土地所有权的宪法保护和平等对待（胡锦光，2007），以保障农民土地权益和增加农民财产性收益（吴越，2015；王小莹，2012），利益博弈、利益需求和利益分配中（李开国，2011；陈小君，2016），宅基地应当是一项独立的物权（刘俊，2015）。

第二，宅基地的权利主体及其流转主体。学者提出集体享有宅基地规划权（韩康、肖钢，2008）；对宅基地的分配，强调初始取得的身份性、无偿权（王利明，2004；梁慧星，2004；江平，2007），但有主张有偿性的（冯金宝，2006）；对取得城镇户籍的农户集体是否收回宅基地，存有争议（魏伟新等，2009）；对流转问题进行类型化处理（李开国，2011），学者综合探讨了宅基地使用权是否可以流转及流转条件（冯金宝，2006；刘俊，2016；王卫国，2015；北京大学国家发展研究院综合课题组，2010）以及农村集体土地流转的制度选择（吴越，2015）。

第三，宅基地收益分配。提出在保障农户个人权益前提下改革集体所有制，认为以集体经济组织进行土地流转不利于保护农户利益，但集体可以对流转的宅基地收益分配分成（北京大学国家发展研究院综合课题组，2010；韩松，2012），或者主张国家、集体、个人参与收益分配（胡传景等，2007；龙翼飞，2014；刘成高，2015）。

第四，宅基地使用权抵押。提出利用闲置宅基地为农户提供反向抵押为其养老（田芳仪，2012），以基础层的宅基地使用权及其衍生权利是最适宜的抵押物（成广军、杨遂全，2011），应当继续深入开展宅基地使用权抵押融资试点（朱宝丽，2011），进一步从对农民还权赋能、创新农村宅基地抵押机制及加强农村社会保障制度建设等方面进行综合改革（陈霄，2010）；通过建立 Probit 回归模型对影响农户参与宅基地使用权抵押贷款意愿进行分析（彭丽坤，2014）。也有人认为，有必要建立起有限制的宅基地使用权抵押制度（沈永敏，2008），甚至禁止宅基地使用权要抵押（马华，2006；孟勤国，2005），在试点、谨慎、稳妥的条件下，允许宅基地使用权与房屋所有权一并抵押、流转是党的十八届三中全会提出的土地制度改革的基本方向（刘锐，2016）。

第五，农村金融。农村商业性金融机构大规模撤并与裁减乡村基层网点严重降低了农户的信贷可获得性（王曙光，2006），农村正规金融贷款在规模、期限、审贷程序以及保证方式等方面并不适合农户生产和消费的需要（朱喜、李子奈，2006），农户自身存在的认知偏差和行为偏差亦是导致农户贷款困境的关键原因之一（王冀宁，2007），找到农户能够作为替代抵押品的资源和方式，为金融创新提供更多选择（马九杰，2008），应当构建财政与农村金融互动保障法制机制（陈治，2010），农村非正规金融对缩减城乡收入差距的影响更为显著（胡宗义，2013），金融机构的发展欠缺可持续性（王煜宇、刘乃梁，2016）。

综上，对于这些宅基地抵押的基础性命题，尽管任何一篇宅基地使用权流转或抵押的文献都会或多或少地涉及,但是,对这些问题的深层次挖掘与剖析严重缺乏。大多数学者对宅基地的研究多以集体和农户个体利益为视角,宅基地相关权益多为"副产品",导致多为原则性探讨,缺乏对宅基地制度中宅基地权利属性、各项权能的主体及权益分配等的系统性、专门性研究。以"宅基地使用权""抵押"两个关键词在知网进行搜索,专门针对这个问题进行研究的文献仅有 53 篇,且仅有 5 篇发表在 CSSCI 期刊,没有相关博士论文涉及;对于宅基地使用权物权属性问题,尽管刘俊教授早在 2006 年出版的专著《中国土地法理论研究》及相关论文中提出应当对宅基地使用权的性质进行系统性诠释,但是对于宅基地使用权法律性质到底如何界定和理解,当前学界却远未达成共识,也没有深入性的研究。宅基地使用权的主体,在理论和法律上,均认为是"农户",而何为"农户",其内涵和外延,却鲜有研究和论述;宅基地使用权抵押的体系设计,现虽有各地试点的经验,但如何对其进行总结和提升,上升到法律层面完全具有"三可"的要求,还需要进一步研究。而这些宅基地使用权抵押的基础性命题直接关系到宅基地使用权抵押法律制度的创建和完善。笔者曾在《困境与革新:宅基地使用权抵押融资的法律思考——以宅基地使用权的物权属性为视角》和《宅基地使用权物权属性界定的审视——基于"两权分离"理论的解释》等文中对宅基地使用权物权属性重新审视,认为将其界定为"超用益物权"或者"类所有权",才能回归宅基地使用权的权利本性,从而作为制度革新的理论基础,推导出我国应当放宽对宅基地使用权流转和抵押融资的限制,赋予宅基地使用权完全财产性权利的法律地位;在《宅基地使用权流转效力的异化与演进——基于立法与司法的比较》一文中对宅基地使用权立法与司法的博弈和演进进行了分析,对宅基地使用权的流转、抵押的论述角度、论据等进行了新的阐释。本书将就这些宅基地使用权抵押基础性命题进行更为细致的分析。

三 本书所使用的主要研究方法

(一)利益衡量方法

利益衡量方法传统上多应用在民法解释学研究之中,其肇始于对概念法学不完备性缺陷的弥补,在德国以耶林、庞德为代表,在日本以加藤一郎、星野英一为代表。梁慧星教授最早将利益衡量方法从日本引入我国。

笔者将利益衡量方法运用到宅基地抵押权实现时相关主体利益分配博弈的研究中，对这类利益分配所牵涉的制度利益[①]、个体利益、群体利益与国家利益进行剖析与辨别，并以当事人的具体利益为起点，在社会公共利益的基础上，联系群体利益和制度利益，特别是对制度利益进行综合考量后，从而得出较为妥当的结论，以确定如何对当事人的利益诉求进行辨别与保护。

（二）法律经济分析方法

宅基地研究相对于公司法、民法而言具有较高的保障性和政治导向性，但是，随着宅基地功能的变迁，兼顾保障性和效率性，已成为宅基地使用权改革和创新的基本方向，这就决定了法律经济分析方法在宅基地研究中具有很大的适用空间。笔者运用法律经济分析方法对宅基地所有权和使用权的二元配置、宅基地抵押权实现的利益分配进行细致的分析，以实现科斯所谓的"在先权利不受侵犯的前提之下，将权利配置给对其评价最高的一方"，使宅基地使用权抵押实现公平与效率的二元协调。

（三）规范与实证相结合的方法

本书通过梳理我国宅基地使用权流转相关法律规范，结合各地开展的宅基地使用权抵押试点工作，总结我国当前宅基地使用权抵押法律制度之不足，并在此基础上提出完善建议。任何法学的问题，从根本而言，都是关于法如何在实践中得到有效应用的问题。笔者展开了实证调研，调研相关数据则为本书论证提供了强有力的支撑，也使笔者提出的相关对策更具有针对性和适用性。

四 本书可能的创新之处

（一）主张宅基地使用权具有准所有权的属性

宅基地使用权已经具有相当的准所有权的属性，且这种"准所有权"的定位，不仅具有理论上的合理性，也有实践基础作为依托。在宅基地使用权"超用益物权"或"类所有权"的实现机制上，可参照《城市房地产管理法》相关管理规范，适度放开宅基地使用权及其附于其上的房屋

[①] 制度利益直接联结当事人利益和社会公共利益，它的衡量是利益衡量的核心所在，参见梁上上《制度利益衡量的逻辑》，《中国法学》2012年第4期。

的交易，缩小农村与城市房产的差距，打破"二元分割"。尽管宅基地所有权因集体所有权主体的虚化而虚化，但仍然存在抽象意义层面的所有权，并且在特定条件下所有权主体对宅基地使用权具有最终支配权，只不过这种最终支配权的行使条件较为严格。

（二）认为宅基地使用权抵押具有其他宅基地使用权流转方式不可比拟的优势

一方面，以宅基地使用权进行抵押可以在较短时间内为权利人融资。在常见的宅基地使用权流转方式中，无论是农村房屋赠与、农村房屋继承引发的宅基地使用权流转，还是通过宅基地使用权入股以及宅基地换房等方式引发的宅基地使用权流转，尽管会使得权利人获益，但这几种方式却无法在短时间内为权利人融得资金。农村房屋的买卖以及农村房屋租赁引发的宅基地使用权流转，虽然也可以在较短的时间内使权利人获得资金，但前种方式却以权利人彻底失去农村房屋的所有权以及宅基地的使用权为代价，以后种方式为权利人筹得的资金在数量上有限，且资金取得的方式不仅周期长而且比较分散。

另一方面，宅基地使用权抵押未转移占有，相对而言是一种最温和的流转方式，而包括农村房屋买卖等在内的行为所引发的宅基地使用权的流转，均引发一个共同的后果，即农村房屋和宅基地使用权发生转移，这也就意味着农村房屋和宅基地使用权不再或者在一段时间内对原权利人不再具有社会保障的功能。站在这一角度看，其他流转方式均较为激烈。如果连宅基地使用权抵押这种最温和的流转方式都不能得到立法的认可，其他流转方式更毋谈了。

（三）提出了构建宅基地使用权抵押制度应遵循的三个原则

笔者认为，我国在构建宅基地使用权抵押制度的过程中应遵循"坚持和完善宅基地所有制度""对利益相关者进行均衡保护"以及"效率与公平相统一"三个原则。首先，宅基地国有化说、宅基地私有化说以及宅基地复合所有制说均不符合我国的农村客观情况，宅基地所有权主体虚化的现状并非不可解决，应将坚持和完善宅基地所有权作为宅基地使用权抵押的前提；其次，立法者在设计宅基地使用权抵押制度时，应均衡保护相关主体的正当利益诉求；最后，宅基地使用权抵押制度之完善应当确保宅基地配置实现效率与公平相统一。

（四）从宅基地资格权和使用权分离维度提出完善宅基地抵押制度的路径

在遵循前文提出的三原则的情况下，从宅基地资格权和使用权两方面提出完善宅基地使用权抵押制度的路径。笔者对抵押人和抵押权人的资格进行了重新界定，尤其是在抵押权人界定方面，笔者基于正规金融机构在参与宅基地使用权抵押业务方面的积极性并不高的现实，认为应当将非正规金融机构纳入抵押权人的范围，待条件成熟时还可将自然人作为抵押权人。除此之外，在抵押程序的设置以及抵押权之实现后果方面也有所创新。

第一章

宅基地使用权抵押的基本问题

第一节 宅基地的法律文本表达与解读

作为一个约定俗称的概念[①]，无论是在管理实践中还是在统计上，宅基地这一称谓都存在一定的模糊性。[②] 然而，从现行法律规定来看，宅基地之内涵是比较明确的，主要是指集体组织为了满足其集体成员的居住需求，而分配给其用于建设的土地。而宅基地使用权是集体成员对归集体所有的土地所享有的占有和使用的权利，并且有权依法利用该土地建造住宅及其附属设施。[③] 我国现行宅基地制度的确立并非一蹴而就，它是自中华人民共和国成立后历经一系列制度改革而最终得以确立的。[④] 我国不同阶段的宅基地制度分别体现在与该时期相对应的法律规范当中，通过梳理不同时期的相关法律规范可以得知，我国宅基地制度经历了一个由宅基地私有到宅基地集体所有的发展历程。[⑤]

一 中华人民共和国成立初期宅基地私有时期的宅基地立法

中华人民共和国成立初期，中国共产党在农村开展土地改革，废除封建土地制度是改革的核心。改革的主要措施是将大地主的土地没收并分给无地农民，以实现"耕者有其田"的改革目的。这些改革措施与目标规

[①] 韩俊：《中国农村土地问题调查》，上海远东出版社2009年版，第83页。
[②] 参见桂华、贺雪峰《宅基地管理与物权法的适用限度》，《法学研究》2014年第4期。
[③] 陈小君：《农村土地问题立法研究》，经济科学出版社2012年版，第15页。
[④] 胡建：《农村宅基地使用权抵押的立法嬗变与制度重构》，《南京农业大学学报》（社会科学版）2015年第3期。
[⑤] 曹泮天：《宅基地使用权流转法律问题研究》，博士学位论文，西南政法大学，2010年，第6页。

定在当时的《宪法》《土地改革法》等规范性文件中。其中,颁布于1950年的《土地改革法》明确规定,我国农村实行农民土地所有制。① 这也就决定了农民对其占有的农村土地享有完整的产权。1954年《宪法》就规定了农民对农村土地享有所有权,将农民土地所有制上升到宪法高度。② 尽管该阶段的法律规范未专门规定宅基地,但根据该阶段农民土地所有制的法律原理,不难推导出农民对其房屋等附属物之下的宅基地亦享有所有权。这也就意味着,农民不但有权使用宅基地,亦有权处分宅基地,即农民可以自由转让、抵押、租赁宅基地以及房屋等附属物。在这一时期,宅基地的所有权与使用权并没有分离。

在农民土地所有制确立不久之后,我国又在各行各业开展了社会主义改造运动。在农村,改造的核心任务就是把农村土地农民所有制改造为社会主义集体所有制,农村土地作为最重要的生产资料,自然成为社会主义改造的核心对象。根据1956年颁布的《高级农业生产合作社示范章程》,农民入社须把土地等生产资料转为合作社集体所有③,而宅基地、坟地等作为例外不必入社。④ 因而,在社会主义改造初期,尽管农民所有的大部分农村土地转为合作社集体所有,但宅基地仍归农民所有,即社会主义改造初期仍实行宅基地农民所有制。

二 政社合一时期的宅基地立法

随着农业社会改造的完成,我国农村基本实现了生产资料私有向社会主义集体所有的转变。在这之后,随着全国范围内人民公社运动的兴起,实践中宅基地、自留地也逐步收归集体所有。⑤ 1962年颁布的《农村人民公社工作条例(修正案)》明确规定生产队范围内的,包括社员的宅基地、自留山、自留地等生产队的土地,均归生产队所有,禁止出租或者买卖。由此,中央从政策层面打破了宅基地农民所有制。1963年出台的《关于对各地社员宅基地问题作一些补充规定的通知》进一步明确了农村

---

① 参见1950年6月28日通过的《土地改革法》第1条、第10条、第30条。
② 参见1954年《宪法》第8条。
③ 参见《高级农业生产合作社示范章程》第13条。
④ 参见《高级农业生产合作社示范章程》第16条。
⑤ 参见1958年《中共中央关于在农村建立人民公社问题的决议》相关规定。

宅基地归生产队集体所有,禁止出租和买卖。① 我国由此实现了宅基地所有权与使用权的分离,"宅基地使用权"这一概念也正式确立。因此可以说,对于我国的宅基地制度而言,中央1963年出台的通知具有重要的历史地位,标志着我国宅基地农民私有向宅基地集体所有、农民仅享有使用权的历史转变,在此之后的宅基地制度均以此为基本框架。

三 家庭联产承包时期的宅基地立法

宅基地集体所有权制度经过1975年和1978年两次修改后宪法的确定,已在大体上得以稳定。之后,党和国家通过出台一系列政策和规范,使得宅基地使用权不断调整与发展。其中,1978年通过的《农村人民公社工作条例(试行草案)》再次强调了宅基地的所有权性质,并且严格限制宅基地的流转。② 最高人民法院于1979年出台的《关于贯彻执行民事政策法律的法律意见》亦按照党和国家的政策法律规定,依照宅基地归集体所有的原则确立了处理宅基地的使用权等纠纷的规则,这种规则的确立在一定程度上也反映出国家在"文化大革命"后逐步恢复甚至是加强对公民个人财产的保护。

进入20世纪80年代后,改革使得农民的生活水平得到极大的提高,农民建房的热情不断高涨,人地矛盾也因此开始展现,甚至出现宅基地在数量上大大超出国家控制的情况,决策者不得不面对人地矛盾这一突出问题。为此,国家通过出台一系列法律法规加以规制。国务院于1981年发布的《关于制止农村建房侵占耕地的紧急通知》再次强调社员对宅基地、耕地、自留山、自留地等仅享有使用权,不得擅自流转。1982年出台的《城镇建房用地管理条例》对宅基地等的用途更是做了严格的限制。③ 另外,1982年《宪法》作出"城市市区的土地属于国家所有"的规定,按照此规定,在此之前或者因继承问题或者因历史遗留问题等未被征收或者

---

① 《关于对各地社员宅基地问题作一些补充规定的通知》明确规定:"社员的宅基地,包括有建筑物和没有建筑物的空白宅基地,都归生产队集体所有,一律不准出租和买卖,但仍归各户长期使用,长期不变,生产队应保护社员的使用权;宅基地上的附着物,如房屋、树木、厂棚、猪圈、厕所等永远归社员所有,社员有买卖房屋或租赁房屋的权利。房屋出卖后,宅基地的使用权即随之转移给房主,但宅基地的所有权仍归集体所有。"
② 参见1978年通过的《农村人民公社工作条例(试行草案)》第7条。
③ 参见1982年通过的《城镇建房用地管理条例》第4条。

没收的土地也就被划归国家所有。1982年2月，国务院为了对利用农村土地建房的行为进行规范，还出台了《村镇建房用地管理条例》。

这个时期出台的政策和制定的法律规范，除了再次明确宅基地的所有权性质、用途外，又较为详致地规定了宅基地的规模、管理等。1982年10月发布了《中共中央办公厅国务院办公厅转发书记处农村政策研究室城乡建设环境保护部〈关于切实解决滥占耕地建房问题的报告〉的通知》，根据文件要求，农村建房只能在现有的宅基地空地内调剂解决，禁止占用耕地，并要求对干部带头占地建房的行为严加处理。而城乡建设环境保护部于1985年颁布的《村镇建设管理暂行规定》则规定了村镇居民使用宅基地的审批制度、用地手续等。[①] 这些文件强化了对农村宅基地的管理。

我国于1986年通过并于次年1月1日开始施行的《土地管理法》开启了我国土地法律制度化运行的历程。该法律由第六届全国人民代表大会常务委员会第十六次会议通过，在效力层阶上达到最高，它对农地的管理、保护和利用，以及宅基地所有权、使用权等问题均作了系统、详细的规定。1991年颁布的《土地管理法实施条例》详细规定了宅基地使用权的申请程序。[②] 1998年全国人大常委会修订了《土地管理法》，按照修订后的《土地管理法》，只有农村集体成员才有资格申请宅基地使用权，城镇非农业户口人员不能再申请；宅基地使用权的审批权被赋予县级人民政府，乡级人民政府不再行使审批权；正式确立了"一户一宅"的原则；规定了宅基地使用权消灭的几种情形，具体包括宅基地使用权人长期停止使用宅基地、未按批准用途使用宅基地以及乡（镇）村为了公共利益收回宅基地等情形。

通过梳理家庭承包时期的宅基地立法可以发现，宅基地使用权相关制度设计主要体现了居住权保障功能，以行政配置的方式进行分配，按户均分使用。在宅基地使用权取得的主体方面，具有严格的身份性。尽管宅基地上的房屋能够被继承，且宅基地使用权可以被一并转让，但包括宅基地使用权抵押在内的流转方式均被明确禁止，这也是这一时期农村土地用途管制制度的具体表现。为贯彻这一制度，一系列相关政策先后出台。其中，1999年出台的《国务院办公厅关于加强土地转让管理严禁炒卖土地

---

① 参见1985年出台的《村镇建设管理暂行规定》第11、12、16、17条。
② 参见1991年《土地管理法实施条例》第25、26条。

的通知》要求，不得向城市居民售卖农民住宅，否则不能获得土地使用证和房产证。2004 年出台的《国务院关于深化改革严格土地管理的决定》也再次重申了这一要求。

四 民法典时代的宅基地立法

2007 年施行的《物权法》专章规定了宅基地使用权，这凸显了农村宅基地的重要地位，成为我国宅基地使用权制度发展史上的里程碑。《物权法》将宅基地使用权界定为用益物权，既符合长期以来国人"拥有住房是人生中最重要的事情之一"的心理需求，又彰显了对农村居民个人财产的保护，其意义深远。《物权法》所规定的用益物权很好地诠释了"以利用为中心"的物权理念，强化了对物的使用，从而在最大限度实现物的价值。[1] 具体到作为用益物权之一的宅基地使用权，该项权利的创设则意在最大限度实现宅基地的价值。然而，令人遗憾的是，虽然我国《物权法》将宅基地使用权作为用益物权加以界定，但又规定，宅基地使用权人仅享有占有和使用宅基地的权利[2]，与《物权法》所规定的用益物权人享有的权利不一致。[3]《物权法》关于宅基地使用权的这一规定，使得宅基地使用权人虽然在法律上对宅基地享有用益物权，但在实际生活中不能因宅基地而受益，故使得宅基地使用权人享有的宅基地使用权在价值上大打折扣。2021 年 1 月施行的《民法典》对于宅基地的规定，延续了《物权法》的规定。

当然，我们并不能因为上述问题的存在便否定《物权法》对宅基地规范的意义。在《物权法》出台之前，虽然也有一系列政策以及诸如《土地管理法》等法律法规对宅基地使用权作出规定并进行保障，但其为行政管理式，具有一定的被动性和不确定性。而《物权法》将宅基地使用权在法律性质上界定为物权，这就直接决定了对宅基地使用权的保护是一种物权保护的方式：宅基地使用权人不能对抗所有权人，但可以对抗除农村集体组织外的不特定的任何人。另外，物权公示原则也推动了宅基地使用权登记确权工作。而宅基地确权工作对于规范宅基地的管理、保护宅

---

[1] 房绍坤：《论用益物权制度的发展趋势》，《河南省政法管理干部学院学报》2003 年第 3 期。
[2] 参见《物权法》第 152 条。
[3] 参见《物权法》第 117 条。

基地使用权人的利益以及解决相关纠纷，都起到极大的推进作用。简而言之，《物权法》将宅基地使用权相关规范纳入私法体系中，第一次在法律规范层面以私法调整相关法律关系，由此确立了宅基地使用权的私权属性，使之成为宅基地使用权改革的底线，为进一步完善宅基地使用权制度作了铺垫。①

随着城镇化的深入发展，对城乡土地资源进行统筹配置的趋势已经不可逆转。在宅基地改革方面，理论界则呼吁将重心放在宅基地使用权的流转方面。②需要作特别说明的是，尽管《民法典》对于宅基地使用权的流转作了较大限制，但并不意味着《民法典》没有为宅基地制度的发展及完善预留空间。根据已有政策，各地逐渐探索出出让、转让、入股、出租等多种农村建设用地流转形式，不仅盘活了农村土地，推动了土地集约利用，也促进了农民的长期社会保障。既有的农村建设用地流转形式的有益探索，无疑为宅基地使用权流转提供了有益借鉴。就法律层面而言，尽管《民法典》未明确规定宅基地使用权可以自由流转，但其关于"宅基地使用权的取得、行使和转让，适用土地管理法等法律和国家有关规定"③，显然为宅基地使用权制度改革以及逐步推动宅基地使用权流转预留了空间。此外，最高人民法院亦出台了一些规范性文件，在一定程度上支持涉及农村私有房屋买卖的行为。④

第二节 宅基地使用权的法律属性

不同的国家所建立的用益物权体系通常具有其自身的特征，尽管我国《民法典》将宅基地使用权界定为用益物权，但是，鉴于宅基地使用权的特殊性，理论界至今在其法律属性方面仍有争议。对理论界的不同观点进行归纳，主要有地上权说、自物权说（或准所有权说）、法定租赁权说以及独立的用益物权说四种观点。

---

① 刘守英：《中共十八届三中全会后的土地制度改革及其实施》，《法商研究》2014年第2期。
② 王崇敏：《宅基地使用权制度现代化构造》，博士学位论文，武汉大学，2013年，第27页。
③ 参见《民法典》第363条。
④ 参见《最高人民法院关于贯彻执行民法通则若干问题的意见》第131条第2款。

一　宅基地使用权法律性质的文本表达

（一）《土地管理法》对宅基地使用权的忽视

1962年《农村人民公社工作条例》，首次规定了宅基地"归生产队所有""不准出租和买卖"。① 1963年3月20日，中共中央发布《关于各地对社员宅基地问题作一些补充规定的通知》，针对有些地方在贯彻执行"六十条"② 中，群众对宅基地政策的一些误解，进一步明确宅基地归集体所有，社员对宅基地附属房屋享有所有权，对宅基地享有长期使用权。③ 从这个时期以后，宅基地所有权归属集体所有，农民仅享有宅基地的长期使用权。对于宅基地使用权的性质，在《物权法》颁布之前，《土地管理法》及相关土地行政法规关于宅基地的规定一直是比较欠缺的，多是从行政管理的角度进行规定，宅基地使用权的物权性质很少体现。《土地管理法》自1986年颁布施行后，经1988年、1998年、2004年、2019年四次修订，但对宅基地使用权的规定并没有突破，仅规定了宅基地使用权的性质是建设用地，所有权的主体是农民集体所有，用途是必须经依法批准使用本集体经济组织农民集体所有的土地，建设住宅必须符合村庄和集镇规划以及乡（镇）土地利用总体规划和土地利用年度计划并办理审批手续，等等。④ 对宅基地使用权人享有的权能没有明确列举，忽视了对农民土地财产权益的认可。

---

① 《农村人民公社工作条例修正草案》第21条规定："生产队范围内的土地，都归生产队所有。生产队所有的土地，包括社员的自留地、自留山、宅基地等，一律不准出租和买卖。"

② 指《农村人民公社工作条例》（人民公社六十条）。

③ 《关于各地对社员宅基地问题作一些补充规定的通知》（二）规定：宅基地上的附着物，如房屋、树木、厂棚、猪圈、厕所等永远归社员所有，社员有买卖或租赁房屋的权利。房屋出卖以后，宅基地的使用权即随之转移给新房主，但宅基地的所有权仍归生产队所有。

④ 1986年《土地管理法》第37条规定："乡（镇）村建设应当按照合理布局、节约用地的原则制订规划，经县级人民政府批准执行。城市规划区内的乡（镇）村建设规划，经市人民政府批准执行。农村居民住宅建设，乡（镇）村企业建设，乡（镇）村公共设施、公益事业建设等乡（镇）村建设，应当按照乡（镇）村建设规划进行。"第38条规定："农村居民建住宅，应当使用原有的宅基地和村内空闲地。使用耕地的，经乡级人民政府审核后，报县级人民政府批准；使用原有的宅基地、村内空闲地和其他土地的，由乡级人民政府批准。农村居民建住宅使用土地，不得超过省、自治区、直辖市规定的标准。出卖、出租住房后再申请宅基地的，不予批准。"1988年修订时，对此两项条款没有任何修改。1998年修订时，将1986年《土地管理法》第四章"国家建设用地"和第五章"乡（镇）村建设用地"合并为一章，即第五章"建设用地"，但对宅基地使用权相关的表述没有实质的变化。2004年修订则仅涉及将《土地管理法》中"征用"修改为"征收"，其他没有改变。

（二）《物权法》对宅基地使用权法律性质的界定

《物权法》在第三编"用益物权"专章规定了"宅基地使用权"制度，从第 152 条到第 155 条共计四条作了相关规定。从《物权法》第 152 条[①]规定来看，宅基地使用权的逻辑演绎是从宅基地使用权人对宅基地使用权享有何种权能着手，而不是从宅基地使用权本身开始。该规定体现了以下特征：一是宅基地使用权人权能的有限性。宅基地使用权人仅享有占有和使用权能，所谓"有权依法利用该土地建造住宅及其附属设施"是对使用权权能的补充规定。二是宅基地使用权人设立权利客体的指向性。宅基地使用权只能在集体所有权土地上设立，国有土地所有权上不能创设宅基地使用权。三是宅基地使用权只能用来"建造住宅及其附属设施"。根据《土地管理法》等土地法律法规的规定，土地的利用必须符合国家的土地用途管制安排，宅基地使用权只能用来"建造住宅及其附属设施"是保证国家对宅基地使用权的用途管制获得落实，以控制建设用地总量，保护耕地，实现土地资源优化配置。

《物权法》对宅基地使用权的规定明显过于简陋粗疏，但其重要的贡献是将宅基地使用权纳入用益物权体系，为宅基地制度困境的破题提供了重要的突破口。"用益物权是权利人对他人所有的不动产或者动产，依法享有占有、使用和收益的权利。"[②] 虽然《物权法》赋予宅基地使用权仅有占有和使用两项权能，但这种物权属性的界定是对农民重要生活资料即宅基地使用权财产性权利的承认，有助于调整农户与集体组织的宅基地物权关系，有助于明确宅基地使用权的权利边界和产权清晰，从而鼓励权利人提高宅基地的利用效率和保护土地资源，盘活农村的资产利用率，对带动农民发家致富具有重大的意义。2021 年 1 月 1 日后，对于宅基地使用权的权利属性，《民法典》全面复制了《物权法》的相关规定，乏善可陈。

二 宅基地使用权法律属性的四种学说

（一）地上权说

在地上权说主张者看来，对于非土地所有权人因为工作物或者建筑物

[①] 《物权法》第 152 条规定："宅基地使用权人依法对集体所有的土地享有占有和使用的权利，有权依法利用该土地建造住宅及其附属设施。"

[②] 参见《物权法》第 117 条。

等而利用土地所有权人土地的权利,应被概括为"地上权"。具体到我国,地上权指的是因工作物或者建筑物等而使用归国家或者集体所有的土地的权利。[①] 在这些学者看来,我国立法中的宅基地使用权,在本质上就是公民在归国家或集体所有的土地上建造住宅的权利。尽管表述存在差异,但内容却基本相同。因此,权利人所享有的权利实际上就是归他物权统管的地上权,以地上权替代土地承包经营权、宅基地使用权,这无疑更实用、更科学。[②] 地上权是一个定型化的法律概念,其优点是直接明了,而且国外立法也较为普遍地使用此概念。因此,这些学者主张根据土地的用途之不同将地上权划分为公益地上权、住宅地上权和普通地上权。其中,住宅地上权就是指为解决居住困难的城镇居民的住房问题而建造的经济适用房,集体经济组织成员所分配的宅基地使用权,以及安居工程住宅而占用的土地的使用权。[③] 这些学者的观点也不无道理,我国《民法典》将本应属地上权涵盖的权利内容归类为用益物权,在某种程度上的确有叠床架屋的嫌疑,而且在实践中逐渐凸显出我国《民法典》这种归类方式的不科学性和不准确性。况且,从国外普遍的相关立法实践来看,我国与之存在很大差异,会直接导致与这些国家在相关领域交流的困难。

我国所要建立的法律体系是中国特色的社会主义法律体系,立法活动理应考虑我国的实际情况,物权法立法自然也不例外。在笔者看来,我国简单地照搬域外国家做法而将宅基地使用权归类为地上权的做法与我国的实际情况并不相符。毕竟,宅基地使用权在不同时期还承载着不同的功能。例如,宅基地在中华人民共和国成立初期还承载着政治伦理功能,这与大陆法系国家所规定的地上权显然不同。由此可见,宅基地使用权与大陆法系国家所规定的地上权是存在差异的。

除了承载着特定的功能外,宅基地使用权与地上权在其他方面也表现出差异。第一,在权利取得的方式方面,前者是宅基地使用权人基于特定身份而无偿分配获得的权利,而后者通常是以"地租"的方式有偿获得,并且前者在流转方面受到严格限制,后者受到的限制则很小。[④] 第二,在

[①] 钱明星:《物权法原理》,北京大学出版社1994年版,第293页。
[②] 杨立新:《论我国土地承包经营权的缺陷及其对策——兼论建立地上权和永佃权的必要性和紧迫性》,《河北法学》2000年第1期。
[③] 王效贤、夏建三:《用益物权制度研究》,法律出版社2006年版,第54页。
[④] 刘俊:《农村宅基地使用权制度研究》,《西南民族大学学报》(人文社会科学版)2007年第3期。

权利取得的程序方面，宅基地使用权是权利人依照法律的规定经过严格的审批程序而获得的，地上权则是在平等的主体之间通过签订协议的方式产生。第三，在权利的期限及数量方面，宅基地使用权具有永久使用性的特点，且在数量上严格遵循"一户一宅"的原则，而地上权则恰好相反，在期限上具有限制性。正如王泽鉴教授所言，"设定地上权的物权行为得附期限，而使地上权有一定的存续期限"①，期限具有可变性和自由性，具体由当事人依协议产生。另外，与宅基地使用权不同，地上权在数量上则不具有限制性。第四，在权利主体方面，宅基地使用权的权利主体是集体经济组织成员，除此之外的主体均无权取得，而地上权的权利主体通常无此限制，自然人或者法人均可获得此权利。② 第五，在权利客体方面，宅基地使用权的客体是集体土地的地表，而地上权的权利客体除了土地的地表外还往往会涉及地下部分。第六，在权利内容方面，依照我国《民法典》之规定，宅基地使用权人只能在其占用的宅基地上建设住宅及附属建筑物，任何从事生产经营性活动的行为都是被禁止的，而地上权利人不仅可以在其占有的土地上建设建筑物并居住，还可以展开其他活动。换句话说，宅基地使用权虽然在我国被归类为用益物权，但是其权能并不完整，权利人在行使权利时受到很大限制，"该权利只有占有和使用权能，没有收益和处分权益，其物权权能呈现残缺状态"③。而地上权则是一种"相似所有权"或者"等同于土地所有权"，与土地所有权人享有的权利内容差异不大。④ 由此可见，大陆法系国家的地上权理论以及依此理论建立起来的相关制度，并不能完全对我国宅基地使用权进行解释。

宅基地所有权制度与大陆法系国家的地上权制度之所以呈现出以上差距，这与两种制度的产生背景和制度基础有重要关系。宅基地使用权制度的产生是以社会主义公有制为基础的，是以法律制度的形式在归集体所有的土地上设立的一项他物权利，具有社会福利性；地上权是建立在土地私有制的基础上的，是依照平等主体之间的个人意志而设立的一项他物权。需要说明的是，梁慧星教授认为，我国用益物权体系的建设不宜使用"土地使用权"的概念，而应代之以"基地使用权"，因为后者在法律概

---

① 王泽鉴：《民法物权2：用益物权·占有》，中国政法大学出版社2001年版，第28页。
② 马俊驹、余延满：《民法原论》，法律出版社2005年版，第379页。
③ 王崇敏：《宅基地使用权制度变迁与现代化构建》，《海南大学学报》（人文社会科学版）2013年第6期。
④ 孙宪忠：《德国当代物权法》，法律出版社1997年版，第180页。

念上与传统民法中的地上权相对应，它包含了现有法律体系中的建设用地使用权和宅基地使用权。因此，梁慧星教授在其物权法建议稿中将基地使用权单列一章，并将其定义为"为在他人所有的土地上建造建筑物或其他附着物而使用他人土地的权利"[①]。梁教授关于基地使用权概念的界定，与大陆法系中地上权的概念保持了一致，其本意是通过运用传统物权理论来统一我国城乡土地使用权法律制度，进而实现建设用地使用权与宅基地使用权制度的融合。但是，在笔者看来，梁慧星教授所主张的基地使用权在很大程度上是地上权的同义代名词，对于宅基地使用权所蕴含的特殊性不能进行很好的解释。

(二) 自物权说

在自物权主张者看来，土地所有权的私权性质是传统大陆法系国家中"所有权—用益物权"制度设计的基础，在这一基础缺失的情况下，用益物权是不可能成立的。按照该观点，鉴于我国的土地要么国家所有要么集体所有，我国是不存在设计出"所有权—用益物权"模式的基础的。换言之，在法律层面我国并不存在用益物权，我国《民法典》所规定的宅基地使用权，与其说是用益物权，不如说是一项政治制度。它并非所有权分离或派生的结果，其基本等同于大陆法系国家的所有权，即我国的宅基地使用权并非他物权，而是一项自物权。[②]

自物权说并不承认集体土地所有权在性质上是一项民事权利，自然也就不承认宅基地使用权的民事性质。相关学者在探讨宅基地使用权的性质时，更多的考虑是在政治因素影响下建立起来的土地公有制。与此同时，这些学者虽然坚持主张集体土地所有权并非私法上的权利，但是农村土地法律体系的建设及相关实践活动的开展又要求以某一逻辑起点展开，因此提出了自物权的观点。客观而言，自物权观点在一定程度上具有合理性，该观点意识到我国的土地使用权在一定程度上名不符实，我国《民法典》关于土地使用权的规定是建立在土地公有制基础上的，具体制度设计在一定程度上扭曲了民事私权。

然而，笔者并不认同自物权主张者所认为的"土地所有权的私权性质是传统大陆法系国家中'所有权—用益物权'制度设计的基础"，并且

[①] 梁慧星主编：《中国民法典草案建议稿附理由·物权编》，法律出版社 2004 年版，第 209—248 页。

[②] 高富平：《物权法的十个基本问题——物权法草案修改意见》，《法学》2005 年第 8 期。

认为，宅基地使用权制度并非仅是一项政治制度。在笔者看来，宅基地使用权制度乃我国固有法中的一项制度，通过历史演进的方法可得出这一结论。就本质而言，集体土地所有权是一项土地归集体成员所有的公民财产权利，是集体利益的一种法律表达方式。集体利益是针对某一特定集体而言的，在该特定集体，集体利益与个人利益是区别开来的，集体利益意味着集体成员基于成员身份便可有份，但并不意味着将集体利益分割给每一个成员，这类似于日耳曼法的"总有权"，所以说，集体土地所有权具有公共利益性，但我们并不能依此就断然否定集体土地所有权的私权性质。根据所有权保留原理，即使将占有、使用等权能从所有权中剥离，所有权依然具备抽象的支配物的权利，而这一点恰好体现了集体土地所有权的私权性质。倘若将宅基地使用权视为自物权，那么集体成员就可以对归集体所有的土地行使包括占有、使用、收益和处分在内的支配权，而这显然不符合现实情况。实践中，抽象的支配权并没有被完全安排到集体土地使用权上，集体依然对集体土地享有充分的支配权。

（三）法定租赁权说

在法定租赁权者看来，尽管宅基地使用权的转让与抵押在法律层面被限制，但农民将宅基地长期出租的行为不应被禁止，并且法律对于出租的对象也不应限制。[①] 如此，宅基地使用权不能自由转让所产生的一系列负面后果就会在很大程度上得到弥补。这些学者所提出的上述主张，就是依据法定租赁权。所谓宅基地法定租赁权，就是指农村集体成员将其享有房屋转让给非集体成员，从而在非集体成员对宅基地产生使用关系的条件下，由法律规定非集体成员对相对应的宅基地享有法定租赁权，租赁期限则为宅基地附属房屋的使用年限。而对于集体成员而言，则类推适用法定租赁权。新的房屋所有权人应当履行向集体组织支付相应费用的义务。费用的多少则由当事人之间进行协商，如协商不成，则由人民法院经申请进行裁判决定。租赁期限则不受《民法典》20年最长期限的限制，但新的房屋所有权人也不能通过改建或修缮房屋等手段来延长房屋的使用期限。除买卖外，非集体成员还可以通过继承、接受遗赠或者赠予等方式获得宅基地法定租赁权。

就法定租赁权的法律性质而言，学者多认为，其为债权而不是物权。

[①] 王利明：《物权法研究》，中国人民大学出版社2002年版，第475页。

正如学者所言,在法定租赁权的制度框架内,房屋买受人取得所有权的对象只是宅基地之上的房屋,对于宅基地仅取得作为债权的"宅基地租赁权",而非作为物权的"宅基地使用权"。[①] 基于租赁权的债权性质,宅基地之上房屋的买受人可以占有并使用宅基地进而达到用益之目的。这种结果的出现也是基于法律的直接规定,并非基于农村房屋买卖双方当事人的自由意志。需要强调的是,租赁的标的物并非宅基地所有权,而是宅基地使用权。关于土地租赁权相关立法在域外并不陌生,我国台湾地区已有相关规定。[②]

宅基地法定租赁权说具有重要意义,主要表现在三个方面:其一,该学说使得房屋所有权不再置于宅基地使用权的严重束缚之下,房屋的经济价值得到体现,农民的财产性收入也因此增加,这对农村房屋抵押功能的实现,以及解决农村经济发展融资难的困境均具有重要意义。按照既有法律规范,权利人不能以宅基地使用权单独进行抵押,而按照法定租赁权学说,宅基地使用权可以随同附于其上的农村房屋一起抵押。其二,对于降低宅基地及附于其上的农村房屋的闲置率,阻却农用地向宅基地的转化,继而达到保护耕地的目的等都具有重要意义。其三,不会改变宅基地集体所有的性质。宅基地法定租赁权说只是在宅基地利益关系人的基础上增加了一方权利人,且该权利人对宅基地享有的也仅是使用权,而宅基地的所有权依然归集体及其成员所有。

可以说,宅基地法定租赁权是着眼于宅基地流转的困境而提出来的,意在解决宅基地使用权不能转让而农村房屋所有权可以转让这一对矛盾。该学说的积极意义不容否定。我们在将该学说引入我国之时,我们应当注意到这样一个事实,即我国宅基地使用权是无偿分配给集体成员使用的,这也是我国的一项利民政策。然而,宅基地使用权的有偿使用是宅基地法定租赁权实现的前提。[③] 故而,我们在讨论宅基地法定租赁权学说的科学性并试图依照该学说构建我国宅基地相关法律制度时,不应背离我国的现实情况。概而言之,宅基地法定租赁权理论在我国的运用有待进一步探讨。

---

① 韩世远:《宅基地立法问题——兼析物权法草案第十三章"宅基地使用权"》,《政治与法律》2005 年第 5 期。
② 参见我国台湾地区 1999 年修订的"民法债篇"第 425 条第 1 项。
③ 王崇敏:《宅基地使用权制度现代化构造》,博士学位论文,武汉大学,2013 年,第 48 页。

（四）用益物权说

用益物权学说主张者认为，创设宅基地使用权之目的在于通过使用他人所有的土地而获益，其与传统物权法上的地上权是有区别的，具有用益物权的性质，宅基地使用权的概念不应被自物权或者地上权等概念代替。我国《物权法》《民法典》也是采用了诸多持该观点的学者的意见，将宅基地使用权作为一种用益物权加以规定。例如，王利明教授在其组织完成的《中国物权法草案建议稿》中就建议将宅基地使用权界定为用益物权。王利明教授认为，将宅基地使用权界定为用益物权符合我国的现实，且是我国独有的一种用益物权形式，是农村居民和少数城镇居民以建造自有房屋为目的对集体土地享有的占有、使用的权利。[①] 宅基地使用权用益物权学说主张者认识到了我国宅基地使用权在我国所具有的特殊意义及其独特秉性，并意识到宅基地使用权与权利人的集体组织成员身份密切相关，并将关注点聚焦在宅基地使用权所具有的社会保障的功能上。

三 宅基地使用权法律属性的厘定

宅基地使用权地上权说、自物权说、法定租赁权说以及用益物权说从不同角度反映了宅基地使用权的法律属性，也体现了观点上的差异。反映在法律规定上，《民法典》规定了宅基地使用权、地役权、建设用地使用权、土地承包经营权四种用益物权。宅基地使用权和建设用地使用权在本质上应当属于地上权，"但因我国《物权法》和《民法通则》没有采用地上权的概念，而是将本属于地上权种属关系的宅基地使用权直接规定为用益物权的形式"[②]。《民法典》第323条规定，用益物权包括占有、使用、收益三项权能。"然则，《民法典》对何谓宅基地使用权进行界定时，只是通过对宅基地使用权人权利的规定即宅基地使用人对宅基地享有占有和使用权能来映射其概念。在表述宅基地使用权人权利权能时，没有与物权法一般规定中对用益物权权能规定相一致，仅表述其享有占有和使用权能，而忽略其收益权能，更没有提出其所具有的一定处分权能。"[③] 并且，

[①] 王利明：《物权法研究》，中国人民大学出版社2002年版，第472页。
[②] 张国华：《论宅基地使用权的性质》，《岭南学刊》2013年第6期。
[③] 钟三宇：《困境与革新：宅基地使用权抵押融资的法律思考——以宅基地使用权的物权属性为视角》，《西南民族大学学报》（人文社会科学版）2014年第11期。

《民法典》是在未设置农村宅基地所有权制度下设置的"宅基地使用权",使宅基地使用权孤悬于宅基地所有权之外,导致宅基地使用权人成为他物权人与自物权人没有衔接的独特权利。① 这也是《民法典》的一个独特景象。但是,在笔者看来,宅基地使用权法律属性的认定,一方面,要尊重历史事实,结合宅基地使用权制度在我国产生的历史背景,联系我国由计划经济向市场经济转型这一过程;另一方面,要考虑我国当前经济社会发展实际情况,毕竟,法律"根源于物质的生活关系"②,而非凭空产生。故而,漠视上述因素的存在而探讨宅基地使用权的法律属性,研究的价值和意义也必将大打折扣。

(一)宅基地所有权与宅基地使用权"两权分离"理论的推演

1. 土地"两权分离"理论的内涵

两权分离理念是产权思想由单一的所有权观念向所有权和从其中分解出来的权利束并存的观念演进中产生的。两权分离最初是指生产资料所有权与生产资料经营权或者使用权的分离,其本质上是一种所有制理论,生产资料所有者所享有的占有、使用、收益、处分四项权能可归结为所有权和经营权,且两权既可以分离,也可以统一。也就是说,生产资料所有者对自己的生产资料可以自己管理和使用,也可以依据法律规定委托或授予他人经营或使用。1932 年,美国学者贝利和米恩斯在《现代公司与私有产权》一书中指出,美国很大一部分大公司是由未拥有公司股权的职业经理人控制的,导致"两权分离"。阿门·阿尔钦指出,"产权要素所具有的自愿的可分割性和可转让性,可以实现两种有益的专业化(有时称作'分离'):(a)行使有关资源使用的决策权;(b)承担市场或交换价值实现的结果。"③ 阿尔钦所称的决策权是指"控制权",而市场价值实现则指"所有权"。"控制权"和"所有权"的分离使得专业化的收益得以实现。

我国《宪法》和《土地管理法》均规定,"任何组织或者个人不得侵占、买卖或者以其他形式非法转让,土地使用权可以依法转让"④。

---

① 郑尚元:《宅基地使用权性质及农民居住权利之保障》,《中国法学》2014 年第 2 期。
② 《马克思恩格斯选集》(第 2 卷),人民出版社 1972 年版,第 82 页。
③ [美] R. 科斯、A. 阿尔钦、D. 诺斯等:《财产权利与制度变迁——产权学派与新制度学派译文集》,刘守英等译,上海人民出版社、上海三联书店 1994 年版,第 158 页。
④ 参见《宪法》第 10 条第 3 款,《土地管理法》第 2 条第 3 款。

"当土地所有权不再是这项进入市场自由流转的权利时,原先拥有的占有、使用、收益、处分四项权能,也应当相应地转移给现行土地法律制度中具有独立物权性质的土地使用权。"① 正因如此,我国在土地所有权无法转让的情况下,法律上发展出丰富的土地使用权形式,诸如宅基地使用权、土地承包经营权、国有土地使用权、矿地使用权、土地使用权的租赁权,等等。国家是在土地利用总体规划和土地用途管制等制度安排中,对土地使用权的行使进行规范,土地使用权在符合法律规定的条件下,可以进行流转,从而使土地使用权从土地所有权中分离出来,成为相对独立的物权。

根据《宪法》《民法典》《土地管理法》等法律的规定,土地所有权的各项权能与传统的所有权权能表现形式不同②,土地所有权本质上不是一项私权,虽然其拥有这样一个私法上的称谓,其实质上是我国土地公有制的组成部分,我们无法用私法上的权利构成对其进行解构。譬如,《民法典》规定:"所有权人有权在自己的不动产或者动产上设立物权和担保物权。"③ 但是,在我国,集体土地所有权仅在权利主体的确定,其余仍存在亟待法律进一步明确的问题,因此,不管在法律或现实中,土地所有权人均不可能实现《民法典》所确定的权利。土地所有权人是通过土地所有权与土地使用权的分离,而在土地使用权上派生和设定担保物权与其他权利形式,从而使土地使用权实质上成为土地所有权存在的一种表象形式,替代土地所有权去实现土地所有权的权能,"土地两权分离"即土地所有权和土地使用权的分离得到实现。

2. 宅基地所有权和宅基地使用权的"两权分离"

1949年中华人民共和国成立后,通过土地改革,我国形成了国家所有、集体所有、农民所有三种土地所有权形式。然而,经过互助组、初级社、高级社几个阶段,农民的土地所有权和经营权逐步转化为集体土地所有权。1962年,中共中央发布修正后的《农村人民公社工作条例》,据此,我国农民私人土地所有权被完全消灭,集体土地由生产队所有,土地

---

① 刘俊:《中国土地法理论研究》,法律出版社2006年版,第3页。
② 国家或集体占有土地所有权,表现为对土地的控制、处理、转让、收益征缴与分配等方面,土地使用权人占有土地,表现为对土地的依法使用权。
③ 《民法典》第241条。

的经营权统一也由作为集体组织的生产队行使。① 1982 年《宪法》第 10 条第 1 款、第 2 款对土地所有权的形式予以确认。② 至此，国有土地所有权和集体土地所有权成为有我国土地所有权的两种固有形式。按照《宪法》《土地管理法》的制度安排，土地所有权在我国是严禁买卖和转让的，传统所有权理论的占有、使用、收益和处分四项权能并不能在土地所有权中获得体现。从这个意义上来说，集体土地所有权和使用权的关系问题，是个关系到我国农村土地资源优化配置的重大问题。

集体土地所有权和集体土地使用权"两权分离"的演变（如表 1-1 所示），从互助组到初级社再到高级社，最后到 1978 年党的十一届三中全会后的土地改革，对农村土地进行承包经营，农地所有权经历了农民私有权向集体所有权的演变。集体土地所有权和集体土地使用权的两权关系，是一个"统一——分离—统一——分离"的过程。

表 1-1　　　　　　　集体土地"两权分离"演变过程

	互助组	初级社	高级社	1978 年以后
土地所有权	私有	私有	公有	公有
土地使用权	主要归农户私有，具体耕作时组员合作劳动	由社里统一经营和使用	由社里统一经营和使用	土地使用权可以依法转让
土地两权关系	土地私有制基础上的两权统一	土地私有制基础上的两权分离	土地集体所有制下的两权统一	土地集体所有制下的两权分离

在现行农村宅基地法律制度中，"土地两权分离理论"反映到宅基地使用权和集体土地所有权关系上，宅基地使用权从集体土地所有权中分离出来之后，农户对宅基地使用权享有一定的占有、使用、收益、处分的权利，享有长期的使用权。对附属其上的房屋在法律上至少享有形式上完整的所有权，③《民

---

① 《农村人民公社工作条例》第四章"生产队"，对集体土地的所有权和经营权进行了详细的规定，确定生产队是人民公社中的基本核算单位，实行独立核算，自负盈亏，直接组织生产，组织收益的分配；生产队范围内的土地，都归生产队所有——生产队所有的土地，包括社员的自留地、自留山、宅基地等，一律不准出租和买卖。

② 《宪法》第 10 条第 1 款、第 2 款规定，城市的土地属于国家所有。农村和城市郊区的土地，除由法律规定属于国家所有的以外，属于集体所有；宅基地和自留地、自留山，也属于集体所有。

③ 法律上并没有禁止农村房屋的买卖，但因宅基地使用权转让的一定限制，实质上导致农村房屋的买卖也受到限制，因而称为"形式上完整的所有权"。

法典》对宅基地使用权的取得、行使和转让，采用转介的形式进行规范，规定适用《土地管理法》等法律和国家有关规定。① 然而，《土地管理法》和相关土地管理法规对宅基地使用权的权能及行使却较少涉及。"我国今天'三农'问题的实质依然是农地所有与利用制度问题。"② 在法律对这种"两权分离"进行确定后，宅基地使用权的流转及物权属性界定便成为法律规制的重点所在，"必须解决一个根本性的制度基础问题，即在法律上拟制一项可以自由流转的真正属于私权性质的、独立的土地财产权"③。权利权能、权利行使方式和条件等法律规则的设定，应当是理论思考和法律完善的方向。

（二）宅基地使用权法律性质重构的逻辑起点

"农村宅基地制度，包括农民房屋、院落及相关附属物之所有权、地基使用权、地基的集体所有权等宅基地法律制度，目标应当定位于专门立法。"④ 然而，我国《民法典》及相关法律对宅基地使用权的立法规范，对宅基地使用权"受限制用益物权"的界定，相较于土地"两权分离理论"的突破，宅基地使用权相较于集体土地使用权的独立财产权性质，已无法概括和体现宅基地使用权的物权属性，无法解释宅基地使用权在市场上的收益、流转和处分。《宪法》和《土地管理法》"均承认'农民集体'对包括宅基地在内的集体土地拥有所有权，那么'农民集体'作为财产所有权人理应享有占有、使用、收益、处分其财产的权利。即使它是一种受到限制较多的所有权，法律对它限制也应当仅限于公共利益范围，如耕地保护等"⑤。根据法律规定，集体土地所有权是禁止转让的，即便是集体土地使用权的转让，在大部分情况下，也是要先以国家名义进行征收，转化为国有土地使用权后方可依法转让。因此，在我们国家的法律范畴内，集体土地所有权并不能用具有私权概念的"所有权"概括其法律属性，其是在中国共产党执政后的土地公有化改造背景下创设的土地所有制形式，

---

① 《民法典》第363条。
② 高军：《试论我国农地二元所有制的改革模式——以重庆地票交易制度为线索的研究》，《西南政法大学学报》2015年第3期。
③ 刘俊：《我国集体土地所有权法律制度改革——方向与出路（发言提纲）》，载刘云生主编《中国不动产法研究》（第5卷），法律出版社2010年版，第233页。
④ 郑尚元：《宅基地使用权性质及农民居住权之保障》，《中国法学》2014年第2期。
⑤ 任丹丽：《集体土地物权行使制度研究——法学视野中的集体土地承包经营权流转》，法律出版社2010年版，第41—42页。

具有极强的公权力性质，如果用民法的所有权理论对其进行分析，无法解释集体土地所有权在权能方面受到限制的合理性和合法性问题。

宅基地使用权是在集体土地"公有"制度安排下形成的"所有"和"使用"分离而形成的独特权利，集体土地所有权在制度安排中所受到的限制，却可以通过集体土地使用权"私权化"，其处分权能是通过土地使用权的流转而实现，从而发挥其作为财产性权利的权能。"集体组织"对宅基地所有权权能是通过农户对宅基地使用权权能的行使来实现的。因而，对宅基地使用权进行权利限制，同样只能基于公共利益，而非其他。宅基地使用权在与集体土地所有权分离后，不管在现实还是在法律中，都很少再受到集体土地所有权的约束，宅基地使用权相较于"集体组织"对宅基地的所有权而言，是更有价值的"物权"。

（三）多重角度下宅基地使用权法律属性的再认识

从产生时间来看，宅基地使用权是与集体土地所有权几乎同时产生的物权。从历史的角度归纳来看，农民的宅基地来源大体可以分为三类：第一类是祖遗宅基地，这类宅基地在土地改革后被分配给农民并归农民私人所有；第二类是土地改革后直接分得宅基地；第三类是因盖房需要而提出申请并经审批后获得宅基地使用权。以上三类农民宅基地来源，无论是最初的所有权形式如何，在经过社会主义改造后，均归集体所有。整体而言，农民的宅基地使用权多由社会主义改造前农民的宅基地所有权转化而来。由此可见，宅基地使用权的主体构造受到宅基地所有权历史状况的重大影响。

"耕者有其田，居者有其屋"，这是中国共产党成立后对广大农民的承诺。为此，中华人民共和国成立后颁布的《土地改革法》就开门见山地规定了实行农民土地所有制[1]，并掀起了中华人民共和国成立后的土地改革高潮。土地改革的成果也在中华人民共和国成立后的第一部《宪法》中得到确认。[2] 在这一阶段，我国实行的是土地私人所有制度。然而，随着土地私人所有制度的实施，各种弊端逐渐显露，我国农村土地制度又面临着一次转型，社会主义改造运动由此兴起。通过社会主义改造运动，农民土地所有制被改造成为集体所有制。尽管这一时期的社会主义改造运动

---

[1] 参见 1950 年 6 月 28 日通过的《土地改革法》第 1 条。

[2] 参见 1954 年《宪法》第 8 条。

对宅基地的权利状况未产生影响，但是随着社会主义实践的深入发展以及相关政策、法律规范的出台，宅基地所有权也逐渐发生变化，农民对宅基地仅享有使用权，使得宅基地所有权与使用权发生分离。需要强调的是，这一时期宅基地所有权之变更是通过无偿平调的方式建立起来的，并非通过等价交换原则来完成。通过对该时期的政策及法律规范解读可知，农民对于其享有的宅基地使用权具有身份性和永久性，通过申请无偿取得，并且限定为一户一宅。在用途方面进行严格限制，但宅基地之上房屋的买卖并不被禁止。根据"地随房走"的原则，如果发生农村房屋买卖的情况，宅基地使用权与房屋一同转移。"两权分离"确立后，又历经"文化大革命"、改革开放以及市场经济的建立、发展与完善，我国农村宅基地制度不断完善，但总体来看，后面一系列宅基地相关立法均尊重原来的社会基础。

在当前的背景下，科学认识宅基地使用权的法律属性，需要充分了解当前我国农村经济社会发展的现实。农村人口众多、农村土地资源有限、人均占有土地少，这是我国决策制定相关规范性文件以及学者研究农村土地制度时必须面对的一个问题。在经济社会快速发展以及城镇化进程不断加快的新形势下，农村所显现出的社会矛盾也越来越突出，而因拆迁引发的宅基地补偿及重置问题则是导致这一突出农村社会矛盾的重要原因。社会的稳定是国家发展的基础与前提，而欲保障农村社会稳定，最基本的则是保障农民居有其屋。中华人民共和国建立的宅基地集体所有制使得具有集体成员身份的农民能够无偿获得宅基地使用权以用来修建房屋，在农村社会保障体系欠缺的很长一段时间里，这种带有福利色彩的宅基地制度为广大农民提供了最基本的保障。因此，在探究宅基地使用权的法律属性时，我们必须考虑该因素。

根据我国宅基地使用权的发展脉络可以看出，我国农村宅基地使用权是在我国土地制度变迁的过程中形成的具有中国特征的土地物权。尽管我国《民法典》将其定性为用益物权，但与大陆法系层面的用益物权区别很大。大陆法系国家的用益物权是特定的，且设立在私人不动产所有的基础之上，具体包括通过签订协议而设立的地上权与永佃权、为特定人的利益而存在的人役权以及不以占有为内容的地役权。大陆法系国家所确定的以上用益物权属于他物权，这一点基本没有争议。然而，由于我国实行的是土地国家所有或者集体所有的土地公有制，土地所有权存在形式较为抽象。因此，对于作为集体成员的广大民事主体而言，建立在土地公有制基础上的宅基地使用权实际上具备了自物权的特征。尽管在观念形态上集体才真正享有土地所有权，但对于广大农民而言，他们历来如同所有权人一样使用宅基地。而且这种权利行使状况不仅得到了其他集体成员以及非集体成员的认同，也得到了政府的认同。此外，从存有期限来看，尽管从理论上而言宅基地使用权的期限与宅基地之上的房屋的有效使用期限相同，且宅基地之上房屋的使用期限并非永久，但在实践中即使宅基地上的房屋倒塌，权利人仍可以重新建造房屋，从而延续对宅基地的使用。可见，宅基地的使用期限可以在事实上推定为具有永恒性，这与宅基地所有权期限的永恒性是吻合的。况且，在潜意识里作为集体成员的农民也是以一种类似所有者的观点来对待其享有的宅基地使用权的。对于广大学者而言，也意识到宅基地使用权存在名实不一的情形，在内容上使用权已经实现超越而具有了准所有权的特性。因此我们可以得出结论，宅基地使用权已经具有相当的准所有权的属性，且这种"准所有权"的定位，不仅具有理论上的合理性，也具有实践基础作为依托。农户对宅基地使用权的"控制权"或"使用权"是比宅基地所有权更有价值的"物权"，宅基地使用权法律制度的改革方向应当是最大限度明晰宅基地使用权的权能和权利属性，"做实"宅基地使用权。在我国法律框架内，因土地的特殊性，土地使用权在和土地所有权"两权分离"后，其均具有不受土地所有权约束的特性，而仅受到法律规范行使各项权能的约束或限制，因而都具有"类所有权"，或者"超用益物权"的物权性质。正如富勒所言，"认识到法律的内在道德可能支持并赋予功效给多种多样的实体目标并不等于相信任何实体目标都可以在无损于合法性的情况下获得接受"①，在宅基地使用权"超用益物权"或"类所有权"的实现机制上，参照《城市房地产管理法》相关管理规范，适度放开宅基地使用权及其附于其上的房屋的交易，缩小农村与城市房产的差距，打破"二元分割"，这也契合了党的十八届三中全会提出的"健全城乡发展一体化体制机制"②，与党和国家的方针政策是一致的。当然，需要特别强调的是，尽管宅基地所有权随着

---

① 参见［美］富勒《法律的道德性》，郑戈译，商务印书馆2005年版，第177页。
② 钟三宇：《困境与革新：宅基地使用权抵押融资的法律思考——以宅基地使用权的物权属性为视角》，《西南民族大学学报》（人文社会科学版）2014年第11期。

集体所有权主体的虚化而虚化,但在抽象意义层面的所有权是依然存在的,而且所有权主体在一定条件下对宅基地具有使用权和最终支配权,只不过行使条件较为严格。

(四) 公共利益角度下宅基地使用权法律属性探讨

财产权是一项自然权利,也是当今世界大多数国家在宪法中规定的公民的一项基本权利。尽管通常情况下财产权还要承担"社会义务",并不是绝对不可侵犯的,但是,国家侵犯公民的财产权时必须存在"合法理由"。国家以公共利益为目的侵犯公民的财产权,便是这个"合法理由"。[①] 具体到本书所研究的宅基地,国家对农民占有的宅基地的征收或者对公民本应享有的宅基地使用权各项权能的限制,也必须以公共利益为前提或者目的。换言之,基于宅基地在我国的特殊性,宅基地相关法律制度的设计应当充分而又谨慎地考虑公共利益在其中的作用。虽然宅基地使用权的私权性质已经在我国得到明确,但基于宅基地的经济性、稀缺性以及所发挥的特殊功能,我们不能排除行政机关与宅基地使用权人发生各种矛盾,亦不能排除某些机构打着公共利益的幌子来限制宅基地使用权。正是因为考虑到这一点,我国《民法典》在规定宅基地使用权时惜墨如金,原则性规定较多,对于一些实践中亟待厘清的以及争议较大的问题则显示出暂时搁置争议、回避矛盾的态度。

在我国目前以及未来的宅基地使用权制度完善的过程中,固然需要将宅基地使用权放在公共利益的语境下进行探讨,但公共利益不应决定宅基地使用权的权利结构设计,更不应以公共利益来对抗宅基地使用权的私权属性。如果肆意夸大或者过于强调公共利益在宅基地使用权制度设计中的作用,必然会使得宅基地使用权的应有权利结构扭曲,甚至会为公权力侵犯作为私权的宅基地使用权提供方便。更何况,通过我国宅基地制度的发展历程来看,中华人民共和国成立后,我国宅基地制度的发展历程就是一个国家公权力量逐渐淡出、集体组织权利逐渐强化的过程。尤其是在改革开放后,伴随农村经济改革,国家逐渐放权给乡村社区,尤其是我国 1984 年《宪法》确立了农村集体土地所有者的身份后,使得我国包括农村宅基地在内的农地制度发生极大变化,具体表现在两个方面:一是之前由国家主导的强制性

---

① 陈新民:《德国公法学基础理论》(增订版·上卷),法律出版社 2010 年版,第 508 页。

制度安排被集体组织主导的自发性制度创新代替，二是包括宅基地制度在内的农地制度差异性愈加明显。由此也带来一个之前未曾出现的结果，即在市场经济条件下传统的集体所有者理论阻碍了当前农村经济体制改革，这表明宅基地制度正在由强政治功能向强经济功能的方向发展。

宅基地经济功能的强化，也就意味着决策者在进一步完善宅基地制度时不应再一味地以公共利益为借口限制农村宅基地在新情势下应有功能的发挥，经济利益也应该成为决策者参考的依据。更何况，在理论上或者实践中很难对公共利益与经济利益作严格的区分，甚至在特定的情况下经济利益会涉及公共利益抑或在特定时期内向公共利益转化。[①] 可以说，经济利益与提高就业率、促进经济发展等公共利益具有密切的联系。在域外的司法实践中，也有支持经济利益与公共利益可转化的案例。[②] 具体到宅基地使用权当中，只有将宅基地制度中的公共利益因素与市场经济的经济因素相衔接，不断满足农民的切身利益，才能真正满足社会主义法治建设与市场经济建设的要求。《中共中央关于全面深化改革若干重大问题的决定》针对"赋予农民更多财产权利"提出"保障农户宅基地用益物权，改革完善农村宅基地制度"[③]。我们要落实这样的政策安排，必须寻找突破口，而在法律层面规定农民对宅基地使用权的收益和处分权，理应成为制度创新的关键环节。"由土地的资源属性产生的对土地最有效和合理利用的目的，决定了社会所建立的土地使用权制度应当能够使土地在市场上自由流转的制度。"[④] 在集体土地"两权分离"之下，宅基地使用权完全可以脱离集体土地所有权的束缚而成立一项相对独立的财产权，赋予其"超用益物权"或"类所有权"法律属性，可以是我们完善宅基地制度的切入点。我国实现计划经济向市场经济转变以后，市场成为最基本的资源配置方式，各市场主体的利益与公共利益、国家利益等差异较大，不能混淆，更不能本末倒置。

[①] 王利明：《论征收制度中的公共利益》，《政法论坛》2009年第2期。

[②] 例如，美国密歇根最高法院于1981年判决的"波兰镇案"以及美国联邦最高法院于2005年判决的"凯洛案"就支持了经济利益与公共利益之间可转化的观念。

[③] 高圣平：《宅基地制度改革试点的法律逻辑》，《烟台大学学报》（哲学社会科学版）2015年第3期。

[④] 刘俊：《中国土地法理论研究》，法律出版社2006年版，第184页。

第三节　宅基地的功能变迁与诠释

一　宅基地私有和宅基地集体所有初期："居者有其屋"的保障功能

　　前已述及，自中华人民共和国成立后至社会主义改造完成后的几年内，我国的农村宅基地归农民私人所有，这一时期为宅基地农民私有时期。在中华人民共和国成立后土地改革以前，占总人口 9.41% 的地主和富农占有全国 51.92% 的土地总数，而包括中农、贫农及其他劳动者等在内的绝大多数人口仅占 48.08% 的土地总数。① 面对这种土地严重分配不均的状况，广大中农、贫农获得土地的愿望十分迫切。中华人民共和国成立后的土地改革运动深化了新民主主义革命，使得全国 2.64 亿的农民实现了"居者有其屋"的愿望。通过土地改革运动分配给无地、少地的农民土地，进而调动广大贫农、中农的积极性，减少革命的阻力，这是我党在长期的革命实践中总结出的宝贵经验。经过长期的战乱，中华人民共和国成立后社会经济亟待发展。尽管 1950 年颁布的《土地改革法》承认一切土地所有者具有自由经营、买卖或者出租其分得的包括宅基地在内的土地的权利，但广大贫农、中农更关心的是最基本的居住及温饱问题，土地尤其是宅基地流转的情况微乎其微，所有土地改革后广大贫农、中农所分得的土地在事实上主要承担社会保障功能。

　　从土地改革完成后的几年内到 20 世纪末，我国确立了农村宅基地集体所有制度，宅基地的出租和买卖不被允许，宅基地使用权流转十分有限，这与我国在土地改革后确立的工业优先发展的战略目标有重要关系。尤其是在人民公社时期，人民公社对农村土地统一管理、规划和使用，政社合一的人民公社完全掌握了土地使用权，尽管宅基地使用权仍归农民所有，但是，宅基地使用权的流转是绝无可能的。人民公社的运作是在政治强制推动下进行的，把所有权全部上升为代表着共产主义的人民公社，在农村土地范围内消灭民法权利，完全实现土地公有制，这是人民公社的最基本特征。人民公社的运作，使得土地所有权和使用权的主体均扩大了。

---

　　① 杜润生主编：《中国的土地改革》，当代中国出版社 1996 年版，第 560 页。

与原有的乡村熟人社会相比，土地权利主体变得模糊，而与原有的乡村布局相比，地权的边界变得泛化。农民的生产活动与生产资料联合起来，在更大的范围内建立了公有化。权利边界的泛化以及权利主体的模糊，在中央层面而言，有利于统一调配劳动力和生产资料，但也带来一系列问题，劳动激励过低和监督成本过高就是两个最为严重的问题。相较于土地改革和人民公社化运动的其他内容，宅基地改革无疑承担着最重要的社会保障功能。学者刘俊教授认为，宅基地的保障性被当成贯穿宅基地使用权制度始终的属性，成为拒绝宅基地使用权制度改革的重要原因，是农村社会稳定的基石。[1]

作为社会秩序的稳定器，社会保障制度在不同的发展时期面对不同群体，存在较大差异。我国社会保障制度在农业与工业、农民与城镇居民以及农村与城市之间呈现出显著的二元性。而我国二元性的社会保障制度是与二元的经济和社会结构相适应的，也满足了中华人民共和国成立初期工业化的发展需求。为了推动我国的工业化进程，中华人民共和国成立初期我国就启动了城镇社会保障体系的建设历程。然而，在同时期的我国广大农村地区，社会保障体系建设却仍未启动。土地集体化改革后，农村集体在事实上承担起另一种职能，即向农民提供社会保障。换句话说，以集体保障为主体是农村集体土地制度建立后很长一段时间内的农村社会保障的特征。这是一种新型的、低水平的农村社会保障制度。

二 宅基地使用权流转探索时期：资产功能的显现

从20世纪末21世纪初至今，宅基地集体所有制度仍然在沿用，集体成员基于特定身份提出申请并经审批后获得宅基地使用权，在数量上限定为一户一宅，在本集体经济组织内部可以进行宅基地之上房屋的转让，但在转让后不能再次申请宅基地使用权。另外，本集体经济组织成员不能将宅基地使用权转让给本集体经济组织以外的成员，城镇居民购买宅基地使用权的行为也是被禁止的。一言以蔽之，进入21世纪后，我国在法律层面仍严格限制宅基地使用权的流转。尽管如此，我国地方政府在宅基地使用权制度改革方面却呈现另外一番景象，甚至屡屡出现打破既有法律规范的、具有极大创新性的"试错"行为。概括而言，宅基地使用权在新

---

[1] 刘俊：《中国土地法理论研究》，法律出版社2006年版，第322—325页。

时期被赋予了一定的流动性,宅基地使用权的应有权能逐渐恢复。

地方政府主要通过两种途径进行宅基地使用权制度改革。第一种途径是对于农村地区在合理范围内的宅基地流转行为持默认态度。随着城镇化进程的加快,城镇居民与农村地区的农民针对农村宅基地作出了不同的选择。一方面,在城乡接合部以及其他经济发达地区,城镇居民到农村买房或者购买宅基地使用权并建房的现象逐步增多,而且这种隐形的宅基地流转现象仍在继续且呈扩大态势;另一方面,随着进城并定居的农民的数量逐渐增加,农民非农化的进程在加快,这直接使得农村宅基地及其之上的房屋的闲置,进而导致闲置宅基地在集体经济组织内外的流转。对于上述两种自发的宅基地使用权流转行为,不少地方政府都是持默认态度。第二种途径是由地方政府作为创新力量推动宅基地使用权在一定程度上的流转。正如前所述,农民非农化进程的加快,使得不少自然村变成"空心村",不少地方政府就开始尝试以宅基地置换的方式撤并"空心村"。宅基地置换是城镇化发展过程中由地方政府主导的一种典型的集中土地利用的模式,江苏、浙江、天津等省市则是推行宅基地置换比较典型的省市。宅基地置换模式的推行,在"推进土地适度集中和规模经营,促进城乡经济金融流通、以此解决城镇化建设中的土地和资金难题,实现新型工业化、城镇化和农业规模化协调发展"等方面均发挥了重要作用。[1]

中国农村宅基地制度变迁滞后于功能变迁,根本原因在于现行农村宅基地制度与其功能变迁存在诸多冲突,忽视宅基地资产功能的显现与契合。[2] 宅基地使用权资产功能的显现是发展市场经济的必然结果,也是不可逆转之势。况且,同其他商品相比土地资源是一种稀缺性资源,宅基地使用权的资产性价值也就更得以彰显。但是,王明成教授在对四川省六个非城镇郊区地区农户民意进行调查后,发现宅基地资产化是存在基础的,并不会当然导致村民无度出售房屋的现象,调查数据显示,高达87%的家庭不会出卖宅基地,但相当多的家庭希望宅基地能够抵押融资。[3] 在我国的未来发展中,随着市场经济的不断发展,农村宅基地使用权的商品属性也更加明显,其资产功能特征也将更加突出。具体而言,宅基地使用权

---

[1] 张晓云、张伟:《宅基地置换模式的立法思考》,《前沿》2014年第Z2期。
[2] 张德元:《农村宅基地的功能变迁研究》,《调研世界》2011年第11期。
[3] 王明成:《宅基地制度改革几个问题的非城镇郊区民意法律分析——来自四川省六个地区农户的调查》,《西南民族大学学报》(人文社会科学版)2014年第2期。

的资产性功能主要由以下三个因素决定。

第一个因素是包括宅基地等在内的土地的固有属性。宅基地属于不动产，这是其同其他稀缺性资源不同的地方。在市场成为最基本的社会资源配置方式的情况下，作为一种经济资源的农村宅基地使用权应参与市场分配，并最大限度发挥其效能，最终实现其经济效率与市场价值。如果仅仅确立宅基地使用权的财产归属地位，宅基地使用权的资产价值也就无法全面实现。欲正确认识和确立宅基地使用权的资产功能，还需要相应的制度体系的建立。尽管宅基地以及宅基地使用权在中华人民共和国成立的历史上长期发挥着社会保障的功能，即便到现在许多学者亦认为宅基地使用权依然在农村承担着不可替代的社会保障功能，但在笔者看来宅基地使用权所承担的社会保障功能是以自身的自然和社会经济属性为依托的。换句话说，宅基地使用权所承担的社会保障功能是土地经济功能在我国特殊社会经济背景下衍生出来的一种附属功能。

第二个因素是我国市场经济体制的逐步确立与完善。我国目前处于经济与社会转型时期，在该时期，中国特色社会主义市场经济体系这一大前提决定了我国经济发展的市场化方向。交易是市场经济的本质，即发挥市场在资源配置中的基础作用。同其他生产资料一样，土地也是一种生产要素，在土地公有制的大前提下，土地权能进入市场进行交易或者流转也就不能避免。尤其是随着我国城镇化进程的加快，市场对土地的需求也越来越大。从实证的角度来看，市场对土地的需求不断扩大，决定了土地权能必然会进入市场流转。从经济学的角度来看，在市场经济中需求决定供给，市场需求某种资源，这种资源就具有交换价值。市场对宅基地使用权具有强烈需求，这决定了宅基地使用权具有财产属性。从实践来看，宅基地使用权在功能上已经超越了传统功能，并且其资产功能的显现已经不可抑制。

第三个因素是我国土地制度的改革趋势决定了我国宅基地的资产功能只可能加强，不可能削弱。当前，我国农村经济体制改革正如火如荼地进行，在这个过程中也存在一些羁绊因素，农村集体土地的市场化问题便是其中一个。改革开放的过程亦是一个社会制度变迁的过程，而社会制度建设应在社会制度变迁中成为主旋律。对于我国当前的社会制度而言，建立一套适合农村集体土地发展的制度模式是最重要的任务，而这种模式的构建又要求打破城乡的二元性，在土地方面则是打破农村集体土地和城市土地的二元性，使得要素市场、产品市场和金融市场融入农村。只有在这一原则下开展的农村土地制度改革,才能适应农村经济体制改革的要求。从实然角度来看,我国当前制定的农村土地制度相关政策与规范性文件,也正在朝着这一方向发展。

第四节　宅基地使用权流转效力的异化与演进

宅基地使用权的流转,长期是一个较为敏感的话题。在基本法层面,没有明确禁止宅基地使用权流转,但在司法实务中,相较于基本法的规范,创造出呼应国家农村土地政策的隐性制度安排,即严格限制宅基地使用权的流转,使宅基地使用权的流转在制度上基本凝固,农民的宅基地权利仅限于"保障性",而无法发挥其财产性的功能。现行宅基地使用权流转的制度安排,一定程度上阻碍了经济绩效、权利公平及社会变迁需求的实现。党的十八届三中全会提出,"健全城乡发展一体化体制机制",要求"保障农户宅基地用益物权,改革完善农村宅基地制度",这为宅基地使用权制度的改革提供了契机。我们有必要对宅基地使用权流转的相关法律及司法裁判规则进行梳理,重新梳理宅基地使用权流转的标准和尺度,建立"产权"明晰的宅基地使用权制度,促进宅基地使用权的有序流转,对于改变我国城乡二元体制,实现城乡发展一体化具有重大的意义。

一　宅基地使用权流转之司法裁判追问

蔡某系浙江省乐清市清江镇杨州村村民,沈某某系同镇朝霞村村民。蔡某因高速公路建设拆迁其祖屋而获赔坐落于南塘镇杨州村的地基三间。2008年9月18日,蔡某与沈某某签订了一份《屋基转让协议书》,约定将上述三间地基中的一间以21万元转让给沈某某。沈某某于当日支付了5万定金,2009年10月24日又支付蔡某地基款5万元。双方至2013年向法院起诉时仍未在该地基上兴建任何建筑物。2013年年初,蔡某以家庭需要为由,诉至乐清市人民法院要求确认双方签订的协议无效。乐清市人民法院查明,2010年4月1日,乐清市人民政府以乐政农建〔2010〕563号农村村民住宅用地审批文件批准蔡某一户家庭获得上述地基的土地使用权。蔡某至辩论终结前仍未办理该土地的使用权证。[①]

[①] 浙江省乐清市人民法院〔2013〕温乐虹民初字第172号民事判决书。

乐清市人民法院经审理后认为，农村宅基地的所有权归村农民集体所有，村集体经济组织成员享有使用权。农民集体所有的土地的使用权不得出让、转让或出租。蔡某擅自将政府批准取得的集体性质的住宅用地单独转让给非本村集体经济组织成员的沈某某，违反了《土地管理法》的禁止性规定，应认定合同无效。确认蔡某与沈某某之间的《屋基转让协议书》无效判决下达后，沈某某不服，上诉到温州市中级人民法院。温州市中级人民法院认为，根据《土地管理法》第63条[1]的规定，农民集体所有的土地的使用权不得出让、转让或者出租于非农业建设。由于沈某某不属于杨州村村民，故双方当事人签订的《屋基转让协议书》违反了《土地管理法》的禁止性规定，原判认定协议无效，合法有据。温州中院终审判决驳回其上诉，维持原判。[2]

从该案判决结果看，符合我国法院对宅基地使用权流转的一贯做法，即宅基地使用权流转以认定无效为原则，以认定有效为例外；从流转双方的主体身份来看，如果双方都是同一集体经济组织的成员，可以认定流转有效。然而，细细解读我国有关土地管理法规，却并未能提供作出如此判决的充分法律依据。我国的土地管理法律法规是否仅允许宅基地使用权在同一集体组织内流转？此一问题，仅是我国宅基地使用权流转存在问题的冰山之一解。进一步考虑，在他人宅基地上出资建房能否取得房屋的所有权？农村村民能否拥有多个宅基地使用权？农村宅基地房屋能否出售给城镇居民？农村宅基地房屋能否出租给他人使用？出现宅基地使用权流转纠纷和农村宅基地房屋流转纠纷，是否适用统一的法律规则？等等。这些问题，不是通过一个或几个的司法裁判案例所能解决的，有必要通过对法律和理论的梳理，抽象出处理涉及宅基地使用权流转的一般性法律规则。

二 宅基地使用权流转之法律渊源比照

（一）立法动机的判断

通观我国农村土地法制，有个基本判断，即有关宅基地使用权管理方面的法律法规数量少，涉及宅基地使用权流转方面的规范性文件更少，很

---

[1] 《土地管理法》第63条规定：农民集体所有的土地的使用权不得出让、转让或者出租用于非农业建设；但是，符合土地利用总体规划并依法取得建设用地的企业，因破产、兼并等情形致使土地使用权依法发生转移的除外。

[2] 参见温州市中级人民法院〔2013〕浙温民终字第1323号民事判决书。

大程度上是依据行政规章和地方性规章调整，效力层次低。在法律层面，主要是从以下五个方面对宅基地使用权进行规制：一是禁止宅基地使用权出让、转让或者出租用于非农业建设；二是农村村民实行一户一宅制；三是农村村民建住宅应当符合土地利用总体规划，并尽量使用原有宅基地和村内空闲地；四是宅基地使用权的取得须经乡（镇）人民政府审核后，由县级人民政府批准；五是农村村民出卖、出租住房后，再申请宅基地的，不予批准。这些规定确认了宅基地使用权流转在法律层面的三个方面限制：一是宅基地使用权不得出让、转让或者出租用于非农业建设；二是出卖、出租住房后，再申请宅基地的，不予批准；三是违反"一户一宅"，再申请宅基地的，不予批准。这些规定并未明确禁止宅基地使用权流转，村民完全可以以不再申请宅基地为代价而出卖、出租住房，实现宅基地使用权的流转。甚至当村民因继承等原因而产生"一户多宅"的格局时，允许其"出卖"多余的宅基地使用权，反而能趋向于法律规定的"一户一宅"制度安排。

宅基地使用权流转的障碍的主要来自行政规章和政府政策的规定。1999年5月6日，国务院办公厅下发的《关于加强土地转让管理严禁炒卖土地的通知》第2条第2款规定："农民的住宅不得向城市居民出售，也不得批准城市居民占用农民集体土地建住宅，有关部门不得为违法建造和购买的住宅发放土地使用证和房产证。"2004年10月21日，国务院下发《关于深化改革严格土地管理的决定》，要求加强村镇建设用地的管理，"禁止农村集体经济组织非法出让、出租集体土地用于非农业建设。改革和完善宅基地审批制度，加强农村宅基地管理，禁止城镇居民在农村购置宅基地"。2004年11月2日，国土资源部印发《关于加强农村宅基地管理的意见》，规定了从严控制村镇建设用地规模、完善宅基地审批制度和规范审批程序、促进土地集约利用、严格执法等内容。提出要加大盘活存量建设用地力度，对"一户多宅"和空置住宅，各地要制定激励措施，鼓励农民腾退多余宅基地。在宅基地使用权流转方面仅规定"严禁城镇居民在农村购置宅基地，严禁为城镇居民在农村购买和违法建造的住宅发放土地使用证"。

《宪法》《民法典》《土地管理法》是基本法，从法律的效力看，属于上位法，并没有禁止宅基地使用权和农村房屋的流转，而上述的通知、决定、意见是国务院下属的部门作出的规章，是下位法，其效力远不及基本法的效力,并且其涉及的仅是"禁止城镇居民购置农村宅基地和房屋",对农村宅基地使用权能否在农村村民中转让并未涉及。根据"法不禁止即可为"的法理,农村宅基地使用权至少在农村村民之间转让应当是没有法律障碍的。上述行政规章在司法裁判宅基地使用权纠纷中,充其量仅能起参考作用,而不能作为确定宅基地使用权流转效力的依据。"由此可见,我国现行法律法规并未完全禁止宅基地使用权的转让,只是严禁城镇居民在农村购买宅基地。"[①] 因此,我国司法实务和通说法学理论一直以来针对宅基地使用权只能在"本集体内转让"的惯例思维,在法律上经不起仔细推敲,值得深思。

(二) 司法运行的推演

《土地管理法》施行后,最高人民法院至今没有针对宅基地使用权流转或农村私有房屋的交易出台相关司法解释或发布典型案例,无法判断其对宅基地使用权流转的态度。无奈之下,部分地方高级人民法院或中级人民法院面对越来越多的宅基地使用权纠纷,为了避免出现相互矛盾的裁判,统一裁判的尺度,纷纷出台相关审判指导意见。

2004年2月15日,北京市高级人民法院印发《关于农村私有房屋买卖纠纷合同效力认定及处理原则研讨会会议纪要》。该纪要基于我国法律法规所禁止宅基地买卖,宅基地使用权是与集体组织成员特定身份关系相联系而不允许转让等理由,认为"农村私有房屋买卖应当认定无效,但买卖双方都是同一集体经济组织成员的,可以认定有效"[②]。上海市高级人民法院《关于审理农村宅基地房屋买卖纠纷案件的原则意见》规定:"第一,对于发生在本乡(镇)范围内农村集体经济组织成员之间的农村房屋买卖,该房屋买卖合同认定为有效。第二,对于将房屋出售给本乡(镇)以外的人员的,如果取得有关组织和部门批准的,可以认定合同有效。第三,对于将房屋出售给本乡(镇)以外的人员,未经有关组织和部门批准,如果合同尚未实际履行或者购房人尚未实际居住使用该房屋的,该合同应作无效处理。第四,对于将房屋出售给本乡(镇)以外的人员,未经有关组织和部门批准,如果合同已实际履行完毕,且购房人已

[①] 吴越、沈冬军、吴义茂、许英等:《农村集体土地流转与农民土地权益保障的制度选择》,法律出版社2012年版,第81页。

[②] 北京市高级人民法院《关于农村私有房屋买卖纠纷合同效力认定及处理原则研讨会会议纪要》(京高法发〔2004〕391号)。

实际居住使用该房屋的,对合同效力暂不表态,实际处理中应本着尊重现状、维持稳定的原则,承认购房人对房屋的现状以及继续占有、居住和使用该房屋的权利。"山东省高级人民法院认为,"农村私有房屋买卖合同的效力应以认定无效为原则,以认定有效为例外。只有房屋买卖的双方均是同一集体经济组织的成员的,可以认定合同有效"①。沈阳市中级人民法院认为,"宅基地原则上不得转让"②。从上述各法院的指导意见可以看出,对于宅基地使用权流转法律效力的主流意见是以认定无效为原则,认定有效为例外,只有流转双方是同一集体经济组织成员的,方能认定有效。应当说,上海市高级人民法院对待宅基地房屋流转的态度,与其他法院相比,略显特别,其以认定宅基地房屋流转具有法律效力为原则,以无效为例外,而且将集体经济组织的成员扩大到"本乡(镇)",而不限于"同一集体经济组织成员之间"。上海高院列举了四种宅基地房屋流转的情况,其中只有一种情况认定无效,即"对于将房屋出售给本乡(镇)以外的人员,未经有关组织和部门批准,如果合同尚未实际履行或者购房人尚未实际居住使用该房屋的,该合同应作无效处理"。其他情况,都是本着尊重历史,照顾现实,注重法律效果与社会效果的统一,综合平衡流转双方的利益,以有效为原则,妥善处理争议。

  作为对法律和司法审判指导意见的回应,对于宅基地使用权流转法律效力的裁判,各级法院更偏向于按照司法指导意见作出判决,即在司法实务中更多的是以判决宅基地使用权流转无效为原则,而以判决有效为例外,大多仅针对同一集体经济组织内部的流转判决有效,如前文中所引的浙江省乐清市人民法院裁判的蔡某与沈某某的宅基地使用权纠纷案。但也有例外,有些法院作为少数,针对基本相同的案件事实,作出与其他法院不同的判决,突破司法裁判中的主流意见,扩大认定宅基地使用权流转有效的适用范围,为能动司法的实践提供更多的想象空间。

---

  ① 山东省高级人民法院《关于全省民事审判工作座谈会纪要》(鲁高法〔2005〕201号)第5条第3款。
  ② 沈阳市中级人民法院《关于审理房地产案件若干问题的处理意见(之二)》(沈中法〔2004〕31号)第4条第15款规定:"乡镇建设用地是指农村集体投资或农民投资兴办的乡镇企事业单位、村办企业、农村村民住宅、乡镇公共设施、公益事业建设所使用的土地。该建设用地使用权只有在一种情况下才可以转让,即《土地管理法》第63条规定的,符合土地利用总体规划并依法取得建设用地的企业,因破产、兼并等情况而致使土地使用权依法发生转移的,不受集体土地使用权不得转让的限制,但宅基地原则上不得转让。"

在蔡某与沈某某宅基地使用权纠纷中，乐清市人民法院认为，农村宅基地的所有权归村农民集体所有，村集体经济组织成员享有使用权。农民集体所有的土地使用权不得出让、转让或出租，蔡某擅自将宅基地单独转让给非本村集体组织成员的沈某某，违反了《土地管理法》的禁止性规定，适用《合同法》第52条第5款、《土地管理法》第8条第2款、第63条的规定，判决确认蔡某与沈某某之间的《宅基转让协议》无效。温州市中级人民法院以相同的理由维持了乐清市人民法院判决。该案的一个特殊之处是未在宅基地上兴建任何建筑物，是纯粹的宅基地使用权转让，对此类纠纷，有些法院有不同的观点。如山东省青岛市中级人民法院在审理青岛市崂山区中韩街道办事处小埠东社区居民委员会诉孙秀珍等宅基地使用权纠纷再审案，对此给出不同的裁判。青岛市中级人民法院认为，根据《土地管理法》第16条的规定，应该由当事人协商解决，协商不成的，由人民政府处理，涉案双方当事人是集体经济组织与村民土地使用权权属不明而引起的争议，该类纠纷并不是人民法院民事案件的受理范围，裁定驳回当事人的起诉。①

在河南省许昌市中级人民法院审理的岳桂某与岳振某等确认宅基地使用权转让合同无效纠纷上诉案中，岳桂某与岳振某都是长葛市桥北村三组村民，双方签订协议书，岳桂某将宅基地转让给岳振某，协议书履行后，岳桂某要求确认双方所签订的协议书无效，其主要理由是岳振某家已有宅基地，违反《土地管理法》"一户一宅"的规定。许昌中院经审理认为"《土地管理法》第62条的规定，应理解为管理性规定。第63条规定的立法目的是为限制农村集体土地用于非农业建设，而本案宅基地的流转未改变宅基地性质，不适用于本案"②。维持原审法院驳回岳桂某诉讼请求的判决。

上海市嘉定区人民法院审理的徐某志与叶某杰农村房屋买卖合同纠纷一案，徐某志于1998年4月6日和叶某杰签订卖房协议一份，约定徐某志将其位于嘉定区徐行镇联民村（现为伏虎村）东毛组的三间平房作价卖给叶某杰。后来，徐某志反悔，以叶某志非同一集体组织成员为由诉至法院要求确认双方的卖房协议无效。嘉定区人民法院经审理认为："徐某志与叶某杰签订的买卖协议是双方当事人买卖意思真实表示，鉴于双方的

---

① 山东省青岛市中级人民法院〔2012〕青民再终字第196号民事裁定书。
② 河南省许昌市中级人民法院〔2012〕许民一终字第358号民事判决书。

买卖行为在国家禁止性规定出台前已经发生并已实际履行，叶某志也已付清房款，并实际管理使用系争房屋长达十余年，从遵循诚实信用原则和维护社会稳定角度出发，可维持居住使用现状。"① 依照《民法通则》第4条的规定，判决驳回徐某志的全部诉讼请求。嘉定区人民法院的判决回避了农村房屋买卖合同的效力认定，是参照了上海市高院的审判指导意见，应该具有其合理性，然而，其对原告诉求的未能正面审查，采取回避态度，却未必能让当事人心服口服。

三 宅基地使用权流转之司法逻辑思辨

法律照耀现实，映射出一片阴影，给予法律人无限遐想。《土地管理法》《民法典》等基本法并未禁止宅基地使用权流转，也未限制流转必须在同一集体经济组织成员内进行，仅在行政规章中严禁城镇居民在农村购买宅基地。然而，这样的制度规定，反映在司法实务中，法官基于法律和政策对宅基地使用权流转规定的不统一和不协调，从有利于耕地保护、有利于农民保障、有利于社会公平等思维出发，自发地实现了统一的裁判逻辑，即在认定宅基地使用权和农村房屋流转的法律效力时，以无效为原则，以有效为例外；从而出现司法裁判与法律规定之间的悖论。出现这样重大的法律适用问题，全国人大常委会或最高人民法院本应进行立法或出台相关司法解释，但遗憾的是，长期以来，并无相关立法或司法解释出台。按照中国权力运行的逻辑，各地法院对宅基地使用权流转的裁判实现了国家对宅基地使用权流转的隐形制度安排。

即便如此，由于缺乏统一的制度安排，各地法院在论述宅基地使用权流转裁判理由时，却明显表现出对法律规定把握的分歧。《土地管理法》第62条、第63条是法院引用支持其裁判逻辑的主要条文，然则，同样引用该法条，面对同类的案件事实，却可能作出截然不同的判决结果。对未在宅基地建房的单纯宅基地使用权纠纷，浙江省乐清市人民法院和温州市中级人民法院经审理，适用《土地管理法》第62条、第63条作出判决；山东省青岛市中级人民法院却适用《土地管理法》第16条的规定，裁定驳回当事人的起诉。

在蔡某与沈某某宅基地使用权纠纷中，乐清市人民法院认为，蔡某与

---

① 上海市嘉定区人民法院〔2011〕嘉民三（民）初字第196号民事判决书。

沈某某宅基地使用权转让违反了《土地管理法》第 62 条、第 63 条的禁止性规定，判决确认双方的转让行为无效。在岳桂某与岳振某等确认宅基地使用权转让合同无效纠纷上诉案中，许昌市中级人民法院却认为，"《土地管理法》第 62 条的规定，应理解为管理性规定。第 63 条规定的立法目的是为限制农村集体土地用于非农业建设，而本案宅基地的流转未改变宅基地性质，不适用于本案"。根据上海高院的审判指导意见，上海地区的法院做法更为彻底，其干脆不适用法律规定，对部分敏感的宅基地使用权流转情况的法律效力不进行表态，从"遵循诚实信用原则和维护社会稳定"的角度作出裁决。

能动司法为各地法院发挥想象力创造了空间。许昌中院对《土地管理法》第 62 条、第 63 条的理解，正面回应了"一户一宅"并非宅基地使用权流转的限制事由。上海高院的审判指导意见在宅基地使用权流转主体上突破了"同一集体经济组织成员"，扩大到"本乡（镇）集体经济组织成员"。青岛中院认为，没有兴建附属设施的宅基地使用权纠纷不属于人民法院的案件受理范围。这些法院的裁判理念与其他的大部分法院相比较，略有不同，为法院裁判宅基地使用权相关纠纷提供了一些新的思路。当然，在最高立法机关和法律解释机关不对相关法律进行修订或者发布统一司法解释，哪怕公布司法指导判例的情况下，地方各级人民法院能够自发统一于隐形的制度安排，应该说是难能可贵。法律的生命在于经验，而不在于逻辑，"只不过是提醒大家注意典型形式逻辑在司法判决中的局限性，使大家认识到法律的终极目标是促进社会福利和公共利益的维护，法官应当以合理的判决来实现这些目标"[①]。问题在于，法官在"纸面上的法"没有明确相关"社会福利和公共利益"目标，司法实务自发而形成的"隐性制度安排"，如何判断其是否实现了法律所承载的理想？这不免造成人们对其正当性的疑惑。

四　宅基地使用权流转之发展向度省思

《民法典》将宅基地使用权从建设用地使用权中剥离出来，单独列为用益物权的一个种类，从宅基地使用权人的权能角度对其进行界定，即"宅基地使用权人依法对集体所有的土地享有占有和使用的权利，有权依

---

① 吕芳：《论裁判文书中的司法逻辑》，《人民司法》2010 年第 11 期。

法利用该土地建造住宅及其附属设施"①。即便如此,在表述宅基地使用权人的权能时,仅规定其享有占有和使用权能,而忽略其收益权能,更没有提出其所具有的一定处分权能,这与物权法对用益物权权能的规定有一定差距。这符合我国现行对宅基地使用权的隐形制度安排,即宅基地使用权制度设计偏向于农民保障功能,农民财产的收益和处分权利忽略不计。因而,"宅基地使用权的物权性质在现行制度安排中,应当认为是一种更受限制的、特殊的用益物权"②。

宅基地使用权流转的制度破题,可以从改变宅基地使用权单一农民保障理念的价值取向,而转向同时兼顾保障与效率的价值理念,因为"保障价值与效率价值两种理念已经在各个领域发生相互渗透并显示出各自优势"③,使其与国有土地使用权具有相同的权能和权利实现方式,"让宅基地使用权在属性上由法定权益变为法定权利,使农村宅基地上的使用利益物权化"④。从强化宅基地使用权的物权属性切入,改变同一地块因所有制不同、权利设置不同的格局,对两种所有制土地所享有的权利予以平等保护,实现宪法和相关法律保障下的同地、同权,赋予宅基地使用权人享有充分意思自治选择自己使用、出租、转让、抵押等权利。这种转变在完善我国宅基地使用权流转制度中尤为重要。

我国对土地的规划管理和土地用途管制已从城市覆盖到乡村。《土地管理法》《城乡规划法》对包括城镇体系规划、城市规划、镇规划、乡规划和村庄规划的城乡规划进行统一的规制,对各级地方政府的土地规划权限做了明确限定,要求各级地方政府按权限编制土地利用总体规划,划分土地利用区,明确土地用途,并做好城市、乡镇、村庄规划的衔接。因此,在我国现行制度框架内,土地规划和土地用途管制已有详尽的规定,城市规划和土地用途管制的执行效果良好,但在乡镇规划中,特别是村庄规划和宅基地用途管制的执行方面,基本还处于无序的状态,公权力似乎并没有介入乡村秩序的积极性,对于乡村,特别是远离城市的乡村土地用途管制基本上是放任的。对此,在放开宅基地使用权流转前,可以考虑在

---

① 《民法典》第 362 条。
② 钟三宇:《困境与革新:宅基地使用权抵押融资的法律思考——以宅基地使用权的物权属性为视角》,《西南民族大学学报》(人文社会科学版) 2014 年第 11 期。
③ 刘俊:《农村宅基地使用权制度研究》,《西南民族大学学报》(人文社会科学版) 2007 年第 3 期。
④ 茆荣华:《我国农村集体土地流转制度研究》,北京大学出版社 2010 年版,第 177 页。

较短的时间内,对乡村规划进行执法调查,总结先进经验和存在的问题,对先进经验进行推广,对存在的问题迅速采取有效措施予以解决。总的来说,应当将乡村规划和农村土地用途管制的执行纳入政府公权力的视野,纳入政府绩效考核范围内,用城市土地规划和用途管制的标准与尺度来要求宅基地规划和用途管制,让土地用途管制"发挥其促进土地利用权在市场最大限度的自由流转功能"①。如此,宅基地使用权的流转,并不会破坏土地资源的总体利用,反而会促进土地资源,特别是宅基地使用权的优化配置。

我国现行的宅基地使用权制度是计划经济时期的产物,随着我国市场经济建设的深入,这样的制度是否还能适应现时的需要,确实有待思考。随着我国经济体制改革的深入,再以强调宅基地使用权的身份性、保障性为由限制宅基地使用权的流转,已不符合效率和公平的价值理念。农民充分意思自治下的宅基地使用权流转,首先应当使宅基地使用权的"产权"明晰化。按照科斯定理②,只要产权是明确的,并且交易成本为零或者很小,那么,无论在开始时将产权赋予谁,市场均衡的最终结果都是有效率的,实现资源配置的帕累托最优。③ 反观我国宅基地使用权的制度设计,在基本法层面,虽然没有明确禁止宅基地使用权的流转,但因其规定的模糊性,造成各地法院司法指导意见和审判实务推衍出宅基地使用权流转法律效力认定规则。这样的一种认定规则,实际造成宅基地使用权"产权"制度不明晰,使宅基地使用权流转法律效力不确定,造成交易成本无穷大,使宅基地使用权的流转无法实现资源的最优配置。"宅基地自由流转是公平正义原则的基本要求。"④ 因此,一方面,在基本法层面有必要厘清宅基地使用权流转的标准和尺度,使宅基地使用权"产权"明晰,作为法院裁判适用的基础;另一方面,各级法院在基本法未进一步明晰宅基

---

① 刘俊:《我国集体土地所有权法律制度改革——方向与出路(发言提纲)》,载刘云生主编《中国不动产法研究》(第5卷),法律出版社2010年版,第239页。

② 科斯定理(Coase theorem)由罗纳德·科斯(Ronald Coase)提出的一种观点,认为在某些条件下,经济的外部性或曰非效率可以通过当事人的谈判而得到纠正,从而达到社会效益最大化。

③ 帕累托最优(Pareto Optimality),也称为帕累托效率(Pareto efficiency),是指资源分配的一种理想状态,假定固有的一群人和可分配的资源,从一种分配状态到另一种状态的变化中,在没有使任何人境况变坏的前提下,使得至少一个人变得更好。

④ 陈晓军:《农村宅基地流转中的价值冲突与公平性考察》,《南京农业大学学报》(社会科学版)2011年第3期。

地使用权"产权"情况下，在现行制度框架内，应当回归兼顾效率和保障的价值理念，为有关宅基地使用权流转的司法裁判重新厘定司法裁判准则。这个标准和尺度的设定，应当改变以是否同一集体经济组织成员、是否违反"一户一宅"认定流转法律效力的做法，而是主要应当考虑宅基地使用权流转是否违反了宅基地规划和用途管制，即宅基地使用权流转的法律限制仅以是否符合土地规划和用途管制为限。简单地说，国家对宅基地使用权的管理，仅管地，不管人。宅基地的取得、转让、出租等行为，必须符合乡村土地规划和宅基地用途管制，宅基地使用权上的附属建设必须履行报批手续。属于符合土地规划和用途管制的宅基地使用权与农村房屋的流转，法律承认其转让的法律效力；反之则应当认定无效。

第五节　供给侧结构性改革下的宅基地使用权流转

"供给侧结构性改革是从提高供给质量出发，用改革的办法推进结构调整，矫正要素配置扭曲，扩大有效供给，提高供给结构对需求变化的适应性和灵活性，提高全要素生产率，更好满足广大人民群众需要，为经济持续健康发展打造新引擎、构建新支撑。"[1] 2015年11月，习近平总书记首次提出供给侧结构性改革的理念："在适度扩大总需求的同时，着力加强供给侧结构性改革，着力提高供给体系质量和效率，增强经济持续增长动力，推动我国社会生产力水平实现整体跃升。"[2] 在此之后，供给侧结构改革成为"十三五"时期和"十四五"时期中国经济社会发展语境中最热门的词汇。积极审慎地推动宅基地使用权流转制度改革是供给侧结构性改革重点方向之一。从历史发展的角度来看，宅基地使用权是以城乡二元结构为基础，以保障农村村民基本居住权和防止农村人口流失为立足点，保护农村社会结构而作出的一种制度安排。但随着社会发展，现行的宅基地使用权流转制度已显不足，使宅基地使用权流转制度成为众多分歧的难题。因此，从供给侧结构性改革角度出发，梳理宅基地使用权流转的问题，对其进行客观全面的解剖，研究出合理的解决问题的方法显得尤为必要。

---

[1] 钟瑛：《全面实施供给侧结构性改革的中国方案与经验》，《毛泽东邓小平理论研究》2022年第9期。

[2] 中共中央文献研究室编：《习近平关于社会主义经济建设论述摘编》，中央文献出版社2017年版，第126页。

一 供给侧结构性改革：宅基地使用权流转制度的革新力量

（一）供给侧结构性改革的提出

1. 供给侧结构性改革的理论背景

"早期供给侧结构性改革的提出，旨在通过政府的宏观调控和市场的微观调整，优化供给体系，提升供给效率，应对经济领域存在的私人产品供应过剩、生产结构落后的不合理问题。"[①] 我国供给侧结构性改革依托于西方理论基础，其中，著名的经济学家让·巴蒂斯特·萨伊在19世纪开创性地提出为后世所推崇的"萨伊定律"，内容是：劳动者创造某种产品，并赋予它交易价值，但除非有人能拥有交换此产品的方法，否则不会有人购买这种产品，产品的效益将无法显现。[②] 用通俗的话来说，就是生产者以消费目的，通过生产性劳动达成对其他商品的需求，即供给创造需求。我国正处于产能过剩、结构失衡状态。需重新确定生产的目的需要满足大众的消费需求，厘清政府与市场间的关系，让行政职能归位政府，资本属性归位市场，最大限度发挥市场调节作用，同时强化政府对民生需求的调节，使供给侧与需求侧协调发展。依循马克思主义政治经济学理论，供给侧结构的本质即供给与需求之间的矛盾需通过优化产能构造，合理调配社会资源进行化解，降低资本化。[③] 凯恩斯理论以供给多于需求导致生产过剩为主旨，一方面主张政府刺激经济发展与制造社会需求的政府项目只能在短时间内解决生产过剩的问题，由政府干预经济取代资本主义经济自由；凯恩斯理论亦在另一方面主张资本主义危机的主要原因是回避生产资料私人化同社会化间的矛盾。简而言之，即生产与需求之间不平衡的矛盾，刺激资本与政策的协调，因而，提出供给侧结构性改革，旨在理顺资本无序扩张与市场过度发展带来的资本逐利的矛盾。

2. 供给侧结构性改革的历史缘由

中国经济发展水平自改革开放以来，已经在全球范围内取得举足轻重的增长，但是，几十年以来，随着经济的不断发展，随之而来的是不断积累的种种矛盾，进入21世纪以后，这些优势已逐年减弱。中国经济发展将进入另

---

① 宋方青、邱子键：《论基本公共法律服务的供给侧结构性改革》，《东南学术》2023年第1期。
② ［法］让·巴蒂斯特·萨伊：《政治经济学概论》，赵康英等译，华夏出版社2014年版，第56页。
③ 韩东：《坚持用马克思主义政治经济学指导供给侧改革》，《政治经济学评论》2016年第6期。

一个发展层次，经济系统将更加完善，但挑战与坎坷也将一路随行。出于对世界经济本质的洞察和对中国本土国情的考量，2015年11月，中央财经领导小组在第十一次会议上第一次历史性开始了供给侧结构性改革。①

3. 供给侧结构性改革的本质内涵

供给侧结构性改革以制度变革、结构优化、要素升级三个方面为核心，其本质是盯住矛盾焦点，妥善调整生产要素、供给端问题。我国在土地、劳动力、创新等至关重要的生产要素方面，还存在明显的供给抑制和供给约束，其中最明显的当属现行法律对农村宅基地使用权的流转方面的抑制和束缚。② 因此，供给领域是新常态下结构性问题的核心聚焦层面，改善市场供给制度，推进改革步伐，释放供给端改革红利，加强宏观经济升级，是供给侧结构性改革的主旨要义。我们党坚持以辩证唯物主义的视角，结合特殊背景下的事物产生、演变与发展的规律，让供给侧结构性改革的本质要义切实发挥作用。

（二）位于供给侧的宅基地使用权

在供给侧结构性改革浪潮之中，宅基地使用权流转不仅不能盲目孤立在市场经济结构之外，还要利用此次难得的机会，探索出适合中国国情的流转道路。

1. 农村宅基地使用权流转制度供给侧结构的政策支持

以近几年来的"中央一号文件"为导向，阐明政府在政策上给予农村宅基地使用权流转制度供给侧结构的扶持。2019年1月，《中共中央 国务院关于坚持农业农村优先发展做好"三农"工作的若干意见》提出，"稳慎推进农村宅基地制度改革，拓展改革试点，丰富试点内容，完善制度设计。"2020年1月，《中共中央 国务院关于抓好"三农"领域重点工作确保如期实现全面小康的意见》提出，"以探索宅基地所有权、资格权、使用权'三权分置'为重点，进一步深化农村宅基地制度改革试点"。2021年1月，《中共中央 国务院发布关于全面推进乡村振兴加快农业农村现代化的意见》提出，"加强宅基地管理，稳慎推进农村宅基地制度改革试点，探索宅基地所有权、资格权、使用权分置有效实现形式"。2022年1月，《中共中央 国务院关于做好2022年全面推进乡村振兴重点工作的意见》提出，"开展农

---

① 参见《中共中央 国务院关于落实发展新理念加快农业现代化实现全面小康目标的若干意见》。

② 《中共中央 国务院关于实施乡村振兴战略的意见》。

村产权流转交易市场规范化建设试点"。2023年1月,《中共中央 国务院关于做好2023年全面推进乡村振兴重点工作的意见》提出,"深化农村土地制度改革,扎实搞好确权,稳步推进赋权,有序实现活权,让农民更多分享改革红利","探索宅基地'三权分置'有效实现形式"。2024年1月,《中共中央 国务院关于学习运用"千村示范、万村整治"工程经验有力有效推进乡村全面振兴的意见》提出"稳慎推进农村宅基地制度改革"。

从政府角度出发,不断出台新政策支撑宅基地使用权的流转制度建设向新层次迈进,将关于宅基地使用权确权登记颁证的工作落实到实处,对于各地试点改革的大力支持,目的均是在建立健全宅基地的相关权利制度。① 近年来,推进供给侧结构性改革,大力推动"房地一体"为立足点的确权登记颁证方面的工作,探索农村集体经济组织通过出租、合作等多种途径提高闲置宅基地利用效率,以提高农民财产性收入。不断通过宅基地相关政策的调整,为健全土地利用管理政策体系,深入探索农村宅基地集体所有权、农户资格权、农户使用权"三权分置",为坚持宅基地集体所有权提供基础。"中央一号文件"相关政策指导意见,不断推动农村土地制度改革,健全、维护农户资格权和农房财产所有权,使得农村宅基地供给侧结构性改革取得了新的进步和成就。

2. 农村宅基地使用权流转制度供给侧结构的核心内容

供给侧结构作为宅基地制度改革的社会背景和重要的理论指导,其核心内容是以"社会保障"与"时代发展"为基本点,以供给为突破口,以农民财产利益为考量前提,逐步打破政府作为唯一供应主体的旧格局。在村民自愿的基础上,引入宅基地使用权向集体组织之外流转的模式,打破"房地一体"原则的相对局限,激活其财产属性,健全用益物权权利,探索建立新的适应国情的流转制度,提高村民相关的财产收入与宅基地配置效益。② 欲做到最大限度地实现村民宅基地使用权派生权利,应强化宅基地的财产利益属性,探寻完善宅基地使用权流转的制度方案,保护农村用益物权的同时保障农民的合法权益。推进宅基地立法的完善,立足于供给侧结构性改革,深化宅基地管理系统,结合宅基地的历史特点,引导政府妥善处理关乎农民保障性利益的相关问题,激发政府主导下的宅基地供给侧结构的良性作用。因此,供给侧结构下的农村宅基地使用权流转制

---

① 唐烈英:《私权窥测》,法律出版社2009年版,第38页。
② 曹泮天:《宅基地使用权流转法律问题研究》,法律出版社2012年版,第157页。

度，着眼于破解原有制度束缚，优化供给，使农村宅基地使用权兑现为财产性利益成为可能，提高土地利用率。

3. 农村宅基地使用权流转制度供给侧结构的市场化内涵

供给侧结构的成因是市场供需之间发生矛盾，宅基地问题并非供应数量方面出现缺位，而是供应的质量与结构这两方面存在问题导致的。因此，宅基地供给侧结构的市场化内涵在于优化供给的质量与结构。然而，在现行制度下，宅基地使用权的流转被限定在狭小的范围内，无法形成市场化供应，更不存在市场的多元化供应，因而造成宅基地"一户多宅"、大量闲置、隐形交易等诸多问题。尽管导致此类问题的原因有很多，但究其根本，是宅基地暂时无法达到市场化供应水平，且在构建宅基地使用权多元化市场过程中的供给侧结构亦受阻于诸多问题。宅基地使用权供给端不足，市场化受限，利用效率低下，变现财产利益举步维艰。因此，激活宅基地使用权的市场化，寻找量化宅基地财产利益与社会保障的契合点，试点建立宅基地供给侧结构，放宽流转制度，探索市场化供应宅基地的最佳改革方案，将逐步缓解宅基地的诸多问题。

二 现实制约因素：宅基地使用权流转制度革新的困境

中华人民共和国成立后，一直未形成一部专门的与宅基地制度相关的法律，仅在各种法律文件和政策性文件中作了零星的规定，从最初的宅基地完全私有化演变到归生产队所有到如今归农村集体所有。然而，随着国家经济实力的持续增长和生产力水平的提升，集约化成为农业生产的主流方向。首先，农业对劳动力的需求量下降，农民对土地的依附性减弱，剩余农村劳动力大量出现；其次，城镇化不断深化，城镇地区对劳动力的需求呈几何量级增加，使得大量农村人口向城镇涌入，因此，为了适应时代需求，有必要对宅基地使用权的法律法规政策作相应调整。但是，由于各部门法的侧重点不同，各部门法之间关于宅基地制度的规定不仅不能很好地配合衔接，甚至造成法理上的冲突，显示出其局限性和缺陷。

（一）限定宅基地使用权的流转范围与"一户一宅"原则相冲突

《土地管理法》第 62 条对宅基地使用权的拥有主体作了具体限定，并规定宅基地流转之后的限制取得，从法律上明确了流转后果，限定了流转的范围。① 国务院办公厅于 1999 年 5 月 6 日发布的《关于加强土地转让管理严禁炒卖土地的通知》第 2 条明确禁止村民将自己所建农宅与城镇居民做交易，也禁止当地政府批准城镇居民占用农村宅基地建设房屋。"一户一宅"是现行宅基地制度最重要的原则之一，即以家庭为单位，一个农户只能有一处宅基地，其制定出发点在于保护村民实际的居住权，避免农村土地进入市场从而被滥用，方便政府对宅基地的配置利用。然而，过于缩小限定该权利的流转范围会出现以下矛盾：一方面，"一户一宅"与生活中出现的"一户多宅"现实问题相抵牾。当前在我国实行"两权分离"的土地制度的背景下，宅基地是农村集体拥有所有权，而农户只能按规定对宅基地行使使用权，但对该宅基地上自建的农房和附属物享有所有权，由此形成了"一宅两制"的局面。虽然现行宅基地制度严格限定流转范围，但其上农房依然可以按照物权规定进行自由流转。我国所坚持的"房地一体"原则，在取得农房的所有权时会造成对该房下宅基地的事实占有。在严格限定流转范围的现行制度下，权利人不能依据相应程序有效处理剩余的宅基地，所以出现"一户多宅"的问题在所难免。另一方面，"一户一宅"原则从某些角度会忽略村民的切身利益。现行宅基地制度在农村社会保障制度中处于基础位置，是不可或缺的一部分，但是这种社会保障因为"一户一宅"和"使用面积"相关条款的束缚，使得现行宅基地制度对于农民居住权和生存权等基础权利过分侧重，却无视了农民对长远发展的追求权利。② 相对于城市居民可以自由决定购置房产的数量和面积以改善生活条件，农民在现行制度的束缚下想要改善也无从着手。此外，对宅基地使用权流转的严格限制使得宅基地使用权的财产属性陷于沉睡，使农民在与城市居民的平等竞争中落入弱势地位。宅基地使用权流转制度设计，需要持续完善农村宅基地"三权分置"的权利结构框架，其核心思想是在产权明晰的基础上，形成以农民利益为主体的产权结构，否则可能会导致"产权失灵"。③

（二）宅基地使用权在本集体经济组织内部流转的规定缺乏现实合理性

现行法律在对宅基地使用权流转作规定时，限定了交易的范围群体，

---

① 姜爱林、陈海秋：《新中国 50 多年来宅基地立法的历史沿革》，《理论学刊》2007 年第 12 期。

② 唐烈英、钟三宇：《宅基地使用权流转效力的异化与演进——基于立法与司法的比较》，《福州大学学报》（哲学社会科学版）2015 年第 1 期。

③ 张梦琳：《农村宅基地产权制度变迁的经验研究：从"增减挂钩"到"三权分置"》，《现代经济探讨》2023 年第 2 期。

即宅基地使用权仅在符合一定情形的本集体经济组织内部进行小范围的流转，其法理是禁止或限制农村宅基地使用权的交易。但是，这一制度的制定缺乏现实合理性：第一，在"一户一宅"原则的限制下，本集体经济组织内已拥有宅基地使用权的农户即使在面积方面符合规定条件，也没必要花费一笔不小的金钱去购买别人的农房，所以本集体经济组织内还没有获得宅基地使用权的成员成为仅存的购置者，而其完全可以通过法律规定的程序无偿获得该权利，实在是没有必要通过购置获得使用权。第二，有些因为经济原因或健康原因等无法离开农村，还需长久居住的农民，迫于生活压力而要交易农村房屋或宅基地的，限于法律规定的集体内部小范围流转，而使得转让农村房屋或宅基地失去现实合理性。第三，有些村民因工作原因迁居城镇，不再居住在农村，需要将自己的房屋或宅基地进行转让，但法律规定宅基地使用权仅能在内部流转，而法律亦规定符合条件的村民可以无偿申请一户宅基地，因此，满足购买条件的人反而无须花钱即可申请获得宅基地，法理悖论值得探寻解决方案。第四，无论是宅基地之上农房的价值，还是购买宅基地的支出都让购置者不堪重负，由此还出现了一种名为"空心村"的现象[1]，即大量农村村民进城务工导致村中农房及其下的宅基地大量空置，而之后村民通过法定程序申请宅基地则坐落在外围，形成这种外围实际使用，中心地区空心闲置的情况，这亦是宅基地使用权在集体内部流转缺乏现实合理性的又一表征。

（三）宅基地使用权的收回机制存在缺失

宅基地使用权的收回是比较独特的流转途径，目前，现行宅基地制度对于使用权的收回仅仅象征性地规定了征收、土地闲置和迁移三种简单的情形，但对于收回的具体程序、操作方式和补偿标准等问题均未作明确具体的规定。其弊端在于：第一，若是无偿收回，对于农村村民来说是一项重大的经济损失，其本身对于城市居民就存在经济方面的劣势，其本人因为无偿收回无法获得经济补偿，若是无法在城市买房定居，则会使其游离于农村与城市之间，成为社会不稳定的因素；若是有偿收回，那么收回的资金从何处来，从最坏的方面考虑，若是大量的农村村民放弃集体经济组织成员的身份，将对我国的耕地、粮食等安全问题产生直接的威胁。第

---

[1] 钟三宇：《困境与革新：宅基地使用权抵押融资的法律思考——以宅基地使用权的物权属性为视角》，《西南民族大学学报》（人文社会科学版）2014年第11期。

二，在宅基地征收过程中，由于缺乏正当的程序规范，有些农民在利益的驱使下，毫不限制地开始违规扩大建筑面积，意欲增加补偿利益，不但给相关行政部门带来大量的工作，也增加了居住的危险性。需要完善宅基地征收制度，减少社会矛盾的发生概率。第三，政府缺乏引导农民自发自愿退出农村宅基地的积极性，退出制度并不是村民不再参与农村事务，而是村民摆脱对宅基地依附的情况下，换种更加积极的方式加入农村建设。[①] 政府出台相应的政策，对接退出与回收机制，此种模式立足于稳定性和时代性。应激发宅基地使用权的财产属性，然而，在实践中，并未见相关部门就相应事宜出具相关法规政策予以化解。

（四）宅基地使用权隐形交易的泛滥

农村宅基地使用权的隐形流转现象在实践中比较普遍，从法律角度讲，隐形流转未得到相应认可。尽管宅基地使用权被现行法律明确限定了流转的范围，但为了获得巨大的经济利益，不只农村村民自己愿意将宅基地与集体外部人员交易，村民委员会甚至会在一定程度上放纵村民进行交易，而当地政府为了更高的经济效益也是对这些交易视而不见。北京曾发生的"宋庄宅基地案"典型地叙述了隐形流转的矛盾焦点，这种隐形交易形式，在一定程度上体现了农民力争权益的本能反应与合理诉求。[②] 立法的限制无法阻碍自发的需求，一方面是现行宅基地制度的严格限定流转范围；另一方面是市场经济的流转需求日益增加，宅基地使用权的隐形交易也是屡禁不绝，影响越来越大。有些地方为了达到隐形流转的目的，由集体经济组织参与策划，由集体经济组织以自身名义将宅基地流转至非集体经济组织或者直接双方书面签订协议，达成隐形流转目的，因此而引发的诉讼问题也越来越多，亟待国家推行相关解决措施。

三 "三权分置"：供给侧结构性改革下宅基地使用权流转制度的制度因应

（一）宅基地"三权分置"是对"两权分离"的升华

2018 年《中共中央 国务院关于实施乡村振兴战略的意见》提出：系

---

① 宋志红：《宅基地使用权流转的困境与出路》，《中国土地科学》2016 年第 5 期。
② 贺日开：《我国农村宅基地使用权流转的困境与出路》，《江苏社会科学》2016 年第 6 期。

统总结农村宅基地制度改革试点经验，进一步加大试点力度，完善《土地管理法》的修订，健全农村土地利用管理政策体系，稳步推动以房地一体为立足点的宅基地使用权确权登记颁证，深入探索宅基地集体所有权、农户资格权、农户使用权"三权分置"，坚持宅基地集体所有权，维护宅基地农户资格权和农民房屋财产权，适度灵活化宅基地和农民房屋使用权。在我国城乡土地制度中，宅基地"三权分置"是对国有建设用地的"两权分离"的升华，在我国改革开放初期，"两权分离"制度能够兼容各种水平的社会生产力，但是，面对现在及未来的有可能遇到的问题，这种制度则显示出局限性，无法穷尽问题的解决方案，宅基地"三权分置"则是对公有制下的赋权于民的进一步深化。实行"三权分置"，从农村宅基地作为集体和农民的重要资产这个角度看，有利于稳定农民的收入，增加农村经济活力，推动宅基地这个"潜在资产"的市场化，将有利于打破城乡经济差距，进而促进城镇化进程，使城乡发展更加协调，带动农村繁荣。当农地"三权分置"通过政策和法律逐步得到确认之后，农地产权关系便得到了更为清晰的界定，这对于明晰土地产权关系、降低交易成本具有积极作用。[①] 宅基地"三权分置"从制度层面上探索完善与中国国情相适应的城乡土地管理制度体系，解决公有制背景下，最大限度激活宅基地使用权的问题。

（二）探索宅基地"三权分置"，摆脱传统的宅基地管理路径

我国《宪法》第 6 条和《土地管理法》第 9 条规定了我国的所有制形式和农村土地的农民集体所有制，对包括宅基地等在内的农村土地的完善是一个宏大的理论问题。对于宅基地权利配置，改革开放后的长期政策是，宅基地作为集体所有，村民可以无偿使用，村集体成员满足"一户一宅"的条件下有资格从集体申请使用宅基地。基于我国农村经济的现实状况，尤其是在大部分的农村地区，宅基地仍承载着社会保障作用，因此，对于宅基地的严格监管必不可少。在此过程中，政府在强化宅基地监管方案上亦做了多次调整，但仍无法避免在传统监管的路径上越走越远。农村村民对宅基地的用益物权实际上只有占有和使用权，尽管近年来不断探索宅基地制度改革，但同时在政策上限定该权利只能够在本集体经济组

[①] 管洪彦：《农地"两权分离"到"三权分置"：制度变迁与绩效分析》，《河南社会科学》2023 年第 3 期。

织内进行有限流转。这不仅抑制了该权利的合理配置,导致被闲置的宅基地难以盘活从而充分显化财产属性,也和城市住宅用地使用权可以自由交易产生巨大的落差。在乡村振兴战略成为国家政策核心、公平正义作为社会核心价值观的当下,宅基地仅仅着眼于社会保障性已远远不能适应时代的发展,"三权分置"的探索改变了宅基地"以严治乱"的传统管理路径,着眼于构建城乡产权关系新格局。

(三) 兼顾宅基地使用权流转的稳定与放活,凝聚"三权分置"共识

农村宅基地制度改革的核心在于兼顾多方面利益,确定流转的范围。对于流转范围的确定,学界有两种观点最具代表性:一种观点认为,流转范围应严格限定在本集体经济组织这一有限空间内,主要是出于对农村宅基地市场化后,可能导致农村社会秩序失控的担忧,粮食安全方面的恐慌;另一种观点认为,可以将主体扩大到本集体经济组织以外,主要是为了盘活农村大量的闲置宅基地,激活宅基地的财产权益。这两种观点都有一定的道理,一方面,我国农村经济基础较为薄弱,农村村民在退出宅基地后所要承担的居住保障风险较大;另一方面,在我国的农村地区,由于各种原因,大量的宅基地被闲置,低效利用严重,这与对宅基地流转需求日益增长的矛盾十分突出,把流转范围限定在本集体经济组织内部成员之间既不符合城镇农村平等原则,也不尊重农村的实际情况。[①] "三权分置"在稳与活的辩证关系中既坚持立足宅基地集体所有和保障农户对宅基地资格权的基本原则,维护农村社会秩序及土地占有关系的稳定;又适度放活宅基地使用权,顺应了一部分农民的利益诉求,为城镇化提供动力,也为返乡下乡创业人员提供了必要空间。宅基地"三权分置"从理论上兼顾了传统与创新,在保障农民基本福利的同时盘活了农村经济,维护了宅基地产权体系变革的稳定。

(四) 突破固有宅基地使用权流转制度局限性,破解改革困局

宅基地制度改革试点在各方诸多努力下取得了重要成果,但也反映了一些矛盾和问题,主要表现在:农村宅基地有偿使用规定范围较小,仅仅对超过规定面积使用宅基地和"一户多宅"等收取相应的费用,农民获得感较低;宅基流转机制动力不足,将主体限制在本集体经济组织内部成员的范围内,完全抑制了市场对流转的巨大需求;宅基地的有偿退出面临

---

① 高圣平:《农民住房财产权抵押规则的重构》,《政治与法律》2016 年第 1 期。

资金短缺的问题,直接导致无法获得较多的资金回笼进行更多闲置宅基地的回购。"三权分置"的构想[1],把握住土地公有制性质不变、耕地红线不突破、农民利益不受损的基本底线,突破了现行制度对流转范围的局限性规定,不再受困于本集体经济组织内部这一狭小的范围内,收益将显著提高。[2] 这将全面激活宅基地使用权的财产权益和流转动力,流转收益提高后,集体经济组织的资金也将更为充裕,对宅基地使用权的有偿退出政策的实施也有相当大的积极作用。有偿退出和有偿流转增多,宅基地在充分地显化价值后,将倒逼宅基地有偿使用的全面贯彻实施。正所谓"一子落而满盘皆活",宅基地"三权分置"设想可以说是宅基地制度改革迈出开创性的一步,这种重要设想很大程度上打破了宅基地制度改革的困局。

(五) 丰富宅基地产权体系,打通城乡要素流通

现行的宅基地制度初衷是保障农村村民的基本居住权,防止本集体经济组织以外的人员到乡村购地建房,破坏农村社会结构和秩序。《民法典》虽然赋予了宅基地诸多的用益物权,却只是明确了农村村民享有占有、使用的权利,没有收益权,也没有明确转用和出租权,且还规定了宅基地使用权不得抵押。从本质上讲,这些规定是为了保护农村村民,但是,从实际生活所反馈的经验来看,宅基地的社会保障性和农户对宅基地使用权财产属性的利益诉求存在一定冲突。"三权分置"设想的提出则是对传统"两权分离"土地制度在新的历史条件下的进一步发展,在坚持农村宅基地集体所有、充分保障农户资格权的基础上,适度放活宅基地使用权,通过显化其财产价值,盘活农村大量闲置的宅基地,激活其财产属性,增加村民经济收入。[3] 另外,由于城乡土地的分割管理,宅基地退出动力不足,虽然城镇化水平不断提升但并没有达到减少居住用地,节约建设用地的目标,而"三权分置"的实行可以通过显化宅基地财产价值,有效推动城乡统一建设用地市场的构建,为城乡要素优化配置和平等交换奠定基础。

---

[1] 郑风田:《让宅基地"三权分置"改革成为乡村振兴新抓手》,《人民论坛》2018年第10期。

[2] 徐超:《承包地"三权分置"中"三权"的权利属性界定》,《西南民族大学学报》(人文社会科学版) 2019年第7期。

[3] 张富利:《农地"三权分置"改革的法理阐析与路径选择》,《西北农林科技大学学报》(社会科学版) 2018年第4期。

第六节　宅基地资格权与使用权关系辨析

"三权分置"强调宅基地所有权主体不变,而从宅基地使用权的权能构造着手,通过宅基地使用权用益物权权能的法律实现,调适宅基地所有权和宅基地使用权之间的紧张关系。① 故而,宅基地制度的完善应从宅基地资格权、使用权两个维度着手。宅基地"使用权"与"资格权"之权利捆绑导致宅基地使用权流转不畅,进而阻却农民住房财产权抵押制度之构建。这也就意味着,欲扫清农民住房财产权抵押制度之障碍,需从制度逻辑上厘清宅基地"资格权"与"使用权"二者间的关系。破解农民住房财产权的"资格权"与"使用权"二者间的困境,可以参照 2019 年《农村土地承包法》将农村土地经营权从土地承包经营权中分离出来、形成与土地承包权并行的独立权利的做法。

按照 2019 年《农村土地承包法》第 9 条之规定,集体农民作为农地承包方,承包土地后享有土地承包经营权;承包农民可以自己经营,也可以保留土地承包权,流转其承包地的土地经营权,由他人经营。该规定区分了具有身份属性的承包权,这是不能流转的,又确定了具有流转属性的经营权,该种权利不具有身份性,可以流转,并且可以抵押。②

我国农村住房抵押的做法,根据"三权分置"的改革导向,可以将集体农民享有的宅基地资格权禁止其流转,允许宅基地使用权转让、抵押等流转。这种做法,符合具有人身性质的权利不得转让的传统民法原理,反推,不具有人身性质的权利则可以转让、抵押流转。故而,从逻辑上讲,能否处理好宅基地使用权与宅基地资格权之间的关系,直接关系到我国能否建立科学的农民住房财产权抵押制度。

一　应将宅基地资格权作为无偿取得宅基地使用权的唯一条件

宅基地资格权是指个体成员作为某农村集体经济组织的一分子,依照集体内部章程或者法律规定所拥有的对集体经营建设用地包括占有、使用、收益、分配、表决、管理及监督等在内的资格以及与该资格相对应的

---

① 张富利:《农地"三权分置"改革的法理阐析与路径选择》,《西北农林科技大学学报》(社会科学版) 2018 年第 4 期。
② 参见《农村土地承包法》第 47 条。

各项权利。从法律视角而言，宅基地资格权之界定实际就是对获取宅基地使用权的申请条件进行界定。现行《土地管理法》确立了"宅基地面积法定原则"和"一户一宅"两大原则①，这两项原则在保护有限的土地资源、节约用地等方面发挥了重要的作用，应当被坚守。在此两大原则下，可以申请宅基地使用权则显得至关重要，由于立法未作出明确规定，直接导致理论和实践中对于某些特殊人员，如"回迁人员""外嫁女"等，是否具有资格权这一问题存在极大争议。对此，笔者认为，"户口登记地+是否有实际固定居住场所"是解决该争议的有效办法。按此办法，若某女性外嫁后，其户口仍保留在本集体经济组织内部，但在其他经济组织或者城市已取得固定的居住场所，那么，该女性便丧失从本集体经济组织申请宅基地的资格。在宅基地使用权取得对价方面，为继续减轻农民负担，发挥宅基地使用权的居住保障功能和福利性质，应继续坚持宅基地使用权的无偿取得，这也是改革能够顺利推行的务实之举。需要说明的是，无偿取得宅基地使用权应该是该宅基地使用权作为用益物权的唯一标志。

二 宅基地资格权不可转让

宅基地资格权具有身份性，具备该身份是无偿取得宅基地使用权的唯一要素。鉴于宅基地资格权的此种重要性，在未来立法中，应明确禁止宅基地资格权的转让。对此，可以从两方面来理解：其一，禁止可期待的宅基地资格权的转让。集体经济组织成员具备无偿取得宅基地使用权的资格，但尚未申请或者申请后尚未批准的，该成员不能将该可期待的资格权转让。需注意的是，应将资格权的转让与资格权的放弃相区分，即某集体经济组织成员在某一轮调整宅基地时基于特定原因放弃申请，只要其符合申请的法定条件，仍可继续申请。其二，禁止单独转让资格权。法律之所以赋予集体经济组织成员宅基地资格权，是基于居住保障和福利性质之考虑，如果某成员基于成员权申请并占有了宅基地，但未在宅基地之上建设住房，此种状态在本质上仍为宅基地资格权状态，应禁止转让。

三 应严格区分一般意义与用益物权意义的宅基地使用权

宅基地资格权和使用权的分离，目的是促进宅基地使用权的流转，继

---

① 《土地管理法》第62条。

而挖掘宅基地使用权的财产功能。因此，二者的分离使得宅基地使用权的内涵被放大，具体包含两部分，即一般意义的宅基地使用权与用益物权意义的宅基地使用权。《民法典》对作为用益物权的宅基地使用权作了明确规定，有所不同的是，分离后，用益物权意义上的宅基地使用权是用益物权之权能的完整回归。宅基地使用权之收益权能的发挥，也就意味着宅基地使用权的流转，这便衍生出一般意义上的宅基地使用权，农民通过住房出租行为而产生的宅基地使用权便属于此种情形。一般意义上的宅基地使用权基于当事人的意思自治并且符合法定条件，可转化为用益物权性质意义上的宅基地使用权，可以进行流转。

四　明确用益物权意义上的宅基地使用权登记生效主义

尽管《民法典》《不动产登记暂行条例》已对宅基地使用权属登记事项作出明确规定，尤其是规定在宅基地使用权发生变更或消灭时，应及时变更登记或者注销登记，然则，《民法典》对宅基地使用权登记采取登记生效主义抑或登记对抗主义却未作出明确规定，这便导致理论上和实践中存在极大争议。其中，反对采取宅基地登记生效主义者之缘由可归纳为以下三点：其一，宅基地审批制度可以代替宅基地登记生效主义发挥作用[1]；其二，在既有法律仅规定宅基地使用权只能在本集体经济组织内部流转的情况下，登记生效主义意义不大[2]；其三，在我国农村面积广阔的特殊背景下，统一的宅基地登记制度无法实现。[3] 在宅基地资格权与宅基地使用权分离已进入国家政策层面的背景下，作为用益物权的宅基地使用权之权能的完整回归仅是时间问题，集体经济组织内部流转的藩篱会被划开一道裂口，在这种背景下，宅基地使用权登记生效主义的明确便显得至关重要。

第七节　宅基地使用权抵押在宅基地流转中的地位

一　宅基地使用权流转的常见方式

实践中宅基地使用权的流转方式是多样的，除了本书探讨的通过抵押

---

[1]　申卫星：《从〈物权法〉看物权登记制度》，《国家检察官学院学报》2007年第3期。
[2]　高圣平、刘守英：《宅基地使用权初始取得制度研究》，《中国土地科学》2007年第2期。
[3]　王利明、尹飞、程啸：《中国物权法教程》，人民法院出版社2007年版，第387页。

方式实现宅基使用权的流转外，农村房屋的买卖、农村房屋的租赁、农村房屋的赠与、农村房屋的继承以及宅基地使用权入股、宅基地换房等方式也可以引发宅基地使用权的流转。

（一）以农村房屋买卖的形式实现宅基地使用权的流转

农村房屋买卖是指农村房屋的所有人将其拥有所有权的房屋转让给受让人，受让人向其支付一定价款的行为。我们通常所说的农村房屋是广义上的概念，既包括在宅基上建造的房屋，也包括在农村集体建设用地上建造的房屋，而此处所指的农村房屋仅包括在农村宅基地上建造的房屋。农村房屋买卖在形式上为农村房屋的交易行为，从法律形式来看，表现为农村房屋买卖合同的建立以及买卖合同法律关系的建立，即农村房屋的出让人将农村房屋的占有、使用、收益以及处分的权利全部转让给受让方，受让方向其支付相应价款的行为。农村房屋买卖在本质上是一种权利转让行为，是平等的民事主体在意思自治的基础上秉承诚实信用的原则而签订的财产转让协议的行为，这就决定了农村房屋买卖合同具备一般买卖合同的有偿性、诺成性以及双务性的特点。当然，在现有法律规范下，农村房屋买卖行为还具有以下特性：首先，农村房屋买卖合同的标的物是作为不动产的农村房屋，这就将城镇的商品房等不动产排除在外。其次，农村房屋合同的签订主体农民，确切地说，是作为同一经济组织成员的农民，也就是说在现有法律规范下农村房屋所有人转让房屋的对象受到严格的限制，并不能像城镇商品房所有人那样向任意合法主体转让房屋。然而，实践当中，我国农村房屋买卖并不是在法律规定的主体范围内严格进行，农民将其房屋转让给同一集体经济组织之外的人员的情况普遍存在，这些人员既包括了其他集体经济组织的成员，也包括城镇居民。最后，根据我国现有立法模式中"房地一体""地随房走"的原则，农村房屋的买卖行为直接与宅基地使用权的流转联系在一起，房屋的所有权发生转移以后，宅基地使用权将随之转移。

我国农村房屋买卖的现象已经越来越普遍，之所以出现这种局面，主要受以下因素影响：第一，随着我国农村社会经济的大刀阔斧的变革，我国农村经济得到快速发展，农村宅基地的价值也随之上升，出于不同目的考虑，越来越多的民事主体喜欢在农村购买农村房屋。第二，越来越多的农村居民涌向城市工作、创业或者务工，并且有很大一部分通过努力在城镇购买商品房后不再返回农村的房屋居住，此时，这部分主体中的很大一部分人会选择将房屋转让给其他人,且受让方不限于本经济组织成员。第三,一些农民在其宅基地上修建了多层楼房,除供自己居住外,还将闲置的房屋转让给其他主体。此时,受让方在事实上成为宅基地使用权人。这种情况通常发生在经济发展水平较高的地区或者一些风景区。

(二) 以农村房屋租赁的形式实现宅基地的流转

农村房屋租赁是指房屋出租人将房屋交付给承租人占有、使用和收益,承租人则向出租人支付一定租金的民事法律行为。尽管农村房屋租赁合同与一般的商品房租赁合同有很大的相似点,但由于我国《土地管理法》第63条对农村房屋的租赁作出限制,即农民在将其房屋出租后不能再申请宅基地,这就将农村房屋租赁合同与一般的商品房租赁合同区别开来。同样根据"房地一体""地随房走"的原则,农村房屋租赁行为的发生,会引发宅基地使用权的流转。而且,在实践中很大一部分的宅基地使用权流转都是由农村房屋租赁行为引发的,尤其是在城乡接合部和经济较发达的地区这种现象更为普遍。另外,需要说明的是,在城乡接合部或者经济较发达地区的农村房屋的承租人以非同一集体经济组织的主体居多,大多为外来务工人员。鉴于我国法律法规对于农村房屋租赁行为的限制,使得与农村房屋租赁有关的纠纷呈井喷之势。

法官在审理相关案件时也面临着难题,对《土地管理法》第63条[①]作出不同解读,有的法官认为,由农村房屋租赁行为引发的宅基地使用权的租赁行为之效力理应被认可,只是在租赁行为发生后,出租人申请宅基地的行为不能被批准;有些法官则依据该法条得出宅基使用权租赁行为应该被禁止的结论。另外,还有一部分法官对宅基地使用权出租行为持折中的观点,即认为如果宅基地使用权租赁行为发生在同一集体经济组织内部,就认定该行为有效,反之,如果宅基地使用权租赁行为超越了同一集体经济组织这一范围,就应认定相关行为无效。除此之外,农村房屋租赁行为发生后,农村房屋及宅基地的实际使用用途也会直接影响到法官对农村房屋租赁行为效力的判断。实践中,虽然大部分承租人在承租农村房屋后用于居住,但也有相当一部分主体在承租农村房屋后用于经营生意或者居住和经营生意两用。对此,不同的法官依据《土地管理法》第63条

---

① 《土地管理法》第63条规定:"农民集体所有的土地的使用权不得出让、转让或者出租用于非农业建设。"

则会作出不同的认定结果。有些法官认为，农村房屋租赁合同中如果存在不用于居住的条款，即便出租方与承租方均为同一集体经济组织成员，租赁合同也应被判决无效。还有部分法官则认为，只要农村房屋的出租方与承租方在租赁合同中均同意农村房屋用作他途且意思表示真实，那么在双方产生纠纷并诉诸法院时，法官应尊重当事人的意思表示而认定房屋租赁合同有效。

（三）以农村房屋赠与实现宅基地的流转

农村房屋赠与是指农村房屋的所有权人将其房屋无偿交付给他人占有、使用、收益和处分的行为，而根据"房地一体""地随房走"的原则，随着农村房屋赠与行为的发生，宅基地使用权也被一同无偿转让给受赠人。在司法实践中，因农村房屋赠与行为而引发的纠纷也不在少数，并且纠纷形式多种多样，包括撤销房屋赠与纠纷、房屋赠与合同效力纠纷等。农村房屋赠与合同与一般的合同有许多相似点，故而在审理农村房屋赠与合同纠纷时，法院仍然会以《民法典》上一般赠与合同有关规定为审判标准。然而，由于农村房屋赠与合同与一般赠与合同相比，具有主体和客体的特殊性，故而法院在认定农村房屋赠与合同的效力时又要重点考虑这些因素。就农村房屋赠与合同的主体而言，赠与方与受赠方往往关系比较亲密甚至是有血缘关系，如父母将农村房屋赠与子女、孙子女、外孙子女，长辈将农村房屋赠与晚辈，兄弟姐妹之间相互赠与农村房屋，当然也存在一些不具有血缘关系的关系密切的朋友、邻居之间的农村房屋赠与行为。就农村房屋赠与合同的客体而言，是建立在宅基地之上的农村房屋，通常情况下被赠与的房屋多为老宅，甚至有可能是祖祖辈辈留下来的危房、草房等，经济价值有限，受赠人看重的也往往不是这些经济价值较低的农村房屋，而是看重因农村房屋赠与而随之发生转让的宅基地使用权。受赠人获得宅基地使用权后，通常会在宅基地上改建或者重建房屋。由于我国法律法规限制宅基地使用权的流转，受赠人获得农村房屋或者在宅基地上改建或者重建房屋后，便引发纠纷。

（四）以农村房屋继承实现宅基地的流转

按照我国《民法典》之规定，农村房屋并没有被排除在遗产的范畴之外，所以，继承人可以继承农村房屋，从而取得房屋所有权。根据"房地一体"的原则，继承人因继承农村房屋这一事实而取得了宅基地的使用权。倘若继承人在此之前已经依法申请了一套宅基地并在其上修建了房屋,那么该继承人就拥有了两处房屋和两处宅基地,这显然与我国《土地管理法》第62条"一户一宅"的原则相矛盾。而如果严格遵循我国《土地管理法》确立的"一户一宅"原则而否认通过继承农村房屋而取得的宅基地使用权,那么继承人就无法实现其在宅基地之上的房屋的权利,毕竟,农村房屋离开宅基地是不能存在的。对于继承人通过继承房屋的形式取得宅基地使用权的行为加以否定,也就否定了继承人本应享有的继承农村房屋的权利,这又与我国《民法典》相矛盾。在这种立法出现矛盾的情况下,我们很难以"一户一宅"为理由剥夺农村房屋所有人对宅基地的使用权。

立法确立"一户一宅"原则的目的是限制农民转让宅基地使用权的行为,而限制宅基地使用权的立法本意又是保障农民最基本的生活需求,也就是发挥宅基地使用权的社会保障功能。农村经济组织成员这一特殊身份是农民获得宅基地使用权的前提条件,只有具备这一特殊身份,农民才能向集体经济组织申请宅基地使用权。继承人在依法继承农村房屋以后,可以按照法律规定对农村房屋行使占有、使用和收益的权能,但在行使处分权能时却受到严格限制。国家对宅基地使用权的转让进行限制,其目的在于确保宅基地及其农村房屋的社会保障功能。然而,在农村房屋继承的过程中,鉴于实践中大多数继承人已经拥有住房,故继承人看重的往往不是农村房屋的社会保障作用,而是看重农村房屋及宅基地使用权的交换价值。社会保障功能主要体现在宅基地使用权的设立阶段,但在宅基地使用权的存续期间这种功能已经极大弱化。我国在制定物权法时所遵循的物尽其用的原则在新的历史条件下,也应赋予宅基地使用权须具备的效率功能,[①] 农村房屋的继承人应被赋予更大的自主与自由。

(五) 以宅基地入股的形式实现宅基地的流转

宅基地使用权入股是一种新的宅基地使用权流转方式。对于这种流转方式,我国已经探索出了城中村改造模式、普通农村改造模式、灾区重建模式以及旅游景区改造模式四种模式[②],本书主要以城中村改造中的宅基地使用权入股为例对宅基地使用权入股这一新的宅基使用权流转形式进行

[①] 韩世远:《宅基地的立法问题——兼析物权法草案第十三章"宅基地使用权"》,《政治与法律》2005年第5期。

[②] 郑志峰、景荻:《新一轮土地改革背景下宅基地入股的法律制度探究》,《农村经济》2014年第12期。

说明。客观而言，宅基地使用权入股在我国城中村的改造过程中确实发挥了重要作用。在我国城市化的进程中城中村改造向来是一大难题。伴随着城市化进程的加快，在农村经济较发达的地区，普遍出现了农民在其宅基地上违规大面积搭建建筑物从而出租牟利的现象，使得城中村出现大量握手楼、贴面楼的现象，严重影响了城市的合理规划与发展。[①] 作为一个新兴发达的城市，随着土地价格的不断高涨，深圳市在改造城中村的过程中步履艰难。大多数情况下，城中村的改造是在政府主导下进行的，由政府与城中村直接交涉并完成征地与拆迁补偿工作，然后再将征收来的土地交由开发商动工改造。在这种由政府主导的模式下，政府与开发商分别通过土地差价以及居高不下的房价获得巨大的利益，但农民的权益却不能得到有效保障。

在实践中也经常发生被划入拆迁范围的农民因不能得到应有补偿而抗拒拆建工作的现象，直接影响到社会的稳定。面对这一问题，深圳市汲取经验、积极探索，摸索出了以宅基地使用权入股的全新模式，通过化解拆赔比实现了多方共赢。深圳市的宅基地使用权入股的城中村改造过程中，又以田厦村最为典型。田厦村让被划入拆迁范围的农民以宅基地使用权直接入股整个城中村改造项目，并直接参与整个项目的利润分配，革新了土地利益分配机制，使得政府、开发商、农村集体以及农村等各方参与城中村改造的主体走出了利益纠缠不清的怪圈。对于被划入拆迁范围的农民来说，由于此前大都依靠相对稳定的房租维持生活和发展，害怕在拆迁后失去稳定的经济来源，所以大都不愿接受一次性的货币补偿。然而，在宅基地使用权入股的模式中，农村成为拆迁改造项目的股东，可以参与开发商项目的长期分红，其利益也就得到充分保障。对于经济组织而言，这种模式也推动了集体的发展，增强了集体的实力。站在政府的角度上来看，则维持了社会的稳定，取得了良好的社会效果。

（六）以宅基地换房的形式实现宅基地的流转

宅基地换房就是在可耕地总量不变和坚持承包责任制的情况下，以尊重农民意愿为前提，高水平规划设计和建设有特色、产业聚集且适于生态宜居的新型小城镇，农民则以规定的置换条件在该新型小城镇中换取一套

---

① 贺雪峰：《改革语境下的农业、农村与农民——十八届三中全会〈决定〉涉农条款解读》，《人民论坛·学术前沿》2014年第3期。

住房，从而迁入该小城镇居住。宅基地换房是在平等自愿原则上形成的一种新型置换关系，是一系列法律关系的综合体。就实质而言，宅基地换房是一种土地征收关系，进一步演化便成为新型土地征收制度。与传统的或者说现在普遍适用的土地征收制度相比，宅基地换房具有非强制性、平等性、非补偿性或互惠性以及征收权的有限性等特征。[①] 其中，非强制性是宅基地换房区别于传统土地征收制度的最显著特征。在我国现行法律法规下，强制性是土地征收征用的共同特点。政府或者用地单位如果是出于公共利益的目的征收或者征用土地，那么相对方就必须服从。宅基地换房制度则不然，不论政府或用地单位是否出于公共利益的目的，在任何时候均不能强制征收或者征用。但凡有农民反对，宅基地换房项目便无法启动，更不用说强制执行。否则，就违背了宅基地换房制度的根本目的。宅基地换房涉及宅基地所有权、宅基地使用权、拆迁补偿、价格以及物业管理等一系列问题，故而宅基换房工作的开展，需要有相关配套法律法规予以规范。

事实上，四川省成都市早在 2004 年就开始了"土地换保障"的试点工作，目的在于引导农民向城镇集中居住。比较典型的一种形式就是鼓励农民通过放弃宅基地和土地承包经营权来换取社保，引导农民向城镇居住。2005 年，天津市正式开展"宅基地换房"的试点工作，欲以此推动示范小城镇的建设。天津也因此成为全国最早正式开展宅基地换房工作的城市。在这之后，北京、广州、重庆等城市也开始推行宅基地换房的工作。本书以天津为例，对宅基地换房模式进行说明。为推动宅基地换房工作的开展，天津市于 2008 年颁布了《天津市以宅基地换房建设示范小城镇管理办法》。而天津开展宅基地换房工作又以华明镇最具代表。天津市的宅基地换房工作是在市政府的组织下统一进行的，国土资源部门将 6402 亩土地作为周转用地，在此前提下，华明镇所在地的东丽区政府牵头，由区建委成立天津滨丽公司，该公司为建筑公司，具体负责征地、融资以及建设等。华明镇的各个村的村民委员会分别成立工作小组，该工作小组主要任务是宣传，通过宣传让村民充分了解以宅基地换房的政策，从而调动其申请搬迁、换房的积极性。以村为单位，如果提出申请的农民达到 90% 以上，就由村委会和镇政府签订换房合同。农民在宅基地上建造的房屋被区分为主房和附房，政府根据这种区分制定了补偿标准，即主房

[①] 万国华：《宅基地换房中的若干法律问题》，《中国房地产》2009 年第 3 期。

按照1∶1的比例置换商品房，附房则按照2∶1的比例置换商品房。新型华明镇的建设需要耕地共计8427亩，而全镇的宅基地则共计12071亩，通过宅基地换房腾出的宅基地首先由政府组织统一复耕。在完成耕地占补平衡后，结余的土地则归区政府支配。区政府将结余的土地出让获得出让金，从而补足宅基地换房过程中政府支出的费用。华明镇所开展的宅基地换房工作取得了较好的效果，并被天津市其他镇模仿。然而，在模仿的这些镇中，既有成功的个案，也有失败的例子。有学者对河南省农户宅基地置换城镇住房进行调研，发出1211份调查报告，通过调研发现，"宅基地换房"要切实完善宅基地腾退后农民转移就业的各项制度和配套制度，消除阻碍农民城镇就业的各项制度和配套障碍[1]，如果不能解除农民换房后的后顾之忧，则"宅基地换房"后可能出现农民返乡继续建房的现象，导致农地被进一步侵占。在学术界，不同学者对宅基地换房的态度也是褒贬不一，其中有部分学者认为，这种模式会最终演变为变相征地。[2]

二 宅基地使用权抵押同其他流转方式相比具有独特优势

通过上文的归纳分析可知，宅基地抵押只是诸多宅基地使用权流转方式中之一。同其他流转方式相比，宅基地使用权抵押具有其他流转方式不具备的优势。宅基地使用权的直接转让或征收，可能导致"农民因城市开发而丧失了其宅基地使用权并最终获得巨大利益而言，短期之内可能如同'幸福张大民'一样感觉良好，但是，长久而言，靠食利而生的人群最终全部败亡，这是历史规律！"[3] 通过宅基地使用权抵押可以在较短时间内为权利人融资资金。在常见的宅基地使用权流转方式中，无论是农村房屋赠与、农村房屋继承引发的宅基地使用权流转，还是通过宅基地使用权入股以及宅基地换房等方式引发的宅基地使用权流转，尽管会使得权利人获益，但这几种方式无法在短时间内为权利人融得资金。

因农村房屋的买卖以及农村房屋租赁引发的宅基地使用权流转，虽然可以在较短的时间内使得权利人获得资金，但前者却以权利人彻底失去农村房屋的所有权以及宅基地的使用权为代价，以后种方式为权利人筹得的

---

[1] 杨玉珍:《农户宅基地置换城镇住房调查报告——基于河南省1211个农户的调研》，《调研世界》2013年第2期。
[2] 何缨:《"宅基地换房"模式的法律思考》，《山东社会科学》2010年第1期。
[3] 郑尚元:《宅基地使用权性质及农民居住权利之保障》，《中国法学》2014年第2期。

资金在数量上有限,且在资金取得的方式上不仅周期长而且比较分散。另外,宅基地使用权抵押未转移占有,相对而言是一种最温和的流转方式。农村房屋的买卖、租赁、赠与、继承以及宅基地使用权入股、宅基地换房等引发的宅基地使用权的流转,均引发一个共同的后果,即农村房屋和宅基地使用权发生转移占有,这也就意味着农村房屋和宅基地使用权不再或者在一段时间内对原权利人不再具有社会保障的功能。从这个角度来看,除宅基地使用权抵押之外的其他流转方式均较为激烈。如果连宅基地使用权抵押这种最温和的流转方式都不能得到立法的认可,更毋谈其他流转方式了。

随着我国农村经济社会的快速发展,广大农民已经不再满足于"有饭吃""有房住"的最基本的温饱需求,他们渴望进一步地发展。然而,在寻求进一步发展的过程中,广大农民却普遍面临资金短缺的问题。根据权威部门的调查,现阶段我国农民融资需求较为强烈,而借款是融入资金的最主要形式。① 从过往的农村借贷情况来看,主要是那些生活条件较好、拥有较高社会资本的农民比较容易从正规金融机构那里获得贷款,而比较贫困的农村只能寻求从非正规金融处获得贷款。如此就导致这样一个不良后果:具有强烈发展意愿的贫困农民很难获得资金支持,进而导致越贫困者越贫困的恶性循环。我国《土地管理法》确立了"一户一宅"的原则,这对农村集体经济组织的所有成员而言都是公平的。从这一角度来看,以宅基地使用权抵押贷款从理论上而言对于所有农民都是公平的。宅基地使用权抵押实质就是宅基地使用权的资本化,这一金融创新形式很好地践行了党的十八届三中全会的要求。宅基地使用权的资本化,就是以权证的方式虚拟宅基地使用权未来收入预期的贴现值,从而使得宅基地使用权在交易市场上可以获得强流动性,最终实现农村宅基地配置的帕累托效率。很容易看出,宅基使用权资本化这种方式,对于宅基地价值的复归、凸显以及提升,对于农民积累资产、提高农业生产效率,对于农民形成有效的增收机制等,都具有不可估量的积极作用。

宅基地的有效配置和合理流转,是推进城乡一体化的有力杠杆。目前我国农村宅基地闲置率高的现实,决定了我国农村宅基地集约利用的潜力是巨大的。遗憾的是,我国现有法律法规限制了宅基地的财产性与流动

---

① 张湖东:《为什么农村土地抵押借贷具有比较优势——中国历史经验的考察》,《中国经济问题》2013 年第 4 期。

性，也就阻碍了宅基地财产功能的发挥，限制了宅基地的集约利用。倘若继续限制宅基地使用权的市场化与资本化，农民在住房方面还是不能和城市居民一样享受同等的财产权利以及可期待的财产性收入。这对农民而言，现有与宅基地有关的法律法规就不再是农民利益保护者，而成为一种财产利益的制度性损失。[①] 我国学术界关于宅基地使用权资本化的研究起步较晚，未来无论是在理论上还是实务中都应重视宅基地使用权资本化的推动，它可以推动我国农村地区由"藏富于民"向"创富于民"的转变。当下，强化宅基地使用权的资本属性，亦是统筹城乡发展的必然要求。针对宅基地使用权资本化这一现象，围绕宅基地财产权益这一重要问题，学者应当给予更多的关注。可以说，宅基地使用权抵押是宅基地使用权资本化的最主要表现形式，这也使得宅基地使用权抵押从根本上区别于其他宅基地使用权流转方式。

---

① 韩康：《宅基地制度存在三大矛盾》，《人民论坛》2008年第14期。

第二章

宅基地使用权抵押制度及其窘境

第一节 宅基地使用权抵押制度的产生

尽管我国现有法律规范严格限制宅基地使用权的流转，宅基地使用权抵押更是不被允许，但正如前文所述，因宅基地使用权抵押这一流转方式未转移占有，故相对而言该方式是一种最温和的流转方式，如果连这种最温和的宅基地使用权流转方式都不能得到立法的认可，就毋谈其他流转方式了。不过值得庆幸的是，随着近些年来中央一系列政策的出台，通过宅基地使用权抵押使农民获得更多财产性权利有望实现。

一 宅基地使用权抵押的含义与特征

所谓宅基地使用权抵押，是指为维护债权债务关系的稳定并保证债权的实现，宅基地使用权人抑或与宅基地使用权人有利害关系的第三人未转移宅基地以及宅基地之上建筑物和附属设施的占有，而将宅基地的使用权以及宅基地之上的建筑物和附属设施抵押给债权人的行为。在债务人不能履行债务的情况下，债权人可以就宅基地使用权以及宅基地之上的房屋和附属设施转让、作价等方式处理后的价格优先受偿。通过宅基地使用权抵押的上述定义，可知宅基地使用权抵押的特征主要体现在以下几个方面。

第一，是一种使用权抵押。抵押的客体不是宅基地所有权，也不是宅基地本身，而是权利主体对宅基地所享有的使用权。依照我国现有法律规定，对于农村土地，农村集体经济组织成员仅享有使用权，并不享有所有权。作为农村土地的一部分，宅基地自然也不例外。

第二，抵押人非宅基地所有人，而是宅基地使用权人。在宅基地使用权上设定抵押是由宅基地使用权人来行使的。尽管农村集体经济组织是宅基地的所有人，但在实践中单独抵押宅基地的行为并不常见，也缺乏政策上的支持，故一般认为，农村经济组织不能单独在宅基地上设定抵押权。

第三，宅基地使用权抵押的设立旨在担保债务的履行，就目前的实践来看，抵押权人通常为金融机构。宅基地使用权抵押合同与债权债务合同属于从合同与主合同的关系，债权债务合同的客观存在是宅基地使用权抵押合同产生的前提，而宅基地使用权抵押合同的签订意在保障债权债务合同的有效履行。从合同效力角度来看，债权债务关系的有效，是宅基地使用权抵押合同有效的前提条件，但在当前宅基地使用权抵押尚未在法律层面得到确认的背景下，即便债权债务关系有效，宅基地使用权抵押合同不一定会得到司法裁判部门的认可，但反过来看，宅基地使用权抵押合同不被司法裁判部门认可不构成债权债务合同无效的理由。

二 宅基地使用权抵押制度产生与发展的可能性

（一）宅基地使用权抵押制度产生的大背景：农村社会保障体系正在建立

"探索建立农村养老、医疗保险和最低生活保障制度"，这是在党的十六大报告中第一次提出来的。党的十六大后，我国开始着手建设农村社会保障体系，党的十七大后则加快了建设的步伐。党的十八大报告又提出，要全面建成覆盖城乡居民的社会保障体系，实现了由"广"到"全"的调整。我国农村社会保障体系建设所取得的成就主要表现在以下几个方面。

1. 新型农村养老保险制度正式建立

2009 年 9 月，国务院发布《关于开展新型农村社会养老保险试点的指导意见》，在全国范围内启动农村新型养老保险（以下简称"新农保"）试点工作。与之前的农村养老保险制度相比，新农保最显著的特点是筹资机构的不同。之前的农村养老保险制度是一种自我储蓄保险模式，保险费用由农民自己缴纳，而新农保在筹资模式上进行了改进，由国家财政支付全部基础养老金。这种新型的农村养老保险制度也就意味着我国农村养老保险被正式纳入了国家社会保障制度之中。以上规范性文件发布后，我国新农保的试点范围也在逐渐扩大，2009 年、2010 年、2011 年分别年覆盖全国县（市、区）的 10%、23%、40%，到 2013 年 7 月 1 日则基本实现了新农保的全覆盖，比预期提前 6 年实现。在新农保在全国范围内开展试点的同时,国务院又提出在有条件下对新农保与城镇居民养老保险进行合并实施。① 为贯彻这一要求,人力资源和社会保障部于 2013 年提出了推进合并实施新农保与城镇居民养老保险,实现城乡统筹一体化的居民社会养老保险制度。国务院于 2014 年又明确地提出了要在全国建立统一的城乡居民基本养老保险制度,且明确规定了中央财政补贴的问题。② 截至 2012 年年底,我国参加新农保的人数和实际参加养老金保险的人数分别是 4.6 亿人、0.85 亿人。③ 而在基金收入和支出方面,2011 年分别达到 1070 亿元和 588 亿元。④ 新农保与广大农民的福祉密切相关,从宏观层面来讲关系到社会稳定与经济发展的大局,从微观层面来讲,则关系到包括宅基地使用权抵押制度等在内的农村创新性制度能否顺利开展。

2. 新型农村合作医疗制度正式建立

我国新型农村合作医疗制度(以下简称"新农合")建设的正式启动始于 2002 年。⑤ 不同于人民公社时期形成的医疗保险制度,新医疗突出了互助共济的特点,被纳入国家财政补助的范围,成为正式的国家社会保障制度的一部分。从 2003 年试点,到 2010 年基本实现在全国范围内全覆盖。据官方统计,2012 年新农合参合率超过 98%。住院补偿比达到了 55%,在重大疾病补偿方面全国有 99 万人受益,实际补偿比为 65.4%。看病难一直是我国长期存在的一个问题,这种情况在农村尤为突出,也正是因为这一问题的存在,农民才对其拥有的农村房屋等为数不多的有价值的财产看得比较重,不到万不得已不会轻易在农村房屋上打主意。而新型农村合作医疗制度的存在,使得农民最基本的健康问题得到了保障,农民也开始试图挖掘宅基地使用权及农村房屋的财产功能。

3. 农村最低生活保障制度正式建立

我国于 20 世纪 90 年代就开始了探索农村最低生活保障制度的构建。在中央层面正式提出建立该制度则始于 2002 年党的十六大报告。⑥ 2007 年

---

① 参见 2013 年出台的《关于开展城镇居民社会养老保险试点的指导意见》。
② 按照基础养老金的标准,对中西部地区给予全额补助,对东部地区给予 50%的补助。
③ 刘凌晨、曾益:《新农保覆盖对农户劳动供给的影响》,《农业技术经济》2016 年第 6 期。
④ 《2011 年新农保基金收入已达 1069 亿》,中国新闻网,http://www.nbd.com.cn/articles/2012-12-17/701396.html。
⑤ 中共中央 国务院于 2002 年发布的《关于进一步加强农村卫生工作的决定》提出了"逐步建立新型农村合作医疗制度"的要求。
⑥ 党的十六大报告首次提出要在有条件的地方探索建立农村最低生活保障制度。

的"中央一号文件"则将农村最低生活保障制度上升到全国范围的高度。为落实"中央一号文件",国务院对最低生活保障制度作了全面规定。① 在相关文件的指导下,截至 2007 年年底,全国所有涉农县(区、市)均出台了相关政策,农村最低生活保障制度在全国范围内初步确立。此后,我国农村最低生活保障制度不断完善,不仅实现了对象的"应保尽保",标准也不断提高。通过建立与完善农村最低生活保障制度,保障了农村贫困人口的最基本生活,也进一步弱化了农村土地以及宅基地的社会保障功能。

4. 建立了新型农村"五保"供养制度

1994 年国务院颁布《农村五保供养工作条例》,标志着"五保"供养制度在我国的确立。② 自此之后,该制度在较长一段时间内与新农村合作医疗保险之前的农村合作医疗制度,共同构成农村社会保障体系的基石。然而,随着社会主义市场经济体制的确立与完善,农村的经济管理体制以及经济形势均发生了重大变化,原有的"五保"供养制度也随之出现问题,最为突出的问题是没有稳定的经费来源,"五保"供养的效果也大打折扣。不过,国家根据出现的新情况于 2006 年修订了《农村五保供养工作条例》,农村"五保"供养制度也因此发生了实质性的变化。这种实质性的变化表现在多个方面,其中最为突出的变化则是在"五保"供养制度被定性为国家社会保障制度,相关经费由国家财政予以保障。③ 农村最贫困居民的生活因此具备了最低的生活保障,也使得农村土地及宅基地的社会保障功能不再明显。

(二)农村社会保障体系的建立与完善使得宅基地使用权抵押制度成为可能

农村社会保障体系在我国农村地区长期缺位,使得保障功能成为宅基地的主导性功能,也因此使得宅基地使用权的融资功能受到长期压制。宅基地使用权的融资功能与宅基地使用权的社会保障功能确实在某种程度上存在冲突:宅基地使用权融资功能的实现需要以宅基地使用权的抵押担保为前提条件,而当抵押权一旦实现时就可能使农民丧失宅基地使用权;而

---

① 国务院于 2007 年 7 月发布了《关于在全国建立农村最低生活保障制度的通知》。
② 《农村五保供养工作条例》对于"五保"供养的对象、形式以及内容等作了明确而又系统的规定。
③ 参见《农村五保供养工作条例》第 11 条。

宅基地使用权社会保障功能的发挥要求农民与宅基地使用权紧密结合，须臾不能分离。在农村社会保障制度未普遍建立的情况下，如果完全开放宅基地使用权抵押融资，一旦农民无法偿还债务就会丧失宅基地使用权，这不仅会威胁农民的生存，还会给社会稳定和政治稳定带来压力。也正是因为考虑到这些因素，立法者才迟迟不敢开放宅基地使用权抵押，且这些因素也成为一些学者反对以宅基地使用权进行抵押的最主要论证依据。反对以宅基地使用权进行抵押者认为，对于还处于发展中国家的我国来说，包括宅基地使用权在内的土地使用权是农民的最后生存依据，无论何时和何种情况，都不能剥夺农民的土地使用权，否则会使得农民流离失所，影响社会稳定。此外，反对者还认为，宅基地乃农民安身立命之本，与农民生老病死密切相关。倘若放开宅基地使用权抵押，可能会使得农民失去宅基地的使用权和其赖以居住的农村房屋，会重走历史上农村"两极分化"的老路，引发巨大的社会问题。

宅基地使用权抵押制度或多或少会引发一些社会风险，欲化解这种社会风险，就离不开完善的农村社会保障体系。诚如前文所提到的，在农村社会保障体系初步建立的背景下，宅基地原先承担的养老保障功能和医疗保障功能分别被新农保制度与新农合制度代替，农民的基本生活保障问题则被革新后的"五保"供养制度和农村低保制度代替。一言以蔽之，日益健全的社会保障体系和不断提高的社会保障水平，扭转了宅基地的主导性功能，在弱化了宅基地的社会保障功能的同时，强化了宅基地的抵押融资功能。农村社会保障体系的完善也就意味着解除了宅基地抵押融资功能的羁绊，宅基地抵押融资功能的实现已是"水到渠成"之势。

(三) 农村社会保障与宅基地使用权抵押二者关系的辩证看待

1. 应正视农村社会保障水平低的现实

党的十七届三中全会全面规定了"健全农村社会保障体系"，确立了"广覆盖、保基本、多层次、可持续"的加快健全农村社会保障体系的基本原则。根据前文阐述可知，我国已经基本完成了农村社会保障体系"广覆盖"的目标，但我们也不能否认，我国目前建立的农村社会保障体系总体水平还是比较低的。这种现实引发学者的担心：如果农民失去其所拥有的农村房屋，其基本生活还能否依赖现行的农村社会保障制度维持？对于学者们的这种担心，我们应在全面分析的基础上综合看待。我国农村社会保障体系是一个制度综合体。从我国实践情况来看，即使农民因宅基地使用权抵押而失去居所,农村社会保障制度为农民提供最基本的保障并不存在问题。更何况,我们应该用发展的眼光来看待我国农村社会保障体系的建设。我国自党的十六大首次提出建立农村社会保障制度,到2013年新农保制度基本实现了在全国范围的覆盖,我国在十年左右的时间里完成了农村社会保障体系的搭建。我国社会保障体系构建速度如此之快,一方面与我国社会经济的快速发展有关;另一方面与国家意识到农村社会保障体系的重要性密切相关。可以说,党和国家对农村社会保障制度的建设给予了足够的关切。从中央的明确要求以及高度关注来看,在当前我国已经基本建立了农村社会保障体系的条件下,农村社会保障水平也必将在中央财政投入日益增加的条件下不断提高,我国新农合的发展历程便是对这一预判的最好印证。在2003年新农合建立之初,各级财政最低补助标准为每人每年20元,到2012年标准就提高到每人每年240元。

2. 应意识到宅基地使用权抵押对农村社会保障水平的提高具有促进作用

通常意义上,宅基地使用权抵押融资功能的实现能够促进农村社会经济发展、提高农民的收入水平。农民可通过增加个人缴费来提高农村社会保障水平。除此之外,在宅基地使用权抵押实践中通过创新制度设计亦可以促进农村社会保障水平的提高。在我国开展宅基地使用权抵押试点的地区,通常会有一个宅基地土地属性转化的前置程序。所谓宅基地土地属性转化就是指在宅基地使用权抵押实践中,不直接将宅基地使用权抵押,而是事先将其宅基地使用权转化为建设用地使用权,之后再进行抵押。此时宅基地使用权抵押实际就转化为集体建设用地使用权抵押。以集体建设用地使用权抵押,在抵押权实现时,集体建设用地使用权面临流向他人的可能。为此,党的十八届三中全会提出建立城乡统一的建设用地市场,在符合条件的前提下,实行集体经营性建设用地与国有土地"同等入市、同权同价"。由此可以预知,由宅基地使用权转化来的集体建设用地使用权在未来可通过抵押的形式进入土地市场,权利人可因此获取可观回报。另外,根据《中共中央关于全面深化改革若干重大问题的决定》的要求,在分配土地增值收益时,需兼顾国家、集体以及个人三方利益。由此可见,集体经济组织作为转化而来的集体建设用地的所有权人,有权分享抵押权实现后所产生的增值收益。如果将集体经济组织获得的该项增值收益列入农村社会保障的集体补助资金项目,则有益于提高农村社会保障水平。另外，农村集体建设用地抵押融资制度的实施，离不开农地使用权制度的完善。其中，需要完善的一个制度便是建立集体建设用地有偿、有期限使用制度。通过这种制度设计，就可以为农村社会保障体系的建设提供稳定的资金补助来源。在各地试点中，已有类似的立法例。① 由此可见，在宅基地使用权抵押融资的实践中，通过科学的制度设计，可以使得农村集体经济组织获得一定的增值收益，将这一收益用于补助农村社会保障项目，必将促进农村社会保障水平的提高，这也就消解了部分学者因宅基地使用权抵押而带来的"隐忧"。

第二节 宅基地使用权抵押与农村金融

一 宅基地使用权抵押是农村金融创新的产物

（一）我国农村金融概述

作为与城市金融相对应的概念，农村金融泛指在农村地区发生的存贷款、信托、证券、保险等一切与信用及货币流通相关的金融活动。② 从外延来看，农村金融包括农业金融和非农业金融活动。农业金融比较好理解，是指在农村地区一切与农业生产有关的金融活动，而非农业金融活动则指发生于农村地区且与农业生产无关的金融活动，例如，农村个体工商户和中小工业企业的金融活动等就属于非农业金融活动。由于两类农村金融活动同处一个场域，所以，两者不仅关系紧密，还具有同质性，可以在农村金融这一概念下一并分析。③ 农村金融与城市金融相比，呈现出社会化、多元化、市场化以及规范化程度低的特点。④ 在市场化程度方面，农村地区金融机构网点数量少直接决定了业务竞争不充分，再加之政府的不当干预，都使得农村金融市场化程度低；在社会化方面，农村金融被包括国家金融、合作金融等在内的正规金融垄断，社会资金进入的难度很大，

---

① 参见《广东省集体建设用地使用权流转管理办法》。
② 白钦先、李钧：《中国农村金融"三元结构"制度研究》，中国金融出版社2009年版，第35—37页。
③ 域外通常使用"农业金融"这一提法，而"农村金融"这一概念很少使用，如我国台湾地区的"农业金融法"、日本的农业金融法等，之所以如此，与这些国家或者地区的城乡差别不大有重要关系。但是不得不承认，农业金融的提法比农村金融的提法更具针对性。
④ 杨小玲：《中国农村金融改革的制度变迁》，中国金融出版社2011年版，第3页。

使得农村金融社会化程度低；在多元化方面，银行存贷款业务是最重要的农村金融业务，而信托、证券、保险等业务发展严重滞后，这说明农村金融多元化程度低；在规范化方面，农村金融主要受政策约束，而法律形式存在的农村金融规范性文件非常少。

在农村金融这一概念下，笔者还需要做几点说明：其一，由于农业具有天生的弱质性，所以农业金融同非农业金融相比不仅收益低而且风险更高，正是考虑到这一点，金融机构对农业金融业务通常并不感兴趣，这直接导致农业金融服务要比城市金融服务更难获得。因此，从这一角度来看，农业金融问题是农村金融问题的焦点。其二，农村发展的不平衡性决定了农业金融的不平衡性。相较于那些经济发展较好的农村，经济相对落后的那些农村金融服务更稀缺，通常具有更强烈的改善金融服务的愿望。故而，从这一角度来看，贫困地区的农村金融问题更加突出。其三，农户的弱势地位决定了农户的金融服务需求容易被排斥，所以农户的金融利益更应该受到关注。

（二）我国农村金融制度发展的问题与不足

与经济发展中的城乡二元结构一致，我国在金融领域也存在城乡二元金融机构。农村金融发展的滞后性无疑会加剧城乡经济发展的二元结构，形成恶性循环。农村金融发展的滞后性源自农村金融制度存在的问题与不足，而我国农村金融制度的问题与不足主要体现在以下几个方面。

1. 农村金融改革滞后

从宏观层面来看，我国农村金融滞后表现在三个方面：首先，农村金融改革滞后于农村经济的发展。自改革开放至今，我国经过 40 多年的经济体制改革，我国农村经济已经朝着比较优势的方向组织生产，在经营模式方面也朝着农业规模化经营的方向发展，甚至在发展模式方面也开始摆脱单一地依靠农业经济推动。而这些农村经济结构的变化自然会对农民的经济活动产生影响。农村经济活动的复杂化和规模化决定了农民对农村金融服务需求的提升。而原有的农村金融服务理念与金融产品并未随着农村经济的发展而及时更新，呈现滞后性，已经远不能满足农村经济的发展需求。其次，农村金融改革滞后于整体金融改革。我国历经多次金融改革，然而，这些金融改革成果却未福泽于农村金融体系。与城市金融相比，我国农村金融在机构数量上呈逐年下降趋势，农村利率市场上利率改革不仅范围狭窄还力度很小，金融机构改革不仅没有考虑农村金融机构的特殊性，也未考虑产权安排，农村金融机构完全参与市场竞争的难度较大。最后，农村金融较经济制度变迁明显要落后得多。我国农村金融与农村经济在制度模式上所存在的差距使得前者的制度变迁明显落后于后者的制度变迁。与同时期的经济制度变迁相比，农村金融制度变迁主要存在三个方面的问题：一是日益扩大的民间金融缺乏有效的制度保障；二是鉴于相关激励机制的缺失或者不完善，农村金融机构缺乏改革的动力；三是农村金融制度存在道德风险、治理机构不科学以及产权模糊现象严重等情形。此外，农村金融机构与农村经济在结构上的不匹配也导致农村金融发展滞后。具体而言，农村金融的服务对象农民占绝大多数，农村集体经济组织以及农民个人决定了农村金融服务需求，而提供农村金融服务的主体通常是国有的正规金融机构，这就使得农村金融的需求与供给结构存在严重的不对称现象。

2. 尚未建立多样化、多层次、竞争适度的农村金融服务体系

在我国已经进行的市场化金融体制改革中，国有商业银行在县域的营业网点逐渐被撤并，从业人员也被大规模地裁减，即便是那些未被撤并的农村金融机构，也重点在城市发展其信贷业务，这种金融体制改革的结果是农村金融服务在一些农村地区接近空白状态。县级以下金融机构的逐渐退出，使得县域经济所获得的金融服务支持越来越有限，这必然阻碍了县域经济的发展。具体而言，农村地区的金融服务主要存在以下几点问题：第一，政策性银行在农村地区的供给存在严重不足的情况。进入21世纪后，随着农村经济结构的调整、社会主义新农村的建设以及农村经济的快速发展，农村地区产生了大量的金融需求，在这些金融需求中有部分属于政策性金融的范畴，现实情况却是我国绝大部分政策性金融覆盖于基础设施的建设，脱离了农村与农民巨大的金融服务需求。第二，存留的农村金融机构亟须更加深化的改革。尽管农村地区存留的商业性金融机构通过自身的改革与完善，已经在经济实力上得到提升，但在其发展过程中又遇到新的问题，即如何兼顾服务"三农"与保持自身可持续发展的问题，这一问题也是农村金融机构在以后的深化改革中将要面临的难点问题。第三，一些农村金融机构在实践中逐渐"脱农离农"。通常情况下，以独立法人形式存在的金融机构乐于将自身做强做大。部分地区的农村信用社为了将自身做强做大，在努力推动以省、市为单位具有法人独立地位的农村信用社的建设，受此影响，许多县级农村信用社的独立法人地位被取消，

进而造成这些农村信用社逐渐远离农民、脱离农村的现状。第四，农村的新型金融机构数量较少且发展缓慢，服务能力也亟待提高。

纵观国内外农村金融发展实践可以发现，农村金融服务需求和农村金融机构之规模化发展之间存在矛盾。面对比较分散的农村市场，规模较大的金融机构在业务供给方面以批发为主要特点，所以不具有比较优势，毕竟在广大农村地区还是小农经济占据主导地位，规模化经营还未全面铺开。更何况，规模较大的农村金融机构还要面对因规模化而产生的高昂成本以及因信息不对称而引致的高风险。此外，从我国金融发展的历史与现实角度来看，大型金融机构并不短缺，倒是那些贴近基层的中小金融机构比较匮乏，我国广大农村地区需要那些植根于基层的微型金融机构。换言之，符合农村最基本需求且又贴近农户的具有独立法人地位的中小型金融机构比大型金融机构更加适应我国农村地区。由此可见，发展农村金融、建立农村金融服务体系并非一味地在农村地区发展大型金融机构，而应根据我国农村不同地区的经济发展实际情况，有针对性地发展多样化、多层次的农村金融机构，构建一个规模不同、政策性与商业性并存、银行类与非银行类农村金融机构共同存在且适度竞争的活跃局面。

3. 农村信贷激励机制不健全，市场的深度与广度亟须提高

城乡统筹发展目标的实现在很大程度上依赖城乡资金的双向合理流动，值得庆幸的是随着近些年国家一系列政策的出台，城乡资金不合理流动的现象得到明显好转。站在农村的角度，在资金的流入方面主要包括三种渠道：第一种渠道是农村剩余劳动力到城市务工，工薪性收入通过各类金融机构汇回农村；第二种渠道是中央银行对政策性银行以及农村信用社等农村金融机构提供的再贷款支持；第三种渠道是部分政策性银行，如农业发展银行，在金融市场上通过发行金融债券等方式筹集社会闲置资金，然后再以农产品收购贷款等方式流向"三农"领域。在资金的流出方面主要包括了农村金融机构上缴存款准备金、同业拆借以及购买债券等方式。另外，农村产业收益率低的特点，决定了农户等农村经济主体很难向农村金融机构提供合格的抵押或者担保，加之一些农村地区金融生态环境不明朗，农村金融业务无论是风险还是成本都高于城市和工商领域，也导致农村金融资源向城市流出。要从根本上遏制农村资金外流并吸引城市资金向农村流动，农村信用环境的改善至关重要。农村信用环境的改善会为农村金融机构在农村开展金融业务提供有效且持续的激励机制。

尽管我国金融监管部门自 2006 年开始逐渐放宽农村信贷市场的准入政策，但开放程度仍然受到限制。这种限制性主要表现在三个方面：其一是民间资本进入农村金融市场依然受到限制。与我国非公经济的迅猛发展相伴随，我国的民间资本在投资能力方面也逐渐增强，非金融类企业抵御风险的能力已经得到很大的提升，并且对正规金融边缘化的农村金融市场表现出极大的兴趣。然而，我国相关法律法规考虑到对金融秩序的维护，严格限制民间资本进入农村资本市场。其二是农村金融机构的设置门槛很高，且在设置的程序方面也做了严格的规定，这就导致新型农村金融能够经营的业务范围受限。其三是已经设立的新型农村金融机构或多或少地与国内政策性银行、大型商业银行以及外资金融机构等存在联通机制，而这种联通机制的建立有些是基于业务合作方面的考虑，也有很大一部分是在既有政策下不得已之举。

4. 农村地区金融生态环境建设薄弱

农村地区金融生态环境的薄弱性集中表现在诸如征信登记、担保、资产评估等中介机构严重短缺，而这些中介机构又在金融运行中发挥着非常重要的作用。此外，农村集体经济组织成员金融意识薄弱、金融教育滞后，缺乏对金融的全面认识。这些客观存在的问题无疑会阻碍农村金融产品的创新。一方面，在创新农村金融抵押机制的过程中，因为缺少专业化的中介机构，无法为金融机构在农村地区的金融活动提供支持。毕竟，农村地区相较于城市地区社会与经济发展水平落后，集体经济组织成员普遍缺乏合格的抵押担保物品。除此之外，在农村地区开展信用评级、担保以及评估等活动在成本上要比城市高得多，这就导致金融机构在农村地区开展金融业务的积极性不高。另一方面，由于农村集体经济成员金融意识淡薄，这使得农村金融市场的整体吸引力降低。

5. 与农村金融相关的政策法规不健全

我国目前与农村金融有关的法律规范是不健全的，这种不健全性主要体现在以下三个方面：第一，与农村金融业务直接相关的法律法规缺失。目前我国农村金融机构在农村地区开展业务时主要依据《贷款通则》《商业银行法》等规范性文件，而对于我国农村金融运作中的实际情况，这些规范性文件并没有给出可操作性的规范，特别是没有明确解释在拓展农村金融业务中金融机构可能遇到的问题。第二，缺乏关于农村合作金融的专门立法。尽管规模不一、形式不同的农村信用合作组织在近些年来呈现发展势头良好的趋势，但由于缺少相关的规范性文件，使得这些农村信用合作组织缺乏科学规范的引导。第三，与农村物权相关的，尤其是抵押担保有关的规范性文件亟须完善。农村金融的快速发展要求与之相匹配的金融创新产品的创新，但现实情况是农村地区抵押担保物的范围是有限的，充分挖掘农民占有物的财产功能成为破解这一难题的非常重要的一个环节。

（三）我国农村金融制度存在问题与不足的原因

关于我国农村金融制度存在的问题，这一方面与农业以及农村经济发展中的内在限制性因素有关，另一方面与农村金融发展过程中的制度缺失关系重大。只有全面归纳出我国农村金融制度存在不足的原因，才能在下一步的改革过程中有的放矢，寻求有效破解问题之道。我国农村金融制度之所以存在上述问题与不足，主要受以下几个原因的影响。

1. 信用因素——我国农村信用基础薄弱

我国金融在运行的过程中存在一个突出的结构性矛盾，即城乡金融发展的二元结构失衡。而之所以出现这种结构性失衡，根本原因是我国农村地区信用基础薄弱，这也就使得农村金融丧失了健康发展的基础。经过改革开放后40多年的发展，尽管我国农村地区经济社会发展状况发生了巨大改变，但农村地区的信用基础并未发生太大的变化，依然依赖传统农村熟人社会关系，并以此为基础开展借贷行为。这种做法的优点是借贷参与人之间因为是熟人关系，故彼此间信息完全对称，这不仅可以降低交易成本而且还可以降低交易风险。然而，在社会化大生产的背景下，仅依赖熟人社会而建立信贷关系显然已经不能满足农民的发展要求，但如果农民突破熟人社会而向正规金融机构寻求贷款，难度必然会大幅度提高。信用资格的取得不应完全寄希望于债务人的道德水平，而应该以一定的经济基础作为支撑。农村地区在生产方式上所表现出来的小农经济的特点，导致农业生产者在投入与产出方面的不确定性，也提高了农村融资机制的难度，因此很难做到以城市地区的票据融资、应收账款融资以及供应链金融等债务人的未来收入支撑债务人的信用资格。此外，农村地区其他类型的信用担保方式也是缺乏的，农村担保体系、征信体系以及信用登记体系基本不存在，农村产权交易体系基本未建立，与农业生产密切相关的农业保险与再保险体系还停留在探索阶段，这均使得农村严重缺乏风险分担、转移、处置以及补偿机制。如果农村金融机构在政策压力下承揽了农村金融业务，大部分金融风险将由这些金融机构来承担。由此看来，如何在现有物质条件下拓展农村信用基础就成为农村金融发展成败的关键，而如何在有限的物质条件下拓展担保物的范围又成为拓展农村信用基础的关键路径。

2. 制度因素——农村信贷抵押担保机制存在问题

前已提及，农业生产所具有的不确定性导致农村各类担保抵押品的匮乏，而金融机构出于降低金融风险、维护出资人利益的考虑，通常会要求借款人提供合乎资质的担保，由此便产生农业发展亟须外部资金支持与农民贷款缺少担保物品这一对矛盾。在城市地区，城市居民对其享有的动产或者不动产通常都会拥有完全物权，而在农村地区，农民最重要的财产就是其享有使用权的土地和在宅基地上建造的房屋，但农民对这些财产却不享有完全物权，农民以这些财产进行抵押要受到诸多法规的严格限制。这种限制导致的直接结果便是农民在其主要财产上设定抵押担保时遇到障碍，即使勉强在这些财产上设定了抵押，还要面对在司法实践中被否定的风险，这些无疑都限制了农村信贷的发展。就目前农村实践来看，农民在申请贷款时向农村金融机构提供的抵押物以农业生产设备居多。然而当抵押权实现时，这些农业生产设备的变现能力普遍存在较弱的情形，在法院拍卖中会经常出现流拍的情形。出现流拍时，法院只能依法将抵押的农业生产设备裁决给作为债权人的农村金融机构，但在这一过程中又会出现农业生产设备的评估价值高于实际价值的情形，超出部分农村金融机构还要向设备所有人补偿现金，并且要额外支付设备的契税、过户费以及管护费等费用，将这些成本计算在内，农村金融机构收回的资金经常出现不能覆盖贷款本息的情形。除了土地、房屋以及农业生产设备外，农民拥有的其他可以用于抵押的财产很少。可见，在农村土地以及农民拥有的房屋上设定抵押权，是唤起农村金融机构兴趣的不可替代性的选择。

3. 监管因素——农村金融监管存在政策不适用问题

我国农村金融监管所存在的政策不适用问题主要表现在三个方面：第一，在对农村金融进行监管的过程中存在价值定位偏失的问题。就理论层面而言，金融监管之目标在于提高经济效益与维护经济安全。然而，就目前我国的金融监管实践来看，我国偏向于经济安全的考虑，提高经济效益在一定程度上被忽视，这种监管的偏失在农村金融领域表现得更为明显。在农村地区，金融监管的偏失突出地表现在对农村金融机构的准入采取更加严格的管制。这种监管的偏失主要考虑到我国农村地区的特殊现实，即农村地区产业风险高,并且缺少有效的风险对冲机制;农村借贷主要依赖于熟人关系,社会关系特殊;缺乏合格的抵押品;农民金融意识较差。第二,农村金融的监管方式与农村金融的运行方式不协调。当前我国对农村金融进行监管的方式是一种合规性监管,即由监管部门以行政手段监管农村金融机构执行国家政策、法律法规及规章的情况,从而实现规范农村金融机构的经营行为、保障金融秩序的目标。然而,我国当前针对农村金融机构的这种合规性监管是以城市金融监管实践为基础的。现实情况却是我国城乡金融监管实施的基础是存在很大差异的,经济社会发展水平以及各项制度健全水平的参差不齐决定了这种实施基础的差异。尤其是伴随着新型农村金融机构在农村地区的大量出现,相关法律并没有针对这种新情况及时作出调整,直接影响了合规监管的有效性。另外,由于金融机构的合规性监管是一种静态的监管方式,强调的是国家法规的权威性,但对于在实际运行中金融机构存在的动态风险却不能进行有效追踪。而农村金融的动态风险越来越明显,这就意味着现有的农村金融监管方式已经阻碍了农村金融的发展。第三,尚未确立农村金融监管相关法规体系。我国农村金融立法相较于城市金融立法,已经表现出严重的滞后性,相关条文比较零散地分布在不同法律规制之中。我国的新型农村金融机构作为金融市场的一部分,还处于发展的初级阶段,相关法规建设呈现出原则性强、内容简单、可操作性差以及位阶低的特点,无论是农村金融机构和监管部门均难以获得法律法规必要的支持。可见,出于全面实现金融监管目标的考虑,对我国现有的农村金融监管机制进行适时调整已经非常有必要。

(四)农村金融问题与不足的破解之道:深化农村金融市场化改革

针对农村金融所表现出来的问题与不足,继续深化农村金融市场化改革是解决问题的出路。我国农村金融发展的过程即为农村金融不断改革的过程,而从实质上看,农村金融改革就是依照社会主义市场经济体制的要求不断向市场转轨的过程。自20世纪90年代我国农村金融市场化改革始,经过多年改革,已经取得初步成效,信贷资金实现了从国家计划供应到按市场原则的优化配置。[1] 然而,在按照市场原则进行优化配置金融市场资源时又出现了前文所提到的问题与不足。究其原因,是因为以往的农村金融市场化改革仅强调"机构市场化改革",尽管这种改革取得了一系

---

[1] 蒋定之:《农村金融改革发展三十年》,《江南论坛》2009年第3期。

列成果，但在培育金融市场化环境方面却仍存在诸多不足，这直接导致农村金融安全性环境与营利性环境较差，出现"跛脚前行"的状况。要改变这种现状，就需要在农村金融领域深化改革，

在金融市场环境培育方面多下功夫，不能停留在以往农村金融市场改革所强调的降低市场准入门槛、完善治理结构、明晰产权结构等宏观层面。在金融市场环境培育的具体操作上，仅靠政府的推动以及日常的金融知识宣传并不会起太大作用，需要在微观上以市场化的思维创新金融产品，以金融产品推动农村金融市场环境的改善。市场化的环境是市场主体生存和发展的土壤，而在农村金融领域，市场化的主体除了农村金融机构，还包括集体经济组织成员。创新性金融产品在农村金融市场的运用，会促进经济组织成员在金融领域的市场化，从而打破依赖熟人社会所建立起来的信用基础。农地使用权抵押作为一种创新性金融产品，在深化农村金融市场化改革中发挥着十分重要的作用。

（五）宅基地使用权抵押业务是深化农村金融改革的必然要求

宅基地使用权及其房屋是农民价值最高的财产。无论是在农村还是在城市，住房作为人们最基本的生活资料，意义重大。正如英国 18 世纪首相老威廉·皮特所言，即使是最穷的人，在他的寒舍里也敢对抗国王的权威。风可以吹进这所房子，雨可以打进这所房子，房子甚至会在风雨中飘摇，但是英王不能踏进这所房子，他的千军万马不敢跨入这间已经损坏了门槛的破房子。在我国的广大农村，农民对房子更是有着深厚的情感，这种情感可能超过城镇居民。国务院发展研究中心副主任韩俊经过调研得出结论，认为农民有余钱以后，会把修房、建房放在第一位。[①] 可见，在农村，农民不仅对住房有特殊的感情，还投入了许多金钱。这些研究结论都直接或者间接地验证了这样一个事实，即宅基地使用权及建于宅基地之上的住房是农民价值最高的财产。也有学者通过访谈和调查问卷的形式验证了这一事实，调查和访谈的范围在河北省。调查范围按照经济发展状况被划分为三个层次，即经济发展水平落后的山区农村、经济相对发达的农村以及经济比较发达的农村（如正定、栾城、鹿泉农村），在每个层次的农村发放 120 份有效调查问卷。调查结果则显示，无论是在经济发展水平相对落后的农村还是在经济比较发达的农村，受访的对象大都认为，住房是

---

① 韩俊：《中国农村土地问题调查》，上海远东出版社 2009 年版，第 31 页。

其最值钱的财产。其中任丘市等经济比较发达的农村，有高达 118 位的受访对象认为住房是其最有价值的财产。[①]

之所以出现上述调查结果，笔者分析认为，主要有两个因素：第一个因素是农民对其建造的房屋有着深厚的情感寄托，第二个因素则是农民对住房有迫切的现实需求。农民之所以对其住房有着深厚的情感，是因为在农村住房是农民经济实力及社会地位的最主要体现形式，住房质量的好坏成为评价农民能力高低的最主要标准。受此影响，农民的资金除用于农业生产外，相当一部分被用于修缮或者重建住房。农民对住房除了存在情感寄托外，还有迫切的现实需求，这种迫切的现实需求除了体现为解决生活之需外，还体现在住房承载了"娶妻生子"的梦想。花重金修建住房"娶妻生子"成为很多父母对于孩子的"必需的说法""应有的交代"。根据刘广明博士的调查问卷，宅基地使用权及住房在农民所有财产中占据很大一部分，在 120 份调查问卷中，选择 40% 以下的仅有 5 人，选择 41%—60% 的有 27 人，选择 61%—80% 的有 76 人，选择 81%—100% 的只有 12 人。调查结果还显示，在贫困家庭中宅基地使用权及农村住房占家庭财产的比重较高，在富余家庭中占家庭财产的比重则相对较低，但从总体来看，在农村地区宅基地使用权及农村住房占家庭财产的比重仍然较高，在绝大多数农民心目当中，其拥有的价值最高的财产是宅基地使用权以及在宅基地上所见的农村房产。[②]

尽管在总体上农村宅基地使用权及在宅基地上建造的农村房产占农民家庭财产普遍较高，但抛开农村房屋不看，单就宅基地使用权而论，同等面积的宅基地因其所处位置、交通便利情况以及经济发展情况的不同，导致宅基地使用权的经济价值也差异较大。在大中城市城乡接合部、交通便利、工业基础条件优越、风景秀丽的区域，宅基地的流转需求大，在潜在利润的驱使下，一个宅基地的隐形交易市场已经悄然形成。在偏远的山村地区，宅基地使用权的取得几乎不需要成本，但在对宅基地进行平整却要花费大量的人力、财力和物力，这就导致此类宅基地使用权的经济价值较小；在同样偏远但地势平坦的农村地区，宅基地使用权隐形流转的价格通

[①] 刘广明：《农地抵押融资功能实现法律制度研究》，博士学位论文，西南政法大学，2014年，第 55 页。

[②] 刘广明、张俊慈：《"适度放活"视阈下宅基地使用权流转的理路探索与制度重构》，《世界农业》2021 年第 3 期。

常可以达到几万元；在城市郊区的农村，因交通便利、经济发展水平较高，宅基地使用权的隐形流转价格可以达到十万元到几十万元不等。由此可见，尽管在农民心目中普遍认为宅基地使用权及宅基地上修建的房屋是其价值最高的财产，但并不意味着所有的宅基地使用权都会被金融机构接受作为抵押物。换句话说，我们不应对宅基地使用权的经济价值进行单独衡量，抵押权的设置应综合考虑宅基地使用权及宅基地之上房屋的经济价值。从另一个角度来看，如果宅基地使用权和农村房屋的经济价值较小而不足以吸引金融机构，是否就意味着房屋所有人就失去了以这些财产进行抵押融资的机会？如果将对此有兴趣的小型金融公司甚至是个人吸纳进来，该问题是否又会迎刃而解呢？笔者在后面将对此展开探讨与论证。

二 宅基地使用权抵押在农村金融创新中的定位

在当前我国深化农村金融市场化改革的背景下，除了进一步推动农村金融机构的市场化改革，农村金融环境市场化改革也要得到重视。农村金融环境的市场化改革主要体现在金融创新上。鉴于宅基地使用权及宅基地之上的房屋是农村最有价值的财产，故宅基地使用权的抵押融资功能也最为显著，因此成为农村金融环境市场化改革的关键突破口，相关业务也成为农村金融创新的典范。宅基地使用权抵押业务在农村金融创新中的这种定位主要体现在以下几个方面。

（一）在很大程度上消解农村适格抵押品短缺的问题

前已论及，适格的抵押品的缺失，是农村金融出现安全性环境缺失的重要原因，对农民而言导致"贷款难"的问题，对于金融机构而言则出现"难贷款"的问题，两种问题同时存在。一方面，农业生产者为生产生活需要亟须资金支持，却被金融机构拒之门外；另一方面，金融机构闲余的资金无法贷出，即便金融机构有营利需求和支农愿望，但由于其贷款资金没有安全保障，这些金融机构宁愿资金闲置也不愿向农民发放贷款。"贷款难"和"难贷款"问题的并存，是因为农民提供的抵押品难以被金融机构认可，农村金融机构也因农民缺失适格的抵押品，而失去了其最为倚重的贷款业务。而通过前面论述可知，农民缺少金融机构认可的适格抵押品并不意味着农民没有财产可供抵押。事实上，农民所享有的宅基地使用权以及宅基地之上的房屋所有权无论是在物理稳定性还是经济价值方面，都可以用于向银行抵押贷款，只是由于现有法律条文的限制而不能用于抵押贷款。欲挖掘并实现宅基地使用权的财产功能,就要在法律层面解除宅基地使用权抵押的限制。概言之,宅基地使用权及农村房屋抵押贷款的开禁,将在很大程度上消解农村适格抵押品短缺的问题。

(二)将提升农村信用机制的功效

在某种程度上而言,市场经济又是信用经济。信用构成了市场经济运行的基石,信用关系的好坏直接关系到市场经济能否健康发展。我国农村地区较早之前就开始建设征信体系,并取得了一定的成绩,截至2017年3月末,全国累计建立农户信用档案数1.72亿户,评定1.22亿信用农户,累计已有近9233万农户获得银行贷款,贷款余额2.84万亿。[①] 中国银保监会于2021年4月份发布《关于2021年银行业保险业高质量服务乡村振兴的通知》,要求开展新型农业经营主体信用档案评级工作,力争在2023年底基本实现全覆盖。尽管如此,我国农村征信机制实际作用的发挥却并不明朗,对于广大农民而言其信用意识依然不强。这种结果的出现固然受到征信系统不健全、输血型扶贫和政策性信贷的负面效应以及计划经济的后遗症等多重因素的综合影响,但失信惩罚机制的缺失则是另外一个不容忽略的因素。当前我国的农村失信惩罚机制是一种原始的失信惩罚机制,是以个人名誉的损减为基础建立的,威慑力较差且不具有法律约束力,这就使得我国的农村信用环境不能在根本上得到改善。

信用关系的维系依赖于法律规范与道德约束这两种不同的机制。信用可被划为道德的范畴,故信用问题亦为道德问题,良好的信用关系的维护自然离不开道德力量的发挥。但是,在社会失信情况严重的情况下,仅仅依赖道德约束显然是不够的。此时,就需要在法律层面设计一套合理的失信惩罚机制来完善信用体系。从贷款者的角度来看,在法律层面对其设立必要的产权约束,是建立有效的失信惩罚机制的重要路径。毕竟,产权是构建信用制度基础,没有财产就没有信用,缺少产权的有效约束,就无法建立真正的信用体系。在我国现实法律体系下,农民可用于抵押的财产主要有农业生产设备以及土地产权,相对于农民的宅基地使用权以及农村住房,这些财产价值较小,即出现适格抵押财产缺失的情况,这便意味着农村的信用基础是不完整的。而建立宅基地使用权抵押制度,意味着可以农村房屋及宅基地使用权作为贷款抵押品。当债务人无法偿还贷款时,他就

---

① 中国银监会对十二届全国人大五次会议7185号建议的答复。

会丧失宅基地使用权和宅基地之上房屋的所有权,这对作为农民的债务人来说无疑是最有力的失信惩罚措施,这对建设有效的农村信用机制无疑也是大有裨益的。从另一个角度来讲,宅基地使用权抵押制度的建立,也使得农民摆脱了"有财产无信用"的尴尬境地,有助于提高农民信用意识。

(三) 将促进农村担保体系的完善

农村担保体系的滞后是农村金融安全性环境缺失的另一个重要原因。之所以出现这种情况,根本原因则是农村担保机构与农村金融机构面临着共同的难题,即在农民的主要财产的流转受到极大限制的情况下,农村担保机构在为贷款的农民提供担保服务以后要承担巨大风险,其自身的权益不能得到有效保障,也威胁到其持续健康的发展。这种不良状况必然影响社会资本进入担保领域的积极性。宅基地使用权抵押制度的形成与完善将在很大程度上缓解上述困境,一方面,农村担保机构为农民在金融机构的贷款提供担保,帮助其在贷款额度上最大化,从而解决其遇到的农业生产发展融资难的难题;另一方面,农民将其享有使用权的宅基地以及拥有所有权的农村房屋反向抵押给农村担保机构,在很大程度上化解了农村担保机构所要承担的风险,保障了农村担保机构正常的生存与发展需求,进而形成了一种良性互动机制。而且,与单纯的政府推动下的农村担保机构运行机制相比,宅基地使用权抵押制度推动下的担保机制更容易调动农村担保机构的积极性。

(四) 营利性环境的改善将调动农村金融机构的积极性

建立与完善农村宅基地使用权抵押制度,除了能推动农村金融机构运行环境的安全性的提高以外,对农村金融机构营利性环境的改善与提高也起到非常重要的作用,或者说农村金融机构的运行有了安全性保障以后,将促进农村金融机构的营利性。在农村金融市场,信息不对称的情况原本就尤为严重,再加之宅基地使用权及农村房屋流转之严格限制,使得信息不对称的情况更加严重。严重的信息不对称使得农村金融机构开展农村信贷业务的成本大幅度上升,也就使得其营利环境被弱化。由宅基地使用权等财产流转的限制所引发的农村金融机构运营成本的增加主要表现在以下几个方面:其一,抵押物的缺失使得农村金融机构为开展业务而进行的信息搜集成本增加。农村适格抵押物的缺失,增大了农村金融机构甄别贷款人信息时的难度,为了有效排除劣质借款人,规避金融贷款风险,农村金融机构不得不花费大量人力、财力与物力来审查和收集信息,这也就大幅度增加了农村金融机构的经营成本。其二,金融机构的签约成本也因抵押物的缺失而增加。在农村适格抵押物缺失的情况下,农村金融机构为在最大限度上降低交易成本,通常不会轻易发放大额贷款,而更倾向于发放小额信用贷款。由于小额信用贷款业务笔数较多且额度较小,就增加了农村金融机构的审批与签约费用。其三,农村金融机构的监督成本因以上情形的存在而随之增加。在抵押物缺失的情况下发放信用贷款也就意味着农村金融机构必须花费更多的人力、物力和财力进行后期的监控。[1] 宅基地使用权抵押制度的形成,一方面降低了农村金融机构的信息搜集成本、签约成本以及搜索成本。农村房屋不仅物理稳定性强经济价值高,而且在经济发展水平稍高的农村地区处置变现也比较容易,农村金融机构也能够根据借款人提供的用于抵押的农村房产大致判断其信用保障程度,大大降低了实地调查的时间成本和经济成本。宅基地使用权抵押业务的开展,也意味着在农村延长贷款期限和增加贷款额度,可以有效降低金融机构的内部审批成本。农民将其最有价值的宅基地使用权以及农村房屋用于抵押贷款,也就对其自身形成了有力的风险约束,提高了农村金融机构贷款资金的安全性,也就意味着大幅度降低了农村金融机构的监督成本。另一方面因为安全性得到保障,农村金融机构开展农村信贷业务的动力就会提高,进而从根本上改善农村金融机构的营利性。

第三节 宅基地使用权抵押及抵押权实现面临的困境

相较于其他农村产权抵押行为,中央对农民住房财产权抵押行为持更加谨慎的态度,这主要是考虑到农民住房及与其在物理形态上融为一体的宅基地之特殊性。随着土地承包经营权、林地使用权等其他农村财产权抵押试点工作取得显著成效,且在法律上将农用地承包权、经营权流转权利赋予了农民[2],规避了激进的废除集体所有制或土地承包制的改革思路[3],这符合农村改革的核心原则。国家也开始出台政策推动农民住房财产权抵

---

[1] 中国人民银行成都分行营业管理部课题组、谢萍:《从交易费用视角看农村产权抵押融资改革——基于成都案例的分析》,《西南金融》2011年第2期。
[2] 参见《农村土地承包法》第9条。
[3] 王冲:《农地"三权分置"改革的历史沿革及展望》,《西北农林科技大学学报》(社会科学版)2018年第5期。

押试点工作。部分地方政府经过几年的农民住房财产权抵押试点工作，积累了丰富经验。同时，不少地方的试点政策因未有效处理好宅基地资格权与使用权的关系，导致试点工作陷入困境。

一　前置条件限制了农民住房财产权抵押实践

在我国现有的法律法规环境下，宅基地在本质上是资格权的拥有，即以取得本集体经济组织成员的身份为前提。因此，宅基地使用权的流转范围仅限于本集体内部的成员。农民住房财产权抵押改革试点虽然在这方面有一定突破，但依然较为保守，突出表现则是在试点中设置一定的前置条件，以宅基地的身份性限制宅基地使用权的流转。重庆、成都作为全国统筹城乡综合配套改革实验区，在农民住房财产权抵押改革方面亦走在了全国前列。即便如此，成都地区的农民住房财产权抵押，亦规定有前置条件，主要为：拥有集体土地使用证、经过集体经济组织的书面同意、抵押人必须将宅基地使用权变更为集体建设用地使用权、承诺日后不再向集体申请宅基地使用权、承诺设定了抵押权的房屋可依法用于偿债、偿债后有适当的居所。重庆在农民住房财产权抵押改革试点中，设置有相似的前置条件，即拥有集体土地使用证、经过集体经济组织的书面同意、提供有适当居所的书面证明等。"集体经济组织的书面同意"这一前置程序设计便蕴含了浓厚的"身份性"思维，具有农民身份住导致的抵押权实现难这类前置条件，将部分有住房抵押意愿的农民拒之门外，这也与宅基地使用权的用益物权属性不相匹配。

二　抵押权实现的高风险性降低了金融机构的参与积极性

金融机构在农民住房财产权抵押制度中发挥着十分重要的作用，构建农民住房财产权抵押制度，需要构建与之对应的金融体系。从改革试点的地方实践来看，开展相关业务的主要金融机构是农村信用社和部分涉及农业业务的银行，国有银行、股份制商业银行等参与度很低。2019年"中央一号文件"要求，"打通金融服务'三农'各个环节，推动农村金融机构回归本源"。然而，基于对宅基地"身份性"的维护，抵押权实现时受让对象范围限缩，农民住房财产权抵押具有不确定性、高风险性，加之抵押获利空间有限，因此，金融机构开展农村抵押贷款业务动力不足。例如，在重庆的改革试点中，实现抵押权时，要先在本经济组织内部处理抵押物，无法得到处置时，由政府指定机构收购抵押物。① 在成都改革试点中，虽然通过权利性质的转换，在形式上扩大了受让人的范围。然而，在实际操作中，抵押物依然是在有限的范围内流转：如果抵押所涉及贷款额度高、住房面积大，由隶属于成都农业发展投资公司的农村产权抵押融资风险基金按照一定价格从金融机构手中收购宅基地使用权，然后再由风险基金进行下一步处置；倘若抵押所涉及贷款额度低、住房面积小，则由当地农村集体经济组织按照合理价格回购，再在本集体内进行流转。由此可见，成渝两地的农民住房抵押权的实现，总是在集体成员或集体经济组织之间旋转，大大地限缩了集体经济组织之外的主体参与。各地的改革试点大都也是如此。在农民住房抵押权实现时对宅基地"身份性"的维护，增加了金融机构的风险，降低了其参与积极性。因此，如何推动农村金融机构参与农民住房财产权抵押、提高其参与积极性，仍是农民住房财产权抵押需要着重解决的难题。

三 裁判依据的缺失使抵押权的实现缺乏司法保障

司法是当事人权益救济的最后一道防线。如果农民住房财产权抵押关系当事人的权益无法得到司法保障，该制度就不可能稳定发展。司法机关裁判是依据大前提，即以现有法律规定为基础。从现有法律规定来看，未禁止农民以住房进行抵押，但却明确禁止宅基地使用权抵押。就审判实践看，法官在审理相关案件时倾向于维护宅基地使用权"身份性"的不在少数，各地法院的司法指导意见和实践甚至推衍出"宅基地使用权流转的法律效力以认定无效为原则，以认定有效为例外的处理规则"②。轰动一时的北京画家村房屋买卖纠纷案③，二级法院均判决买卖合同无效，最后以宣告合同无效告终。"法院的无效判决，体现了对宅基地使用权身份性以及房地一体原则的固守。"④ 这种与农民住房财产权抵押改革试点地

---

① 参见《重庆市高级人民法院关于为推进农村金融服务改革创新提供司法保障的意见》第11条。
② 唐烈英、钟三宇：《宅基地使用权流转效力的异化与演进——基于立法与司法的比较》，《福州大学学报》（哲学社会科学版）2015年第1期。
③ 详情可见北京市通州区人民法院〔2007〕通民初字第1031号判决书与北京第二中级人民法院〔2007〕二中民终字第13692号判决书。
④ 王卫国、朱庆育：《宅基地如何进入市场？——以画家村房屋买卖案为切入点》，《政法论坛》2014年第3期。

区实际情况完全相反的认定，无疑大大打击了金融机构的积极性，损害了其合法权益。对农民而言，则容易引发道德危机，在事前故意以宅基地使用权抵押获得贷款，事后不能按时清偿债务时，将纠纷诉诸法院，请求法院认定宅基地使用权抵押无效。最终导致农民与金融机构信任的崩塌和对农民住房财产权抵押制度的破坏。

四 政府兜底性的风险分担机制"提高了"农民违约可能性

合理的风险分担机制是农民住房财产权抵押制度得以有效推进的保障。各地方在改革试点中纷纷建立了风险分担机制，但是，通过分析可以发现，既有的风险分担机制大多是以政府为主导建立的，具有明显的"官办"性质，主要方式是政府出资弥补金融机构因参与农民住房财产权抵押业务而造成的损失。笔者认为，该类风险分担机制在本质上是政府为农民的违约行为买单，根源在于政府过度强调农民住房的社会保障功能。同样以重庆和成都为例，其在政府主导下构建的风险分担机制，虽然可在一定程度上缓解信用风险，提高金融机构的积极性，增加宅基地使用权抵押的信贷供给，但也可能产生过度依赖政府的不良影响。由于该风险分担机制过于侧重对金融机构的保护，忽略了农民的风险，对如何分担农民住房财产权抵押的风险甚至处于空白状态。抗风险能力差的农民只能通过违约来降低风险，即政府兜底性的风险分担机制"提高了"农民的违约可能性。故而，从制度的长远运行来看，政府主导的风险分担机制绝非最佳选择。

第三章

宅基地使用权抵押的政策破局与实践探索

第一节 宅基地使用权抵押的政策破局

前已提及，我国原《物权法》《担保法》明确禁止以宅基地使用权进行抵押，《民法典》延续禁止宅基地使用权金融化的规定。我国当前各地开展的宅基地使用权抵押行为是农民及金融机构自主创新的产物，在取得良好效果后，通常再由地方政府在本地区开展试点工作。我国当前在各地存在的宅基地使用权抵押行为之所以未被取缔，是因为中央及地方通过出台或颁布政策及规范性文件给予了支持。

一 中央层面出台的相关政策

相较于土地承包经营权和林地使用权等农村产权抵押行为，中央对宅基地使用权抵押行为一开始是持更加谨慎的态度的。2010年的"中央一号文件"就提出了加强土地承包经营权流转管理和服务、规范集体林权流转，但并未提到宅基地使用权流转。这可能是中央考虑到宅基地使用权所承担的社会保障功能要比土地承包经营权更明显。不过，在中国人民银行同年发布的《关于全面推进农村金融产品和服务方式创新的指导意见》中就提出探索开展宅基地使用权抵押贷款业务，并要求经济发展水平较高地区的金融部门积极配合当地党委和政府组织的农房用地制度改革。

国务院于2013年7月发布的《关于金融支持经济结构调整和转型升级的指导意见》就提出"加大对'三农'领域的信贷支持力度"，鼓励银行金融机构探索包括宅基地使用权抵押贷款试点工作，并要求财政部、国土资源部、农业部等8部门按职责分工负责。其后，随着党的十八届三中全会提出"赋予农民更多财产权利"，各中央部门为落实这一要求，亦先后出台了一系列政策。其中，中国银监会（现国家金融监督管理总局）要求各政策性银行、商业银行按照中央精神，坚持试点先行，慎重稳妥开展农民住房财产权抵押融资试点，并提出几点要求[①]：第一，将农业化和城镇化较高的地区作为开展宅基地使用权抵押贷款试点的重点支持对象；第二，坚持依法自愿有偿原则，在试点时做到不改变土地集体所有的性质、不改变土地用途；第三，结合业务特点探索融资模式、完善业务流程；第四，注重风险评估及贷后管理，做好动态监测和贷款风险评估，加强贷后管理；第五，与地方政府加强协调配合，积极推动确权登记、评估流转以及融资风险分担和政策支持机制。国务院发布的《关于金融支持经济结构调整和转型升级的指导意见》，从"总体要求""试点任务"以及"组织实施"三个方面对包括农民住房财产权抵押贷款等金融改革创新提出意见，要求慎重稳妥推进农民住房财产权抵押试点。同年，中共中央办公厅、国务院办公厅印发了《深化农村改革综合性实施方案》，提出了宅基地改革的基本思路，要求对农民住房财产权作出明确界定，探索农民住房财产权抵押、担保、转让的有效途径。

二 地方政府出台的规范性文件

各地方政府为引导和规范本地区出现的宅基地使用权抵押行为，也出台了一些规范性文件。笔者亦搜索了相关规范性文件，并选取一些具有代表性的规范性文件予以阐述。

（一）重庆市与宅基地使用权抵押有关的规范性文件

重庆作为我国最年轻的直辖市，亦是全国统筹城乡综合配套改革实验区，其在宅基地使用权抵押方面的试点工作一直走在全国的前列。为推进重庆市统筹城乡改革和发展，2009年发布了《国务院关于推进重庆市统筹城乡改革和发展的若干意见》（国发〔2009〕3号），在"建立统筹城乡的土地利用制度"部分，要求严格农村宅基地管理，保障农户宅基地用益物权。此外还要求建立重庆农村土地交易所，用于开展土地指标和实物交易实验，旨在建立城乡统一的建设用地市场，并通过探索完善配套政策法规来规范土地使用权的转让。在"建立统筹城乡的金融体制"部分，

---

① 参见中国银监会于2014年2月发布的《中国银监会办公厅关于做好2014年农村金融服务工作的通知》。

提出大力推进农村金融产品和服务创新的要求，还要求探索建立农村信贷担保机制。为落实国发〔2009〕3 号文件，重庆市于 2010 年出台了《重庆市人民政府关于加快推进农村金融服务改革创新的意见》（渝府发〔2010〕115 号），提出全面推进农村居民房屋等产权抵押融资为核心的创新农村金融制度，并争取在 2012 年取得明显成效。为推进农村居民房屋等产权抵押这一具有创新性的农村金融制度，重庆市还提出了建立完善农村产权抵押融资风险补偿机制。具体而言，就是对重庆市的农业发展及补助资金进行整合，从而建立全市农村产权抵押融资风险补偿专项资金。倘若金融机构开展农村产权抵押融资业务并产生损失，可在损失额 30% 的范围内给予补偿。为落实渝府发〔2010〕115 号文件，重庆市又出台了《重庆市农村土地承包经营权、农村居民房屋及林权抵押融资管理办法（试行）》《重庆市人民政府办公厅关于开展农村土地承包经营权居民房屋和林权抵押贷款及农户小额信用贷款工作的实施意见》《重庆市农村房屋抵押登记管理办法》以及《重庆市农村居民房屋抵押登记实施细则（试行）》。以上规范性文件的出台，有效地规范和指导了重庆市的宅基地使用权抵押行为，取得的社会效益与经济效益十分明显。

（二）成都市与宅基地使用权抵押有关的规范性文件

同样作为全国统筹城乡综合配套改革实验区的成都亦在全国较早开展了宅基地使用权抵押试点工作，并出台了一系列规范性文件。在 2009 年公布的《成都市统筹城乡综合配套改革实验总体方案》中就提到了在成都市开展农村集体建设用地使用权流转实验，要求在明确农村集体所有权的基础上，探索农村房屋产权流转的办法和途径。为落实上述文件，成都市又出台了《成都市农村房屋抵押融资管理办法（试行）》，从抵押人和抵押权人、贷款申请、抵押登记、债权实现等方面对本市的农村房屋抵押行为进行了规范和引导。此外，成都市政府办公厅还发布了《转发市政府金融办等部门关于成都市农村产权抵押融资总体方案及相关管理办法的通知》《市财政局市政府金融办关于成都市农村产权抵押融资风险基金筹集与使用管理暂行办法的通知》。其中，后者旨在通过农村产权抵押融资风险补偿机制的建立来对金融风险进行防范，从而推动农村产权抵押融资工作的开展。而所谓的农村产权抵押融资风险基金，在资金来源上由市政府和区（市）县政府按照一定比例共同出资设立，风险基金的用途则是用于收购为清偿到期债务而经抵押双方协商一致处置的包括宅基地使用权在内的农村产权。除上述文件外，成都市出台的与宅基地使用权抵押有关的规范性文件还有《关于成都市农村产权抵押融资总体方案》《成都市集体建设用地上房屋抵押登记（暂行）规定》。以上规范性文件均突破了既有法律条文有关禁止农村宅基地使用权抵押的规定，为成都市宅基地使用权抵押提供了新的途径。

（三）浙江省与宅基地使用权抵押有关的规范性文件

浙江省在全国较早开始自下而上探索宅基地使用权抵押活动，早在1987年瑞安市的农村信用联社就将农民住房视同城镇住房办理抵押贷款，这种行为甚至缺少政策上的支持。为推动自下而上探索出的宅基地使用权抵押活动，各市纷纷出台规范性文件予以指导和规范。嘉兴市在2007年10月就出台了《农村合作金融机构农村住房抵押借款、登记管理暂行办法》，尝试农村住房抵押贷款，并且经过近一年的试点取得较好的效果，于次年10月在全市农信社系统全面展开。类似的规范性文件还有台州市出台的《关于开展农村住房抵押贷款试点工作的意见》、海宁市出台的《海宁市农村住房抵押贷款管理试行办法》等。浙江省于2008年4月召开了全省金融工作会议，特别强调全省将在抵押权担保问题上进行多项尝试，这无疑推动了全省宅基地使用权抵押活动。

（四）安徽省与宅基地使用权抵押有关的规范性文件

作为全国农业大省的安徽省，在"三农"改革方面一直走在全国的前列。农村地域广、农业人口众多、农村经济发展面临资金短缺和融资难的困境，这是安徽省的现实状况。为打破融资难的困境，安徽省不少地区也在尝试开展农村产权抵押活动，并出台了相应规范性文件。其中，宣城市是在全省率先开展宅基地使用权抵押试点的地区，并出台了《农村房屋发证与抵押流转改革试点工作实施意见》对相关活动予以规范，宣城市也因此成为全省其他地区的典范。除宣城市外，铜陵市也开展宅基地使用权抵押试点，为规范和引导相关行为，铜陵市印发了《铜陵市农村房屋抵押融资管理办法》。

第二节　宅基地使用权抵押的地方实践

随着我国城市化进程的不断发展，城市与农村的联系越来越紧密。过去农村与城市人口之间极少流动、宅基地只有居住功能的状态已有被打破的趋势。一方面，许多农民在观念上受到市场经济的影响，不再固守传统观念，除了农业生产之外，许多农民开始关注商品经济，参与到市场经济的发展潮流中，由此产生了融资的需求。另一方面，由于大量农村人口开始往城市发展，许多农村的宅基地基本处于闲置状态，农村人口在城市获得发展，对生活质量也提出了更高的要求，由此为农村宅基地抵押提供了现实条件。在这样的背景下，农村和城市紧密联系在了一起，有些农民对宅基地抵押融资的需求日益突出，宅基地的财产价值也开始引发了许多学者的关注和讨论。从现有法律规定而言，农村宅基地使用权抵押无疑是无法实现的，农村宅基地的交换价值处于被抑制的状态。但从2007年开始，《物权法》一方面禁止了宅基地抵押，另一方面又规定了"法律可以抵押的除外"，这可以看出对宅基地抵押政府呈现放宽的趋势。从社会实践来看，在国家政策的指导下，宅基地抵押流转的试点工作在许多地区呈现"遍地开花"的趋势，这些地区包括成都、重庆、福建、浙江、广东等，通过这些试点，旨在探寻宅基地抵押的规范路径，探索既能满足农民的农资需求，又能对其基本生活予以保障的宅基地抵押制度，从而促进农村，乃至我国经济的发展。笔者选取了几个典型的试点地区，对其进行深入研究，总结经验并挖掘其存在的问题。

一 成都探索

成都于2007年成为全国统筹城乡综合配套改革试验区，2008年成都市发布《关于加强耕地保护进一步改革完善农村土地和房屋产权制度的意见》，提出要进行农村房屋和产权流转试点，并且明确了其流转的范围。同年，成都出现了全国第一个开展利用宅基地、农村房屋抵押融资担保业务的担保公司。2009年在国务院《成都市统筹城乡综合配套改革实验总体方案》[①] 的指导下，开始了农村房屋产权流转实验的道路。2009年底，成都市农村产权抵押融资改革全面开始了。为了保障上述文件的具体落实，成都政府金融办、市国土局、市房管局颁发了《成都市农村房屋抵押融资管理办法（试行）》。该文件较全面地对成都市农村房屋抵押进行了初步的指导和规范。成都市政府还颁布了《市财政局市政府金融办

---

① 该文件允许成都在几大领域进行改革，改革的内容包括构建新型的城乡形态，建立"三农"互动企业机制，探索保护耕地、节约土地的机制，农民到城市转移机制，构建系统的城乡金融体系，促进城乡一体化就业、社会保障等。

关于成都市农村产权抵押融资风险基金筹集与使用管理暂行办法的通知》，力图建立农村产权抵押融资风险补偿机制，为成都农村的宅基地抵押融资工作保驾护航。成都市还出台了《关于成都市农村产权抵押融资总体方案》《成都市集体建设用地上房屋抵押登记（暂行）规定》，对成都宅基地使用权抵押工作进行规范。在这一系列文件的指导和规范下，成都市进行了宅基地使用权抵押试点。

在成都市农地抵押融资改革创新中，遵循着一系列的原则。这些原则是规定于成都市农村产权抵押融资总体方案中的，对于宅基地使用权抵押融资也有重要的指导作用。具体包括以下几方面：第一，以市场为导向，以政策为支撑。对于宅基地使用权抵押融资而言，政府秉持的是鼓励的态度，鼓励农民依照其自身需求进行抵押融资。同时，为了保障宅基地使用权抵押的顺利进行，政府制定了相应的配套措施。例如，2008年成都市政府就曾提出，当前农村土地产权市场仍然不成熟，为保护农村集体经济组织的利益，由政府发布最低保护价或者指导价。第二，保障农民的基本生存权。宅基地使用权抵押融资之所以一直被抑制，在很大程度上是因为宅基地涉及农民最基本的生存保障权利，一旦农民由于不能按期清偿债务，可能引发民生问题或群体性事件。成都市在宅基地使用权抵押各方面保障农民基本生存权利，例如要求农民必须承诺一旦抵押的房屋和宅基地被执行用于清偿债务，自己仍有合适的住所。第三，保障农村金融机构的合法权益。债权到期后，金融机构的抵押权能否顺利实现，关系到农村金融机构开展农村产权抵押融资的积极性，因此对金融机构的合法权益应予以保护，同时引导金融机构积极开展宅基地使用权抵押融资业务。第四，坚持稳步、谨慎原则。农村宅基地使用权抵押融资工作政策性强，并且基本属于摸石头过河的阶段，成都市在改革中既积极创造改革的条件，同时也采取谨慎的态度，考虑各方面可能的风险。

成都宅基地使用权抵押建立在自愿互利、公平和诚实守信原则的基础之上，即民法的基本原则在宅基地使用权抵押中应当得以坚守。成都市宅基地抵押融资是在"房地一体主义"原则下与农村房屋抵押融资捆绑在一起的，换言之，农村房屋抵押之后，即使抵押人未将宅基地办理抵押，房屋所占宅基地视为一并抵押。因此在大致规范内容上，与农村房屋抵押融资没有太大差异。根据成都市的规定，农村房屋抵押融资是指借款人向金融机构申请贷款时，可以以自己或者第三人的农村房屋作为担保，未经农村房屋抵押权人的同意，该房屋不得转让，除非受让人代为清偿债务。当债务人不能履行债务时，抵押权人可以就该农村房屋享有优先受偿的权利。

　　成都宅基地使用权抵押的具体落实，主要包括以下几个环节：第一，必须拥有《集体土地使用证》，若希望通过宅基地使用权进行融资，必须具备的第一个条件即是取得集体土地使用权证。第二，抵押人必须将宅基地使用权变更为集体土地使用权，办理集体建设用地使用权的出让，同时，还需要到国土资源管理部，办理集体建设用地使用权登记。只有具备这一系列先决条件，才能进行宅基地使用权抵押融资。换言之，事实上成都市通过将宅基地使用权转为建设用地使用权的方式，规避了法律对宅基地使用权抵押的禁止，但"必须将宅基地使用权变更为集体土地使用权"这一规定在2009年的《成都市集体建设用地上房屋抵押登记（暂行）规定》中被取消。第三，抵押人必须履行两个承诺。首先承诺日后不再向集体申请宅基地使用权；其次承诺设定了抵押权的房屋，在被依法偿债之后，有合适的居所，该举显然是为了保障农民最基本的生存权益。第四，贷款申请。农民作为借款人向金融机构提出贷款申请时，必须提交的资料包括主体资格资料证明，家庭经济情况，借款用途，抵押物清单、状况以及房屋所有权证和集体土地使用证。此外，还需要集体经济组织的书面证明，同意在贷款人不能履行债务时，处置抵押物的意见书等相关材料。将农村房屋与宅基地一同抵押，进行融资，需要集体经济组织的同意。究其原因，有学者认为宅基地使用权的性质具有保障性，并且是农民无偿取得的，因此将其进行抵押需要经过集体经济组织的同意。第五，宅基地使用权价值评估。具体而言可以由当事人自由协商，也可由专业的评估机构评估。在实践中通常是与宅基地使用权上的房屋一同评估。第六，抵押登记。成都并没有专门针对宅基地抵押进行专门规定，但原则上宅基地抵押应当依法办理抵押登记。根据"地随房走"的原则，即使宅基地抵押未办理抵押登记，应当自动视为已经登记。[①] 第七，农村产权抵押融资风险基金。在成都市改革过程中，为了防范金融风险，建立了农村产权抵押相关的风险补偿机制，设立了风险基金。所谓的风险基金是指，由市、区、

---

① 登记制度涉及农村产权抵押融资的基础性问题，成都市政府也是格外关注，例如其于2008年就在全市进行农村产权确权、登记和颁证工作，到2010年年中该项目基本完成，为农地抵押融资改革奠定了基础。

县政府按照一定的比例出资设立，以收购债务到期的被抵押的农村产权。具体而言，对于农村产权抵押融资所导致的损失，风险基金承担80%，银行承担20%。在此优惠政策下，成都农商银行、成都银行、小额贷款公司和村镇银行都开展了农村产权抵押贷款业务。但成都市将风险基金的收购范围，限制为不能偿还债务的被抵押房屋和被抵押土地承包经营权，并不包括宅基地。

二 重庆探索

重庆与成都相邻，早在2009年，重庆也开始了一系列宅基地使用权融资的制度创新，将农村房屋抵押纳入农村农民抵押融资的范围。作为全国统筹城乡综合配套改革试验区，2009年重庆就确立了"严格农村宅基地管理，保障农户宅基地用益物权"的基本原则，该原则的确立意味着重庆对宅基地使用权抵押也是采取严格的政策，在试点过程中注重保护农户的基本权益。2010年重庆出台了《重庆市人民政府关于加快推进农村金融服务改革创新的意见》，主张建立创新型的农村金融制度，为农村产权抵押融资创新制度创造条件。2010—2011年，重庆又针对农村土地承包经营权、农村房屋抵押、农村房屋抵押登记等出台了一系列管理办法和实施细则，为重庆的宅基地使用权抵押融资提供了规范性指导，推动了重庆宅基地使用权抵押融资制度的发展。

重庆目前也没有宅基地使用权单独抵押融资的制度，基本上仍然是以宅基地上面所建房屋抵押之后，根据"地随房走"的原则，将宅基地进行抵押的。具体而言，重庆宅基地使用权抵押制度包括以下几方面：第一，宅基地抵押权的设立。对于农村房屋的抵押，采取登记设立主义，农村房屋抵押权自登记时设立。而宅基地在农村房屋抵押之后，房屋所占范围的宅基地使用权视为一并抵押，未登记的应当视为已经登记。因此，可以认为宅基地抵押权自房屋抵押登记之后也随着设立了。农村房屋抵押登记机构为房屋所在地的房屋登记机构。对于办理了房屋抵押登记的，应当印发农村房屋抵押权证书，但对于宅基地抵押权证书，尚无相关规定。第二，集体经济组织的同意。当事人在办理抵押初始登记时，必须证明集体经济组织同意将土地使用权抵押，并于债务不能到期清偿时，处置、转让该土地使用权。第三，其他适当居住场所的书面证明。与成都规定有细微差别，重庆直接要求抵押人必须提供有其他适当居住场所的书面证明，而不仅仅是承诺。

经过几年的实践，重庆还针对"三权"①抵押融资进行了相关配套设施建设，主要有以下几方面：第一，确认产权。产权的明确化对农村产权抵押融资是基础性的，重庆在"三权"抵押制度构建中，对需要办理抵押贷款的"三权"，允许其优先确权，并颁发相应的产权证。早在2010年，重庆就开始逐户对农村产权进行摸底和调查，对调查清楚的农村产权进行确权和颁发证书。此外，重庆在确权的同时，还开创性地对农村产权进行了量化，使"三权"的权属更加明晰。例如将宅基地量化为财产权时，财产总额85%归农民，15%归集体经济组织。将承包经营地和林地量化为财产权时，财产总额80%归农民，20%归集体经济组织。第二，构建完善的市场体系。包括资产流转体系以及资产评估体系，前者例如农村土地交易所、农村林权交易平台、农村土地流转服务机构等。后者例如组建各类的农村资产评估机构。第三，开展保险业务。重庆作为全国保险创新发展实验区，"三权"抵押中也积极创造和利用条件，扩大保险业务的范围，鼓励贷款保证保险，鼓励抵押人和抵押权人积极投保，降低风险。第四，注重信用和法制建设。在"三权"抵押融资中，重庆一方面注重开展诚信教育和诚信档案建设；另一方面积极完善司法条件，利用司法措施保障"三权"抵押中各方当事人的合法权益。第五，完善"三权"抵押金融风险处理机制。一方面，对"三权"抵押贷款所产生的不良资产，重庆组建农村资产经营管理公司，明确抵押物应当在集体经济组织内优先转让的原则，在本集体经济组织无法处理的情形下，由农村资产经营管理公司进行收购或流转；另一方面，由市、区县两级设立风险补偿基金，对因"三权"抵押遭受损失的银行进行35%的补偿，该35%补偿中20%由市级承担，15%由区县承担。②以此鼓励农村金融机构开展"三权"抵押贷款业务。

经过几年的探索，据相关数据统计，到2013年年末，重庆"三权"抵押贷款累计达到319亿元，贷款余额达到217亿元，不良率只有0.05%③。另外，截至2015年3月末，全市已累计实现农村产权质押融资

---

① 指农村土地承包经营权、林权和宅基地使用权。
② 参见《重庆市人民政府办公厅关于开展农村土地承包经营权居民房屋和林权抵押贷款及农户小额信用贷款工作的实施意见（试行）》。
③ 张莎：《刘建忠代表：推进农村产权抵押融资，解决农村贷款难》，《重庆日报》2014年3月12日第3版。

713.6亿，同比增长32.2%（余额308亿元）。[①] 从总体上来说，重庆的农村产权抵押融资创新取得了较好的经济效益和社会效益，宅基地使用权抵押融资也积累了丰富的经验。

三　浙江探索

浙江省一直是全国经济的领头羊之一，经济活跃和不断改革创新是其显著的特点。在这样的背景下，即使没有政府的参与，从1980年开始浙江省内部分地区就在当地金融机构主导下，开始尝试农村房屋抵押贷款，例如温州、湖州、嘉兴等。但是，农村产权抵押融资毕竟政策性极强，在政府缺位情况下该项目难以进行。2007年，浙江省嘉兴市政府首次以政府主导的模式，正式启动了农村房屋抵押融资试点。2008年，浙江省政府金融工作会议明确提出要开展农村房屋抵押融资试点，强调全省将在抵押权担保问题上进行多项尝试。在此背景下浙江省的农村产权抵押在全省范围内逐渐展开。

从整个浙江省来看，根据相关数据显示，至2013年年末，浙江省已经有多达70%的市县参与到农房抵押贷款试点中。其他地方虽然没有出台相应的农房抵押贷款试点政策，但于政法报告、会议纪要等文件中都已经广泛提及。2009年，台州市政府开始进行农村房屋抵押贷款尝试，台州农信作为第一家农村金融机构，参与到该尝试中，之后陆续推出了其他农村产权的抵押贷款业务。至2015年，浙江省土地经营权、林权和农村房屋抵押贷款余额总额达204.16亿元。具体而言，浙江省在农村产权抵押融资试点中主要包括以下几个环节：第一，确权。在农村产权抵押贷款试点中，浙江省将确权作为第一步。例如对农村产权进行重新确权、登记和颁发证书。到2015年年中，全省大范围开展了土地确权、登记簿完善的工作，整个浙江省宅基地发证率达到了85.8%。[②] 2016年以来，该数据在90%以上，宅基地使用权确权工作的进行，为农村财产权（包括宅基地使用权）抵押和转让试点工作创造了条件。第二，建立农村产权评估和流通机制。缺乏产权和流通机制，在抵押权实现的过程中将困难重重，为此，浙江省对该问题十分重视，2014年浙江省政府就提出两大目标：一是2015年年底前建立县级农村产权流转交易中心，二是2017年要建立

[①] 重庆市金融工作办公室关于市四届人大三次会议第0647号建议的复函。
[②] 杨军雄：《农房田地山林变"票子"》，《浙江日报》2015年8月31日第10版。

较为完善的农村产权流转制度。根据浙江省农办提供的数据来看，浙江省2015年8月已经建立73个农村产权流转交易市场，80%以上实现了覆盖。流转市场的建立使农村房产抵押信息畅通，也使农村产权抵押融资有了后续保障。

从部分市级来看，以浙江省嘉兴市为例，嘉兴市农村房屋抵押制度主要包括以下内容：(1)抵押的房屋应有权属登记。农村房屋抵押的前提条件是必须经过房地产登记机关权属登记，并取得房屋权属证书。若房屋属于共有的，应当由共有人一同申请登记，并且该权属证书上须注明"此证仅用于向农村金融机构办理抵押贷款使用"。(2)抵押登记。办理房屋抵押登记需提供身份证明、借款合同、抵押合同、集体土地使用权证和房屋所有权证等，涉及共有房屋还需其他共有人书面同意。(3)贷款申请。借款人必须向金融机构提供身份证明、抵押物所有权证明资料，以及抵押人对抵押物同意处置的承诺。(4)农村房屋抵押需要经过房屋所在地的村民委员会同意。(5)抵押物的价值评估。可以由当事人自由商定，也可以由具有房地产评估资质的中介机构进行评估。(6)财产保险。原则上，农村房屋抵押贷款的，应当由抵押人办理保险。

2015年12月，浙江省义乌市发放了第一单以宅基地作为抵押的贷款[①]，引起了全国的关注。在此之前，义乌市就通过调研，了解农民对宅基地的三大诉求：一是能有一安身之所。二是农村住房成为家庭财产的增值部分。三是农村住房能拥有完全产权，能够进行抵押。因此，在义乌市宅基地抵押试点改革过程中，主要做了以下几方面工作：第一，统一宅基地登记。在政府主导下，义乌市组建了不动产登记局与不动产登记中心。根据数据统计，至2016年7月，义乌市共颁发44236本不动产产权证书，各类抵押登记办理18904宗。第二，建立农村产权交易平台，为宅基地抵押的处置和流转提供了条件。第三，建立农村产权价值评估机制。实行一次评估，三年有效的制度，同时，建立第三方价值评估机制，公平公正地对农村产权进行评估，保障农民的合法权益。第四，农村产权抵押物处理机制。在义务试点过程中，对于不能按期偿还债务的农民，在保证农民基本住房条件下，允许金融机构多途径实现抵押权，并创新地推出专设机构

---

① 参见陈健、马丽红《浙江农村宅基地抵押贷款"破冰" 为农民创业融资开辟新路径》，《浙江在线》2016年1月6日第6版。

收购，挂牌流转等新型处置方式。第五，建立农村产权抵押贷款风险补偿机制。例如设立了风险补偿基金、给予担保公司一定的补贴、通过农村土地产权交易平台提供担保等，降低农村金融机构的风险，鼓励农村金融机构开展宅基地抵押业务。第六，对农村金融机构采取扶持兼顾监管的政策。义乌市对符合条件的农村金融机构，采取货币支持政策，对首期专项贷款的限额设置为1亿元，之后根据需求逐渐提高。当然在义乌市改革试点中，部分规则仍然没有突破，例如被抵押宅基地的流转范围，目前仍然限于在本集体经济组织内流转，如何真正实现宅基地的财产价值，义乌市仍在不断地探索。

温州素有"农村改革试验田"之称，早在2000年以前，温州就开始进行了农村产权融资改革的探索。主要方式为以下两种：第一，农民以房产证、土地使用权证和村民委员会抵押认可书向农村金融机构申请贷款。第二，农村金融机构放贷数额有限制。即通过对农村房屋价值进行市场估价，农村金融机构审核后，只能以估值的50%—70%发放贷款。如今，在温州办理农村房产抵押贷款门槛低，费率也有优惠。只要通过以下几个流程便可获取贷款：（1）贷款申请。借款人到农村金融机构填写申请表，写明借款用途、数额、期限等。（2）提供备审材料。例如身份证明、户口簿、房屋产权证等，包括若房产被实现抵押权之后，有第三人提供居所或适当居所的书面承诺。（3）贷款资料审核。农村金融机构对贷款申请和相关材料进行审核。（4）实地评估。资料初步审查通过之后，由银行认可的评估机构，到农村进行实地勘测和考察，以评估农村房屋的价值。（5）再次申报。评估完成之后，农民需将评估相关材料送至农村金融机构审核。（6）借款合同公证。该措施显得很有特色，贷款人和金融机构之间的借款合同必须经过公证，作为农村金融机构放贷的前提之一。（7）抵押登记。经过房屋管理部门登记，完成抵押手续之后，银行就能放贷，农民就能进行相应的融资了。

从整体上来看，浙江省的宅基地抵押试点已经走在全国前列，积累了丰富的经验，也初步形成了宅基地抵押制度体系，这使农民的融资渠道大大增加，在促进农村经济快速发展的同时，又较好地控制了宅基地抵押贷款中存在的风险，兼顾了经济效益和社会效益。

四　安徽探索

安徽省作为我国的农业大省，其在"三农"方面的改革在全国也处于领先地位。早在20世纪90年代，安徽省宣城市就开始了农村房屋产权登记试点。2000年之后，安徽省宣城市宣州区农村房屋抵押贷款开始增多。2011年，安徽省宣城市宣州区成为农村房屋发证和抵押流转改革的试点。2009年，安徽省铜陵市也开始启动了农村宅基地使用权证的登记和发证工作，国土资源管理部门经过实地查看、量取和验收，发现并查处了违章乱建的现象，对合法宅基地权益予以保护，全市宅基地使用权登记和发证工作于2011年基本完成，为铜陵市农村宅基地抵押试点打下了基础。2012年，安徽省铜陵市发布了《铜陵市农村房屋抵押融资管理办法》，对铜陵市农村房屋和宅基地抵押试点工作进行了规范性指导。

安徽省宣城市宣州区的农房抵押贷款试点工作并不顺利，由于宅基地使用权抵押面临《担保法》《物权法》和《土地管理法》的束缚，宣州区的农房抵押贷款试点面临许多障碍。特别是司法部门对农房抵押贷款不认可，一旦贷款不能按时清偿，农村金融机构主张的抵押权经常无法实现，开展农村房屋抵押贷款的农村金融机构承担着巨大的风险，这大大打击了其积极性。为此，宣州区政府推行了一系列措施，来推进农村房屋和宅基地抵押贷款试点工作，主要包括以下几方面：第一，加强贷款资格的审查。贷款的审核由农村金融机构和房管部门共同负责，在参照城市房屋抵押贷款登记办理要件的前提下，不仅要求抵押人提供房屋评估价值的证明、集体经济组织同意抵押的证明材料之外，还要求将房屋过户到农村银行金融机构。除此之外还加强了对抵押人贷款账目的管理，防止不良资产的增多。第二，由政府出资，建立风险补偿基金。与各地相同，为了降低金融机构的业务风险，安徽省宣城市宣州区政府通过建立农村房产抵押贷款风险基金，对农村金融机构因农村房产抵押业务产生的不良资产给予适当补偿，一次性降低农村金融机构的风险，调动其参与积极性。第三，放松还贷方式。对于不能按时清偿债务的农民，并不是一到期限就积极行使抵押权，而是通过乡村司法所、村委会、农村金融机构共同对抵押人进行劝说，鼓励其分期还贷。

安徽省铜陵市农村宅基地抵押试点起步相对较晚，但由于借鉴其他地区农村房屋和宅基地抵押试点的相关经验，规定较为具体，主要包括以下内容：第一，抵押条件。将农村房屋抵押需具备三个条件，首先必须拥有集体土地使用权证与房地产权证，并有集体土地所有人书面同意。其次，必须承诺该房屋被处置之后还有其他适当的居所。最后，必须履行将房屋占地范围的宅基地使用权变更为建设用地使用权的手续，并且承诺以后不再向集体经济组织申请宅基地。第二，贷款申请。抵押人向农村金融机构提交贷款申请时，需提交身份证明、收入情况、借款用途、抵押物权属证书和权属情况等，总体上而言审核较严格。第三，抵押物价值评估。由当事人协商或双方共同认可的具有评估资质的房地产公司评估，并且对房屋和占地范围内的宅基地使用权一同评估。第四，抵押保险。对于农村房产抵押贷款，铜陵市并未强制要求办理抵押保险，但若双方约定办理保险的，保险手续应由抵押人办理并且自行承担抵押保险费用，与此相对应，抵押保险的第一受益人只能为抵押人，在抵押期间，抵押保险不能撤销。第五，房屋他项权证。在铜陵市农村房屋抵押贷款中，农村金融机构发放贷款的前提之一是取得房屋他项权证，因此，在实践过程中，房屋登记机构应当先为抵押权人办理房屋他项权证，金融机构结合贷款合同和抵押合同再进行贷款发放。以上是铜陵市农村宅基地抵押试点的基本内容，其他方面与其他地区大同小异，不再赘述。

五 广东探索

广东省农村宅基地抵押试点正式起步相对较晚。但实际上，作为一个富有创新精神的南方省份，广东省也较早由民间自发开始进行了农村产权改革。2007年，广东省江门台山就出现了以农村土地承包经营权作为质押的贷款模式。宅基地实际上也开始在市面上以各种方式流动。2012年，在国务院出台的《广东省建设珠江三角洲金融改革创新综合实验区总体方案》的指导下，广东省根据国家规定的试点范围、抵押登记、抵押期限和抵押权实现等具体规定，开始进行农村宅基地抵押试点。广东省将农村宅基地使用权抵押贷款和土地承包经营权抵押贷款作为农村金融改革的突破口，其目的是使更多的金融资源注入农村，促进土地的资本化、证券化和信贷化，真正落实农村居民的资产性收益。2012年年初，广东省云浮市"两会"提出，要扩充农村贷款消费，激活农村贷款市场。2012年5月，广东省郁南县发布了《郁南县农村建房抵押贷款工作指引（施行）》，对农民宅基地抵押贷款建房试点的规则做了详细规定。2013年，广东省梅州、湛江、云浮、中山等地，纷纷响应号召，开启了农村金融改革创新道路。

在现有政策条件下，广东省主要通过以下几种方式，探索农村金融资本化路径：第一，政府出资成立农村担保公司，农民将其农村资产抵押给担保公司，然后担保公司另行提供担保，向农村金融机构申请贷款，帮助农民实现融资。第二，政府主导建立农村产权流转平台，畅通信息渠道，为农村产权流转创造条件。第三，引入信托公司，农民将其享有的土地经营承包权委托给信托公司，信托公司通过对土地承包经营权的管理，将收益作为担保，使农民能向农村金融机构申请贷款。

云浮市郁南县是广东省宅基地抵押试点的典型，2012年，郁南县便与农村金融机构合作，率先进行宅基地抵押贷款建房的试点。[①] 在该地的宅基地抵押试点中，具有以下几方面内容：第一，贷款条件。需要郁南县籍的户口本，并且拥有55%以上的建房款。第二，信用要求。为了防范贷款风险，郁南县对宅基地抵押贷款者提出了信用要求，在信用上有不良记录者，不能申请贷款。第三，贷款用途。与其他地区宅基地抵押贷款不同，郁南县将贷款用途限制于只能用于自建房屋。第四，贷款金额。该贷款金额较小，一般不超过5万元，最高限额为8万元。第五，抵押范围。由于该贷款目的是用于建造自有房屋，因此，房屋尚未存在，抵押物只局限于宅基地使用权。从整体上来看，郁南县的宅基地抵押试点是较为狭隘的，但在宅基地单独抵押上，在全国范围内是具有突破性的，这对以后宅基地使用权单独抵押具有重要借鉴意义。第六，贷款的发放。对宅基地使用权抵押贷款加强监管的另一方面，表现为限制贷款的发放，农村金融机构将对贷款人进行现场考察，根据房屋的工程进度发放贷款。同时，该款项直接支付给建材供应商，贷款农民并未经手。如此严格的条件，目的在于保证专款专用，也能减少贷款产生的利息。第七，引入第三方担保机构。在郁南县政府的主导下，郁南县国鑫投资有限公司加入到宅基地抵押贷款试点中，作为担保者的角色，贷款人提供了相关资产，作为反担保。通过该措施，大大降低了银行的贷款风险。截至2012年11月，郁南县宅基地抵押贷款建房申请已经超过200份，金额高达785万元，已有107户通过了审核获得贷款。[②] 总体上来说，广东省的宅基地抵押试点也为全国其他地区积累了重要经验，特别是郁南县的做法，被许多地方借鉴和模仿。

---

① 在广东省郁南县抵押贷款建房试点中，除了宅基地，农村经营承包权和林权也可以通过抵押，获取建房贷款。

② 参见陈清浩《郁南尝鲜"建房抵押贷款" 先行先试激活农村金融》，《南方日报》2012年11月14日第8版。

第三节 宅基地使用权抵押地方实践评析

一 宅基地使用权抵押地方实践的经验归结

宅基地使用权抵押虽然在我国目前仍面临许多障碍，但随着城市化的加快和农村经济的快速发展，我国部分地区已经纷纷开始了宅基地使用权抵押试点，这些试点总体上得到了国家的重视和肯定，并为将来宅基地抵押积累了宝贵经验。从上述对成都、重庆、安徽、浙江、广东的宅基地使用权抵押实践中，可以归结出以下几点经验。

（一）宅基地土地属性的转化

所谓宅基地土地属性的转化，是指在宅基地使用权抵押实践中，不直接将宅基地使用权抵押，而是在将其宅基地使用权转化为建设用地使用权以后，再进行抵押。例如成都宅基地使用权抵押实践中，除了要求抵押人承诺不再申请宅基地、承诺抵押权被实现后有合适住所等前置条件外，更直接规定了在办理宅基地使用权抵押前，应事先将宅基地使用权变更为建设用地使用权。① 在安徽省铜陵市农村宅基地抵押试点中，农村房屋抵押的前置条件之一也是将房屋占地范围的宅基地使用权变更为建设用地使用权。我国目前《民法典》《土地管理法》《担保法》等都明确禁止了宅基地使用权的抵押权能，即使在农村产权抵押试点过程中，相比于土地承包经营权、建设用地使用权，宅基地使用权抵押也极少有直接的规范。因此，这种先转化再抵押的行为，实际上规避了现有制度对宅基地使用权抵押的问题，将宅基地使用权抵押问题转化为建设用地使用权抵押问题。这种方式是否合理仍值得探讨，长期施行可能会导致农村宅基地使用权大量减少，如果没有相应的配套措施，保障农民的居住生活保障，可能将存在问题。但其仍为一种创新经验，可以给日后宅基地使用权抵押政策的制定提供一定的参考价值。

（二）宅基地跟随农村房屋一并抵押

上述各地宅基地使用权抵押试点过程中，基本没有脱离"房地一体"原则，即通常没有直接的规范对宅基地使用权抵押作出规定，而是规定了

---

① 2009年《关于成都市农村产权抵押融资总体方案及相关管理办法的通知》。

农村房屋抵押的各种条件和程序，经由农村房屋的抵押实现宅基地使用权的抵押，当抵押人不能按时清偿债权时，将宅基地使用权同农村房屋一并处置。例如成都、重庆、安徽、浙江等地出台的规范中，都没有直接涉及宅基地抵押的文件，宅基地都是跟随着农村房屋的抵押而抵押。这种模式是由我国目前"房地一体"原则和宅基地使用权与农村房屋的附属性决定的。而广东省云浮市郁南县则有所突破，将宅基地进行了单独抵押，虽然其目的是宅基地使用权抵押贷款建房，房屋本身尚不存在，没有宅基地使用权与农村房屋附属的问题，但在改革思路上，突破了传统宅基地使用权跟随农村房屋抵押的模式，把宅基地使用权抵押放在一个独立的位置上，是一个较大的突破。

（三）重视宅基地被处置后农民权益保障问题

宅基地使用权具有生存保障性。保障国民的基本生存，是政府和社会的基本责任和义务，而这体现为两个方面：第一，有所食。第二，有所居。对于农民而言，宅基地就属于第二方面。从中国长期以来的城市和农村二元经济结构来看，由于社会保障水平较低，因此国家将宅基地使用权作为福利，供农民无偿使用，以保障其基本的生存权利。由于宅基地使用权关系到农村农民的基本住房保障，涉及最基本的生存权，具有无偿性和福利性等特征，因此宅基地使用权抵押制度一直难以实施。随着农村土地承包经营权、建设用地使用权纷纷放开抵押，宅基地使用权依然存在着许多限制。[1] 宅基地使用权抵押融资可能导致农民失去宅基地，而农民处于弱势地位，在制度设计上有必要对其予以倾斜性保护。

因此，在各地宅基地抵押试点中，采取了各种措施，旨在保护宅基地使用权被处置后农民的生存权问题。例如，成都市政府在进行宅基地抵押试点时就曾提出，宅基地使用权抵押融资之所以一直被抑制，是由于宅基地涉及农民最基本的生存保障权利，一旦农民由于不能按期清偿债务，就可能引发民生问题或群体性事件。因此在成都市宅基地使用权抵押试点中要求农民必须承诺一旦抵押的房屋和宅基地被执行用于清偿债务，自己仍有合适的住所。重庆模式中，宅基地使用权抵押的前提条件之一为必须提供其他适当居住场所的书面证明，这一设置比成都市要求的"承诺"更具一定合理性，因为书面证明才更能保证农民在宅基地被处置之后仍有适

---

[1] 参见《担保法》第 36 条第 3 款。

当的居所。在浙江义乌试点中，对于不能按期偿还债务的农民，允许金融机构多途径实现抵押权，并创新地推出专设机构收购、挂牌流转等新型处置方式，但强调了其基本前提，即在保证农民基本住房的前提条件下。在安徽宅基地使用权抵押试点中，宣州区政府一方面加强了对农村宅基地抵押贷款资格的审查，另一方面放松还贷方式，对于不能按时清偿债务的农民，并不是一到期限就积极行使抵押权，而是通过乡村司法所、村委会、农村金融机构共同对抵押人进行劝说，鼓励其分期还贷。另外，在天津"宅基地换房"模式中，腾地农民除了货币补偿和实物补偿，政府还帮助获得工作岗位，并提供相应的社保服务。① 在各地宅基地使用权抵押试点中，都十分重视农民的基本居住权问题，这是值得肯定的。

（四） 土地确权管理工作得到加强

依照我国法律的规定，不动产抵押以登记为生效前提。② 根据不动产物权变动的公示公信原则，产权清晰、不动产登记清楚是构建农村宅基地使用权抵押融资制度的重要前提。在过去很长一段时期，基于农村熟人社会的特点，农村产权登记往往被忽略，许多地区没有给农民颁发宅基地使用权证，农村村民产权意识极低。但是，随着中央关于农村宅基地抵押试点政策的推行，在农村宅基地使用权抵押试点过程中，扭转了之前产权意识薄弱的状态，加大了农村宅基地管理力度，并进行了一系列农村产权确权工作。例如重庆市2010年就开始逐户对农村产权摸底和调查，对调查清楚的农村产权进行确权和颁发证书。在重庆"三权"抵押制度构建中，对需要办理抵押贷款的"三权"，允许其优先确权，并颁发相应的产权证，可以看出重庆对农村产权确权工作的重视。在浙江农村产权抵押融资试点中，第一个环节即为农村产权确权颁证，对农村产权重新确权、登记和颁发证书。到2015年年中，全省大范围开展了土地确权，登记簿完善的工作，整个浙江省宅基地发证率达到了85.8%。③ 2016年以来，该数据在90%以上。其中义乌市在政府主导下，组建了不动产登记局与不动产登记中心。根据数据统计，至2016年7月，义乌市共颁发44236本不动产产权证书，各类抵押登记办理18904宗。宅基地使用权确权工作的进行，为农村财产权（包括宅基地使用权）抵押和转让试点工作创造了条

---

① 张梦琳：《农村宅基地流转模式比较分析》，《现代经济探讨》2014年第4期。
② 参见《民法典》第402条。
③ 杨军雄：《农房田地山林变"票子"》，《浙江日报》2015年8月31日第10版。

件。除此之外，虽然仍有许多地区对宅基地使用权确权工作还未实现全面覆盖，相比城市而言，房地产产权管理也较为落后，但这些改革打破了以往大部分农村地区宅基地使用权没登记、没颁发宅基地使用权证的局面，为农村宅基地使用权抵押试点打下了牢固的基础，也提高了农村金融机构开展农村宅基地使用权抵押业务的积极性，极大地推动了农村宅基地使用权抵押试点工作的进行。

（五）初步建立宅基地使用权价值评估机制

农村宅基地使用权价值评估机制是宅基地使用权抵押试点中的关键一环，宅基地使用权价值的评估直接影响抵押融资贷款的金额、关系到农民的切身利益。公正、合理、专业的价值评估机制，对农村宅基地使用权抵押、贷款、抵押权实现有重要影响。农村宅基地使用权价值评估相对于城市而言，难度性较高，主要有以下几点原因：第一，由于宅基地地处农村，地理位置特殊，与城市产权评估具有极大差异性。第二，根据"房地一体"原则，在对宅基地使用权之价值进行评估时通常与宅基地之上的房屋一并进行，而农民对自身房屋投入各不相同，也缺乏可靠的记录资料。因此，在各地开展的宅基地使用权抵押试点工作中，多地尝试初步构建宅基地使用权价值评估机制，一般可以由当事人双方协商选择评估机构，有些地区则需要农村金融机构指定的评估机构进行评估。在重庆的试点中，通过组建各类的农村资产评估机构，初步构建了宅基地使用权价值评估体系。浙江省对农村产权价值评估问题也十分重视，2014年浙江省政府就提出2017年要建立较为完善的农村产权评估制度的目标。浙江义乌试点中实行一次评估，三年有效的制度，同时，建立第三方价值评估机制，公平公正地对农村产权进行评估，保障农民的合法权益。安徽省宅基地使用权价值评估由当事人协商或双方共同认可的具有评估资质的房地产公司评估，并且和宅基地之上的房屋一同评估。因此，在宅基地使用权抵押试点地区基本初步构建了宅基地价值评估机制。

（六）在宅基地抵押中引入担保机构

贷款到期而抵押人没有清偿债务的，银行似乎只能通过行使抵押权，处置农村宅基地使用权，获得救济。而由于立法和司法的限制，银行的宅基地使用权抵押权往往被法院否认，使得农村金融机构开展宅基地使用权抵押贷款业务的积极性受到极大打击。故而，一些地方在宅基地抵押试点过程中，引进了担保机构，农民向金融机构贷款，并将宅基地使用权作为抵押，而担保公司则作为贷款合同的担保人，在农民不能按时还清贷款时，向金融机构承担保证责任。担保机构承担保证责任之后，就宅基地使用权问题再进行处理。例如在广东试点中，广东政府出资成立农村担保公司，农民将其农村资产抵押给担保公司，然后担保公司另行提供担保，向农村金融机构申请贷款，帮助农民实现融资。在郁南县政府的主导下，郁南县国鑫投资有限公司加入到宅基地抵押贷款试点中，作为担保者，贷款人提供了相关资产，作为反担保。该措施并没有使得宅基地使用权抵押的法律关系发生改变，但银行的贷款风险却大大降低，也增加了金融机构处置不良贷款的路径选择。在宅基地使用权抵押融资制度中，引入担保机构是一种创新，笔者认为有推广的价值，但从本书研究的地方实践来看，只有广东郁南县有该实践经验。

（七）初步建立了风险分散机制

宅基地使用权抵押融资制度一方面盘活了农村产权，满足了农民的融资需求，另一方面也促进了金融机构业务范围的扩大。然而，作为改革试点，法律制度不完善、农民和农村金融机构的信任关系难以建立是最明显的特征，在这种背景下，宅基地使用权抵押融资制度具有极大的潜在风险。这种风险表现在两点：第一，农民的信用风险。若农民不能按期清偿债务，抵押权人即金融机构可实现其抵押权，农户可能因此失去宅基地使用权，可能导致农民违约的信用风险。第二，由于法律制度不完善，司法实践中，司法机关基于宅基地为农民基本生存保障为由，不支持金融机构实现抵押权，往往使金融机构造成重大损失。如此一来便打击了金融机构开展宅基地使用权抵押贷款业务的积极性，形成了恶性循环。因此，为了保证农村宅基地抵押贷款制度的有序发展，建立完善的风险补偿机制是十分必要的。为此，部分试点地区进行了初步的制度构建，例如在重庆试点中，如果金融机构在开展宅基地使用权抵押业务时遭受损失，金融机构自行承担65%，另外35%由政府财政补贴。同时，重庆作为全国保险创新发展实验区，"三权"抵押中也积极创造和利用条件，扩大保险业务的范围，鼓励贷款保证保险，鼓励抵押人和抵押权人积极投保，降低风险。有学者提出建立宅基地使用权流转风险保障基金[①]，用于应对宅基地使用权

---

① 林绍珍、廖桂容：《我国农村宅基地使用权流转机制研究》，《东南学术》2014年第5期。

流转过程中可能遇到的各种风险。在成都试点中，成都市政府主导设立了农村产权抵押融资风险补偿基金，当金融机构因农村产权抵押贷款业务遭受损失时，风险补偿基金可为其承担80%。在浙江试点中，嘉兴市原则上要求农村房屋抵押人必须为此办理保险，通过商业保险的方式，分散农民的风险。由此可以看出，部分地区已经建立了初步的风险分散机制，使得农村金融机构的积极性得到极大提高，推动了宅基地使用权抵押融资制度的发展。

（八）初步构建了农村产权交易平台

农村宅基地使用权抵押旨在盘活农村资产，实现农村的资金融通。若农民不能按时清偿债务，金融机构需要处置其宅基地使用权。宅基地使用权的流转，存在诸多问题：第一，市场范围狭小。由于法律制度的限制，宅基地使用权只能在农村集体经济组织内流转，市场范围狭小。第二，信息不对称，缺乏专门的交易平台，使宅基地使用权流转的信息不畅通。第三，缺乏专门的交易场所和交易组织。因此，若缺乏农村产权交易平台，金融机构的宅基地抵押权往往难以变现。在浙江试点中，2014年浙江省政府就提出2015年年底前建立县级农村产权流转交易中心的目标，根据浙江省农办提供的数据来看，浙江省2015年8月已经建立73个农村产权流转交易市场，80%以上实现了覆盖。流转市场的建立使农村房产抵押信息畅通，使农村产权抵押融资有了后续保障。在广东试点中，政府主导建立农村产权流转平台，畅通信息渠道，为农村产权流转创造条件。因此，在农村宅基地使用权抵押融资试点中，对农村产权流转和交易平台的构建较为重视，部分地区已经初步构建了农村产权交易平台。

二　宅基地使用权抵押地方实践存在的问题

经过几年的抵押试点，为农村宅基地使用权抵押融资制度积累了丰富经验。但同时，农村宅基地使用权抵押的地方实践也存在诸多问题，对这些问题进行深入的考察，并研究完善对策，是农村宅基地使用权抵押融资制度完善、健康发展的必要前提。

（一）宅基地使用权主体过于狭隘

1. 宅基地使用权主体的狭隘性

按照《土地管理法》之规定，宅基地、自留地和自留山属于集体所有。由此可知，我国法律规定农村宅基地归农村集体经济组织所有，集体经济组织成员则享有宅基地使用权。法律禁止本集体经济组织以外的成员取得本集体经济组织的宅基地使用权。在宅基地使用权的申请方面，我国遵循"一户一宅"的原则，即宅基地申请的法定主体是以"户"为单位，但何为"户"，《土地管理法》并无明确定义。通说认为，农民是宅基地使用权的主体，农民以家庭为单位，向集体经济组织申请宅基地使用权。宅基地使用权主体的严格限制是基于宅基地关系到农民基本生存权利的特性。在浙江试点中，折价、变卖、拍卖抵押的房屋，受让人仅限于农村村民。少部分学者认为宅基地使用权的主体可以扩大至城镇居民，例如梁慧星教授曾经于《中国财产法》一书中提及宅基地使用权的主体可以包括城镇居民。① 但是，随着宅基地使用权抵押制度的构建，具有多个宅基地或者宅基地抵押后仍有适当居所的村民，其基本生存权利有所保障，在宅基地使用权主体的限制上应在一定程度上做宽松的规定。否则对于开展宅基地使用权抵押融资业务的金融机构而言，其实现抵押权困难重重，严重影响其开展宅基地抵押融资业务的积极性。

2. 宅基地使用权主体具有地域狭隘性

现有法律规范对宅基地使用权的主体之地域作出了严格限制，只有本集体经济组织的成员才能申请本集体经济组织的宅基地使用权。非本集体经济组织的成员，只有在因地质灾害防治、移民安置、新农村建设等集体迁建时，首先经本集体经济组织大多数成员同意，然后再经过有权机关的批准，才能在本集体经济组织内取得宅基地使用权。这种限制造成农村宅基地使用权流转的困境，并直接导致了金融机构抵押权难以实现。例如当债务到期且作为债务人的农民不能清偿债务时，金融机构无法成为宅基地使用权之主体，因此只能通过拍卖等方式对宅基地使用权进行处置，而宅基地使用权的主体限制和地域限制，需要金融机构花费大量的时间和精力，最终可能还因为转让范围过于狭小而使抵押权迟迟得不到实现。这使得金融机构参与宅基地使用权抵押业务的积极性受到打击，对发展宅基地使用权抵押制度是不利的。笔者认为，宅基地使用权的地域限制应当予以松绑，进行有条件的突破，合理的制度设计能保障农民的合法权益。

（二）宅基地单独抵押难

对于能否在宅基地上设立抵押，《担保法》作出了禁止性规定，《民

---

① 梁慧星、龙翼飞、陈华彬：《中国财产法》，法律出版社1998年版，第36页。

法典》承继了相关规定。宅基地使用权不能抵押，附着于宅基地之上的房屋能否抵押？基于"房地一体"原则，实际上也应该是不能抵押的，但如果这样处理是否违反宪法规定的公民有权处分自己财产的原则？[①]《民法典》明确规定了"物权法定"原则，即物权的种类和内容，由法律规定，宅基地使用权法律禁止抵押，因此将宅基地使用权进行抵押融资的行为，实际上是违反物权法定原则的行为。《土地管理法》规定，农民集体所有的土地使用权，不能出让、转让、出租或用于非农业建设。《民法典》第399条规定宅基地等集体所有的土地使用权不得抵押。尽管如此，我国目前地方实践中却似乎允许宅基地使用权与农村房屋一同抵押。由于现行法律并没有禁止宅基地使用权之上的农村房屋进行抵押，因此，各地宅基地使用权抵押试点中，大部分地区大打法律擦边球，以宅基地上的农村房屋进行抵押，然后根据"房地一体"原则，将房屋所占范围内的宅基地一同抵押。我国《民法典》第397条规定了"房地一体"原则，又称"房随地走，地随房走"原则，是指以建设用地使用权抵押的，该土地上的建筑物视为一并抵押，以建筑物抵押的，该建筑所占建设用地视为一并抵押。因此，当农村房屋抵押时，宅基地使用权理应同时抵押，同时，抵押权实现时，农村房屋和宅基地使用权应一并处置。

关于宅基地使用权是否应当允许单独抵押，存在两种意见分歧。前者认为，若放宽宅基地使用权单独抵押，可能引发不可遏止的炒地皮现象，农民可能因此失去宅基地，最终危害的是农民的权益。因此，对于尚未建造房屋的宅基地而言，不应当允许其以宅基地使用权单独抵押，实践中也有些地区就是这样规定的。[②] 而后者认为，宅基地使用权应当是一个独立的权利，其抵押的权利不应以建筑物存在为前提。笔者赞同后者的观点，认为宅基地使用权应当允许单独抵押，可能产生的问题应当考虑如何通过合理的制度设计使其避免，而不是直接否认宅基地使用权单独抵押的权利。在成都、重庆、浙江、安徽等地，基本都是采取宅基地使用权跟随农村房屋一同抵押的模式，这种模式的弊端主要有两方面：第一，缺乏宅基地使用权单独抵押的规定，宅基地使用权抵押的规定基本散见于房屋抵押

[①] 袁锦秀、李志：《农村宅基地使用权立法评析》，《学术探索》2013年第6期。
[②] 《珠海经济特区土地管理条例》第45条：没有进行建设、未完成建设和未取得房地产权证的宅基地，一律不得转让、出租、抵押。因房屋所有权发生转移而导致宅基地使用权一并转移的，不能再申请宅基地。

的规定之中，规定十分模糊、不明确。例如成都试点中农村房屋抵押的规定性文件为《成都市农村房屋抵押融资管理办法（试行）》，其中关于宅基地使用权抵押的规定只有一两条。第二，剥夺了宅基地上尚未建房的农民通过抵押宅基地使用权获得融资的权利。无论宅基地上是否建设房屋，农民都可能具有通过宅基地使用权抵押融资的需求，而缺乏宅基地使用权单独抵押的规定，使得尚未建造房屋的宅基地实际上失去了抵押的权能。在广东试点中，广东郁南县出现了宅基地单独抵押的模式，该模式将融资贷款的目的限制于建造自有房屋，因此，房屋尚未存在，抵押客体只局限于宅基地使用权。从整体上来看，虽然郁南县的宅基地单独抵押在各方面存在许多限制，但就宅基地使用权单独抵押而言，在全国范围内是具有突破性的，该点对以后宅基地使用权单独抵押具有重要借鉴意义。

缺乏单独的宅基地使用权抵押登记制度，也造成了宅基地使用权难以单独抵押的困境。宅基地使用权进行抵押时，无疑也是需要进行抵押登记的，一方面能使抵押登记合法有效，另一方面使土地管理部门和第三者了解宅基地使用权抵押情况，方便管理。由于目前各地试点中，大部分是使宅基地跟随农村房屋一同抵押，办理登记的通常只是农村房屋，宅基地使用权单独抵押缺乏相关的登记制度，而是根据"房地一体"原则，推定宅基地同时已经办理了登记。然而，从长期来看，若允许宅基地使用权单独抵押，宅基地使用权抵押登记也应当有配套的单独登记制度，而从其他试点地区来看，短期内要实现宅基地使用权单独抵押，仍然十分艰难。

（三）缺乏统一的抵押程序和标准

我国目前还没有一部关于宅基地使用权抵押的规范性法律，只有个别地区在试点过程中，制定的各种规范性法规和文件，这种情况导致了宅基地同地不同价，抵押标准和程序不统一，宅基地使用权抵押融资市场混乱等问题。宅基地使用权抵押融资的程序和标准具有两面性：一方面，为了保障宅基地使用权抵押制度的稳健发展，保护农民合法权益，规避抵押融资的风险，在制度构建上应秉持着审慎的态度；另一方面，要迅速满足农民的融资需求，迅速盘活农村资产，需要讲究效率性。两者进行利益衡量，无疑应以保护农民合法权益，规避抵押融资风险作为重点。从各地试点实践来看，宅基地使用权抵押融资程序较为混乱，各地基本"各自为政"，这种混乱的局面不利于平等保护各地农民和金融机构的合法权益，也限制了宅基地使用权抵押融资制度的效率。举例说明如下：第一，宅基地使用权抵押的前提条件不统一。在成都试点中，宅基地使用权抵押的前提条件为：拥有集体土地使用证；经过集体经济组织的书面同意；抵押人必须将宅基地使用权变更为集体土地使用权；承诺日后不再向集体申请宅基地使用权；承诺设定了抵押权的房屋，在被依法偿债之后，有合适的居所。在重庆试点中，宅基地使用权抵押的前提条件为：拥有集体土地使用证、经过集体经济组织的书面同意、提供有适当居所的书面证明等。可以看出对于有适当居所的证明标准，重庆试点更为严格，也更有利于保障农民的基本生存权利。第二，贷款额度的大小不统一。对于贷款额度，各地区基本持保守的态度，例如广东省郁南县该县贷款金额较小，一般不超过5万元，最高限额为8万元。而其他地区贷款可达几十万元，差距巨大。对于贷款额度，应综合考虑农民的信用状况、负债情况、还款能力和经营状况等因素，但在实践中，各地基本考虑个别的或侧重几个因素，导致各地贷款额度差别很大。

综上所述，举此两例旨在说明，在目前地方试点中，可能同样条件下，有些地区宅基地使用权能够抵押，有些地区可能不行；有些地区能较好保障农民生存权利，有些地区则较为忽视对农民权益的保障；同样条件下，有些地区能贷款30万元，有些地区仅仅能贷款5万元。作为试点而言，各地区目前抵押程序和标准不同，属于正常现象，但经过几年的经验积累，各地区应当综合考量，借鉴彼此的优势经验，形成较为统一的宅基地使用权抵押标准，才能应对由此带来的混乱局面。

（四）开展宅基地抵押融资业务的金融机构较少

金融机构在宅基地使用权抵押融资制度中扮演着至关重要的角色，发展宅基地抵押融资制度，需要构建以农地抵押为内容的农地金融体系。学者曾庆芬曾在《信贷配给与中国农村金融改革》一书中指出，目前农村信贷市场的主力军还是农村信用社，其发放的农业贷款和农户贷款占全国农业贷款和农户贷款的70%以上。[①] 从目前宅基地使用权抵押融资试点的地方实践来看，开展该业务的主要金融机构是农村信用社和部分涉及农业业务的银行，国有银行、股份制商业银行等参与度很低。主要有以下几个原因：第一，宅基地使用权抵押融资属于小额融资。相较于大中型企业而言，农民的宅基地抵押融资显然九牛一毛，金融机构的获利空间也极为有

---

① 曾庆芬：《信贷配给与中国农村金融改革》，中国农业出版社2009年版，第200页。

限,吸引力不强。但对于国有银行、股份制商业银行而言,资本的逐利性,使其更愿意开展以大中型企业为目标的融资业务。第二,宅基地使用权抵押融资业务不确定因素很多。首先,在法律制度上,宅基地使用权抵押融资制度极不完善,金融机构难以预测风险,积极性也就不高。其次,宅基地使用权关系到农民的基本生存权利,农民违约的信用风险较高,并且一旦产生纠纷,农民作为弱势群体,往往占据道德制高点,使金融机构进退两难。最后,司法实践多否认了宅基地使用权抵押的合法性,金融机构实现抵押权得不到司法保障,使许多金融机构望而却步。第三,政府政策支持尚未普及。在重庆试点中,金融机构若在农村宅基地使用权抵押融资中遭受损失,政府可为其承担 35%。在成都试点中,成都市政府主导设立了农村产权抵押融资风险补偿基金,当金融机构因农村产权抵押贷款业务遭受损失时,风险补偿基金可为其承担 80%。这些初步构建的风险补偿机制无疑对金融机构具有激励作用,但还只是在个别地区,许多地区尚未普及。

2015 年中国人民银行第四季度货币政策执行报告再次提出要引导金融机构将更多信贷资源配置到"三农"等薄弱环节中,从实际来看情况不容乐观。截至 2018 年 9 月末,试点地区已有 1193 家金融机构开办农地抵押贷款业务,330 家金融机构开发农房抵押贷款业务。[①] 但在成都试点中,开展宅基地使用权抵押融资业务的银行只有成都银行、成都农商银行、村镇银行以及小额贷款公司。[②] 可以看出,部分地区政府在激励机制上仍显不足,许多金融机构不愿加入其中,使得农村农地金融体系不完善,宅基地使用权抵押贷款制度缺乏活力。重庆试点在该方面做得相对较好,通过引进担保公司,建立风险补偿等方式,积极鼓励以商业银行为首的多种类型银行开展"三权"抵押融资业务,值得其他地区借鉴。

(五)抵押权的实现缺乏司法保障

司法被称为当事人权益的最后一道防线,如果在宅基地使用权抵押融资制度中,当事人一方无法得到司法保障,该制度就不可能得到稳定的发展。司法机关裁判是依据大前提,即现有法律规定为基础的,从现有法律

[①]《国务院关于全国农村承包土地的经营权和农民住房财产权抵押贷款试点情况的总结报告》。

[②] 张迎春、吕厚磊、肖小明:《农村产权确权颁证后融资困境解决了吗——以成都市为例》,《农村经济》2012 年第 5 期。

规定来看，宅基地使用权抵押无疑是禁止的。因此在地方实践中，宅基地使用权抵押纠纷诉诸法院时，法院通常依照以下方式处理：第一，承认农村房屋抵押有效。因为现行法律并没有禁止农村房屋不能进行抵押，因此农村房屋抵押有效，金融机构可就农村房屋行使抵押权。第二，宅基地使用权抵押无效。根据现行法律的规定，宅基地使用权属于禁止抵押的范畴，因此，法院对宅基地使用权抵押的效力不予认可。宅基地使用权抵押权实现时，无疑会涉及宅基地使用权的流转问题。"我国宅基地使用权流转制度的顶层设计，在基本法层面，并没有明确禁止宅基地使用权的流转，但各地法院的司法指导意见和实践却推衍出宅基地使用权流转的法律效力以认定无效为原则，以认定有效为例外的处理规则。"[1] 轰动一时的北京画家村房屋买卖纠纷案[2]，二级法院均判决买卖合同无效，最后以宣告合同无效告终。"法院的无效判决，体现了对宅基地使用权身份性以及房地一体原则的固守。"[3] 这种与宅基地使用权抵押试点地区实际情况完全相反的认定，无疑大大打击了金融机构的积极性，并且损害了金融机构的合法权益。对农民而言，则容易引发道德危机，在事前故意以宅基地使用权抵押获得贷款，事后不能按时清偿债务时，则将纠纷诉诸法院，请求法院认定宅基地使用权抵押无效。最终导致的是农民与金融机构信任的崩塌和对宅基地使用权抵押融资制度的破坏。

  在地方试点中，也有地区特地对此作出了规避措施。例如成都试点和安徽铜陵将宅基地使用权变更为建设用地使用权，同时需要承诺今后不再申请宅基地使用权，一次性规避了法律对宅基地使用权抵押的禁止，以期待在司法实践中获得承认。对于该规避法律的做法，笔者认为并不能解决宅基地使用权抵押缺乏司法保障的根本问题，原因在于：第一，如此明显地规避法律禁止性规定的行为，也可能被司法机关以认定为无效。第二，该方式为宅基地使用权抵押设置一个前提，即宅基地使用权必须变更为建设用地使用权，长期如此宅基地将急剧减少，引发新一轮的社会问题。笔者认为，之所以法院难以处理宅基地使用权抵押纠纷，原因在于禁止宅基

---

[1] 唐烈英、钟三宇：《宅基地使用权流转效力的异化与演进——基于立法与司法的比较》，《福州大学学报》（哲学社会科学版）2015年第1期。
[2] 详情可见北京市通州区人民法院〔2007〕通民初字第1031号判决书与北京第二中级人民法院〔2007〕二民终字第13692号判决书。
[3] 王卫国、朱庆育：《宅基地如何进入市场？——以画家村房屋买卖案为切入点》，《政法论坛》2014年第3期。

地抵押法律强制性规定与宅基地使用权抵押政策先行性之矛盾无法解决，禁止宅基地抵押上位法与宅基地抵押试点下位法的矛盾无法解决，"造成宅基地使用权'产权'制度不明晰，使宅基地使用权流转法律效力不确定，造成交易成本无穷大，使宅基地使用权的流转无法实现资源的最优配置。"[1] 综上所述，宅基地使用权抵押融资制度的司法保障问题，应予以重视，并及时研究解决方案。

(六) 金融机构抵押权难以实现

依照宅基地使用权抵押融资制度，当农民未能按期清偿贷款时，金融机构可主张其抵押权，对宅基地使用权作出处置。然而，理论上该抵押权的实现面临诸多难题。首先，法律禁止对宅基地使用权进行抵押，导致即使在宅基地使用权抵押试点地区，司法机关对宅基地使用权抵押的效力也不予认可，金融机构的抵押权没有司法保障。其次，金融机构不能成为宅基地使用权的主体。通说认为，农民是宅基地使用权的主体，金融机构若不能将其转让，自己不能成为宅基地使用权的拥有者，并且由于宅基地原本功能在于保障农民的基本生存权利，其经济效益功能尚不能充分发挥，金融机构即使控制着宅基地使用权却没有用武之地。最后，宅基地使用权的流转受到严格的限制。前文已述，根据现有法律规范对宅基地使用权主要在地域上作了严格的限制，宅基地使用权通常只能在本集体经济组织内部进行流转。而农村人口大量涌向城市，农村内部对宅基地使用权的需求并不高，许多农村还出现了"空巢"现象，金融机构要在集体经济组织内部实现抵押权，不具有现实性。

金融机构抵押权在实际操作层面难以实现。在宅基地使用权抵押试点地区，抵押权实现的实际操作也是个难题。在成都试点中，宅基地的处置模式有两种：第一，该抵押权涉及贷款额度高，抵押面积大的，当农民无法按时清偿贷款，由隶属于成都农业发展投资公司的农村产权抵押融资风险基金按照一定价格，从金融机构手中收购宅基地使用权，然后再由风险基金进行下一步处置。第二，该抵押权涉及贷款额度小，抵押面积小的，由当地农村集体经济组织按照合理价格回购，然后在本集体内再度进行流转。而在其他试点地区中，有些地区根据不同要素进行分类，然后依据不

---

[1] 唐烈英、钟三宇：《宅基地使用权流转效力的异化与演进——基于立法与司法的比较》，《福州大学学报》(哲学社会科学版) 2015 年第 1 期。

同等级采取不同的处置方式。例如以"风险"为要素区分，对于经评估为低风险的，农民自行抵押，并且风险由金融机构承担。经评估为中等风险的，需要由集体经济组织提供反担保，抵押权实现之后，宅基地使用权继续在集体经济组织内流转。经评估为高风险的，则由政府提供反担保，抵押权实现时，由政府进行回购，在不改变性质的前提下，政府再对其进行流转。从上述处理模式可以看出，虽然貌似有了宅基地使用权实现难的解决方案，但本质上皆为把金融机构的风险转向第三方担保机构或政府，第三方担保机构或政府再进行二次处置时，依然会面临上述抵押权难以实现的问题。换而言之，这种做法本质上并没有面对和解决问题，只是使该问题进行了转移，最终仍然得不到解决。

（七）风险分散机制不完善

前文已述，在部分试点地区，已经初步建立了宅基地使用权抵押风险分散机制，对于提高金融机构开展宅基地使用权抵押融资业务的积极性具有重要意义。但其是初步的，不完善的，主要表现在以下几个方面。

第一，该风险分散机制尚未普及。在各地试点中，各地区宅基地使用权抵押的配套制度相差较大，就重庆、成都试点而言，风险分散机制已经初步建立，而就浙江、安徽、广东试点而言，有的风险分散机制只是雏形，有的则直接呈现缺位状态。第二，该风险补偿机制是以政府为主导的。从重庆试点和成都试点来看，风险分散机制基本是以政府为主导构建起来的，具有明显的"官办"性质，其主要方式都是政府出资弥补金融机构因开展宅基地使用权抵押融资贷款业务而造成的损失。这种政府为主导的风险分散机制虽然在一定程度上可以缓解信用风险，提高金融机构的积极性，增加宅基地使用权抵押的信贷供给，但也可能产生过度依赖政府的不良影响。并且目前还是在试点阶段，若将来在全国全面推行宅基地使用权抵押融资制度，以政府为主导的风险分散机制恐怕会给财政带来巨大压力，换而言之，这种模式的风险分散机制并不具有可普及性，其本身就存在潜在的风险。第三，该风险分散机制过于侧重对金融机构的保护，而忽略了农民的风险。从重庆试点和成都试点来看，风险分散机制都强调对金融机构的损失进行补偿，以提高金融机构的积极性，对如何分散农民宅基地使用权抵押的风险基本处于空白状态。在宅基地使用权抵押融资改革中，诸多风险并存，农民本身具有脆弱性、抗风险能力差，要减轻或消除风险造成的损失，需要完善风险分散机制，提高农民应对风险的能力。① 例如在浙江试点中，嘉兴市原则上要求农村房屋抵押人必须为此办理保险，通过商业保险的方式，分散农民的风险。因此，农民风险分散本应是风险分散机制应着重构建的部分，但在地方试点中容易被忽略。

风险分散机制的不完善可能导致严重的后果，对于金融机构而言，其开展抵押融资业务需要承担巨大的风险，最终可能被迫退出宅基地使用权抵押融资业务。而对于农民而言，由于各种原因，不能按时还清贷款，宅基地可能被处置，对其生活可能产生巨大影响。而对于政府而言，试图通过财政手段分散宅基地使用权抵押融资中金融机构和农民的风险，不具有现实可能性。综上所述，虽然目前部分地区已经初步构建了宅基地使用权抵押融资的风险分散机制，但该机制仍需进一步完善。

(八) 宅基地价值评估机制不完善

虽然在地方试点中，已经基本形成了宅基地价值评估的模式，但在实际操作层面，缺乏相应的操作流程和评估标准，仍然存在许多问题，主要有以下几个方面：第一，随意性评估。在地方宅基地使用权评估实践中，没有可直接参考的宅基地使用权价值指标，标准的混乱使得不同评估机构对同一地区的宅基地使用权评估出的价值往往不相同。这种情况导致金融机构或者农民对评估的价值不满意，进而要求再次评估，大大增加了宅基地使用权抵押融资的程序成本和时间成本。第二，单方指定评估机构。在部分地方试点中，存在评估机构由金融机构单方指定的现象。评估机构对宅基地使用权评估价值具有重要影响，农民与金融机构处在博弈的两端，让金融机构单方指定评估机构，有失公允。第三，评估机构专业性不够。在重庆试点中，各类的农村资产评估机构纷纷组建而成。在安徽试点中，引进了由当事人协商或双方共同认可的具有评估资质的房地产公司负责评估。但对这些机构尚无统一的行业规范标准，对其工作人员也没有较为明确的资质要求。因此，虽然可供选择的评估机构较多，但良莠不齐的众多机构，有时使缺乏专业知识的农民眼花缭乱，难以辨清，农民利益难以得到保障。第四，评估乱收费问题较为严重。关于宅基地价值评估收费暂时没有较为权威的参考标准，在地方实践中，部分评估机构利用农民没有经

---

① 马九杰等：《社会资本与农户经济：信贷融资·风险处置·产业选择·合作行动》，中国农业科学技术出版社 2008 年版，第 59 页。

验、缺乏相关的知识,乱叫价,乱收费,导致农民权益受损。另外也增加了农民抵押融资的成本,打击了农民利用宅基地使用权融资的积极性。第五,宅基地使用权价值评估方式欠缺科学性。宅基地的价值评估方式主要有以下几种:市场参照法、成本计算法、基准地价法和收益还原法。市场参照法是指参照类似土地的情况,经过修正,得出宅基地使用权价值评估方式的方法。从目前地方试点来看,该方式条件尚不具备,还未构建相关的评估体系。成本计算法是依据开发利用宅基地所花费的成本之和,再加上利润、利息、税收等因素综合确定宅基地使用权的价值。这种直接以成本作为主要因素的评估方式,并不适合农村宅基地使用权价值的评估。基准地价法是依照基准地价和修正系数,再依照替代原则,考察评估地的其他条件,进而获取评估价值。收益还原法是指预估土地明年的收益,折算出土地价值的一种方式。目前此法是农村土地资产评估运用较多的一种方式,但对于宅基地使用权而言,该法是否科学还有待进一步探讨。整体来看,对于宅基地使用权价值评估,目前并没有一个较为科学的评估方式,因此虽然有些地区已经有较多的评估机构,但不能满足农村宅基地抵押的市场需求。第六,价值评估机构的监督机制缺失。在地方试点中,部分价值评估机构存在利用农民知识文化水平较低,采用欺诈、虚假评估等方式,或在宅基地使用权评估中与当事人一方串通,损害另一方合法权益的行为。有学者通过调研得出类似的结论,认为应当尽量"让宅基地制度创新的路径和方向与宅基地要素相对价格变化的趋势相吻合,避免二者的相互冲突和抵消"[①]。而我国对此并无相关的监督和追责机制,致使金融机构和农民的利益得不到保障,阻碍了宅基地使用权抵押融资制度的发展进程。

(九) 社会保障制度不健全

宅基地是部分农民赖以生存的基本生活资料,社会制度保障是否健全,决定了农民能否积极参与宅基地使用权抵押。不健全的社会制度保障,使宅基地抵押权一旦被实现,农民便面临较大困境,从而引发社会问题,阻碍宅基地使用权抵押改革的发展。从各地试点实际经验来看,参与宅基地使用权抵押的基本上属于经济条件较为优越,有一定财产积累的农民,而对于经济水平一般的农民,其融资需求与融资风险极具矛盾性,一

[①] 朱新华:《农村宅基地制度创新与理论解释——江苏省江都市的实证研究》,《中国人口·资源与环境》2012年第3期。

旦融资贷款事项失败，宅基地使用权面临被处置的结果，因此其并不敢放开手进行经济经营和生产。

社会保障制度是否健全的一个重要判断标准就在于是否能与经济发展水平相适应。改革开放以来，我国经济获得巨大飞跃，但社会保障制度却落后于经济发展。我国目前已经初步建立了农村社会保障制度，但仍然存在以下问题：第一，社保覆盖范围较窄。我国在"十二五"期间，新型农村合作医疗已经基本实现了全覆盖。但其他项目的覆盖率仍然过于狭窄，特别是对于从事非农产业的农村户籍人口，例如灵活就业者、个体经营者，现有社会保障力度不足。而这些人群正是对宅基地抵押融资有着强烈需求的人群，社会保障制度应该给予其应有的保障，鼓励其大胆创造。第二，城乡差距大，农村保障水平低。城镇社会保障制度起步早，发展更为成熟，而农村社会保障水平起步较晚，还有待提高，因此两者差距较大。在这种背景下，农民的宅基地使用权抵押融资欲望受到压抑。第三，农村社会保障基金来源渠道少。筹资难度大一直是我国农村社会保障制度的困境，目前我国农村社会保障中的医疗和养老采取的是个人缴费、集体补助和国家支持模式，该政策由于地区发展差异悬殊一直难以贯彻。[①] 尽管目前对个人缴费困难的农民给予国家补助，但这无疑加重了政府的财政负担，在宅基地使用权抵押融资制度中，政府又扮演了风险补偿等重要角色，政府财政对此将力不从心。

综上所述，农村社会保障制度的不健全，农民在宅基地使用权抵押融资改革中需要承担的风险将被放大，若不健全、完善农村社会保障制度，解决其"畏难"情绪，激发农民的创造力，宅基地使用权抵押融资制度改革将受到阻碍。

第四节　宅基地使用权抵押意愿样本分析

为了解宅基地使用权抵押融资需求，笔者作为西南政法大学唐烈英教授的国家社会科学基金项目"集体土地'三权'抵押融资窘境及改革措施研究"（项目编号：13BFX107）课题调研组成员之一，从 2014 年 7 月份到 2016 年 12 月份对重庆市万州区、福建省晋江市进行了调研，随机抽

[①] 李迎生：《农村社会保障制度改革：现状与出路》，《中国特色社会主义研究》2013 年第 4 期。

取了重庆万州区的龙沙镇、甘宁镇、高峰镇以及晋江市的东石镇、安海镇作为调研对象。调研组成员在以上五个镇的各个村庄进行了随机入户调研，发出的调查问卷共计 217 份，有效问卷为 210 份，有效率达到 96.8%。调查问卷在类型上设计为两类，分别是村民调查问卷和村基本情况问卷。其中，村民调查问卷又包括了村民基本情况、村民资金需求情况和贷款意愿情况以及村民宅基地使用权抵押意愿情况等，本书以调研数据作为样本分析宅基地使用权抵押意愿。

一 被调研村民的基本情况

（一）被调研村民的个体特征

1. 被调研对象的年龄及性别

被调研的村民年龄普遍较大且女性居多。通过 210 份有效调查问卷来看，被调研村民的平均年龄为 57 岁。其中，年龄在 50 岁以上的有 157 人，占被调查对象的 3/4，年龄在 30—50 岁的有 49 人，年龄在 30 岁以下的只有 5 人。从性别上来看，男性和女性分别占 96 人、114 人，男女比例为 0.84。之所以出现被调研者年龄偏大且多为女性的情况，是因为农村地区的年轻人外出打工者较多，导致留守的年龄较大的女性较多。

2. 被调研对象的文化水平及社会经历

被调研的村民受教育程度小学及以下者占了 58.64%，具有初中文化程度的则占比 32.51%，受到高中及以上教育的则仅占 8.87%。此外，调研组还对被调研对象家庭成员的最高学历情况进行了调研。调研结果发现，被调研对象家庭成员的最高教育程度在高中以上的达到 112 户，占受访家庭总数的 53%，家庭成员的最高教育程度为初中、小学的则分别为 85 户、13 户，占比分别为 40%、7%。调研组对被调研对象的社会经历也作了调查，发现有 85 位有过外出打工经历，5 位退伍军人，28 位有担任村干部的经历，还有 5 位表示曾有过经商经历。由此可见，大部分受访者仍然以务农为主，属于传统农户。

3. 被调研对象的收入和支出情况

调研组对被调研家庭的收入情况调研发现，被调研家庭之间的收入差距很大，收入最高的家庭达到 30 万以上，收入最低的家庭则只有 800 元。家庭收入在 1 万元以下、1 万—2 万元、2 万—3 万元、3 万—5 万元以及 5 万元以上的家庭数量分别为 64 户、49 户、30 户、33 户和 34 户。家庭收入的平均水平是每户每年 29743 元，标准差则是每户每年 35071 元，这表明受访者之间呈现很大的差距。不同家庭之间收入差距较大的原因，与一些家庭成员年龄较大有重要关系，在家庭平均年龄达到 70 岁以上时，鉴于劳动能力有限，家庭收入自然也会很低。在被调研家庭的支出方面，不同家庭也呈现很大的差距，支出最高的家庭达到每年 14 万元以上，支出最低的家庭则仅为每年 600 元。被调研家庭最近一年平均支出 17693 元，标准差则是 20136 元。之所以出现这种差距，与婚丧嫁娶、家庭消费习惯以及家庭经济水平等因素有关。

4. 被调研家庭的收入来源情况

调研组对被调研家庭的收入来源情况进行调研发现，收入主要依赖于种植和养殖业的家庭达到 140 户，依赖于打工的家庭则达到 47 户，分别占到被调研家庭总数的 67% 和 22%。此外，还有 7 户表示以个体经营为主要家庭收入。由此可见，种植业养殖业以及打工收入是被调研家庭的主要收入来源。

5. 被调研对象距离金融机构的远近程度

考虑到村民距金融机构的远近程度会影响到贷款信息的获取，即通常情况下村民距离金融机构距离近，就越容易及时、准确地获得最新的金融机构贷款信息，所以调研组对被调研对象距离金融机构的远近程度也做了调研。调研结果显示，村民与其最近的金融机构距离在 5 公里以内的占到所有被调研对象的 85%，且还有 85 位受访对象表示其离金融机构距离在 2 公里以内。由此可见，大多数被调研对象获取最新的贷款信息在地理位置上是比较方便的。

(二) 被调研对象的资产情况

1. 被调研对象的耕地情况

被调研村民所在家庭平均每户耕地面积的平均值是 4.75 亩，承包耕地面积最多的是 30 亩，标准差为 3.63。调研数据还显示，在所有受访家庭中，有 20 户家庭失去了耕地。耕地面积在 3 亩以下的有 57 户，耕地面积在 3—6 亩的有 80 户，耕地面积在 6—10 亩的有 33 户，另外有 20 户耕地面积在 20 亩以上。以上所指耕地主要是以家庭为单位承包的土地，被调研的地区以转包和转租的形式进行土地流转的情形不多，仅有 14 户发生土地转入的情形，转入耕地共计 59.2 亩。另外有 7 户发生土地转出的情形，共计 23 亩。

2. 被调研对象的房产情况

在被调研的家庭中,平均每个家庭拥有 5.04 间房间,房间数量最多的家庭是 13 间,另外有 40 户家庭拥有 3 间及以下的房间,132 户拥有 3—6 间房间,27 户拥有 7—9 间房间,11 户拥有 10 间以上的房间。也就是说大部分家庭拥有的房间数为 3—6 间。另外,需要作出说明的是,有 89% 的家庭对于其占有的农村房屋没有房产证。在农村房屋的数量方面,有 89 户家庭的房屋是砖瓦结构,有 23 户是土坯房结构,另外 98 户家庭的房屋则是二层及以上的结构。由此可以看出,我国农民的生活水平已经有了很大的提高。在房屋的价值方面,通过受访者的估算以及调研组后期的整理,房屋的平均价值在 6 万元左右。其中,有 17 户房屋的价值在 1 万元以下,6 户房屋的价值在 15 万元以上。由于房屋的价格主要是由受访者自己估算,估算的依据则是他们在建房时所花费的费用,所以受访者所估算的房屋价值是将宅基地使用权的价值排除在外的。我们由此可得出这样一个结论:受访者房屋的价格与实际的农村房屋价值是存在差距的,房屋实际价值应高于受访者估算的价值。

3. 被调研对象的拥有其他财产的情况

在被调研的家庭中,有 91 户家庭表示拥有农业机械,119 户表示没有农业机械。拥有的农业机械主要是三轮车、拖拉机、手扶车以及犁田车等,另外还有少数家庭表示其拥有面包车、轿车和运输车等。此外,有 58 户家庭表示从事养殖业,包括 3 户养鸡专业户,4 户养猪专业户等,其他家庭则主要是散养猪、牛、羊等牲畜。

(三) 被调研对象的资金需求及农户贷款情况

1. 被调查对象的资金需求情况

通过 210 份有效调查问卷发现,有 65 位受访对象所在家庭最近三年曾经有过借款经历,另外 165 位受访对象则表示其所在家庭最近三年没有借款经历。而在最近三年有过借款经历的 65 户家庭中,有 34 户家庭表示其借款额度超过 2 万元,9 户家庭表示其借款额度在 5000 元以内,另外 22 户家庭的借款额度则在 5000 元至 2 万元之间。由此可见,农村家庭如果有借款需求,借款额度大部分在 1 万元以上。另外,在这些有借款需求的家庭中,向银行借款的有 19 户,向亲友借款的有 38 户,向农村信用社借款的有 4 户。另外还有 2 户家庭曾经有过高利贷借款经历,剩余 2 户则表示选择了其他借款方式。

2. 被调研对象的借款情况

在收回的 210 份有效调查问卷中，有 30 位受访者表示其所在家庭曾经有过向金融机构贷款的经历，占比为 14.29%，这说明农民向正规金融机构借款的比例是很低的。其中，在这 30 户中，有 22 户是从农村信用社处获得贷款，7 户从中国农业银行、中国银行等国有商业银行处获得贷款，还有 1 户是从村镇银行处获得贷款。在贷款数额方面，有 21 户贷款数额为 1 万—3 万元，占比为 70%。而贷款期限方面，期限长短根据村民的贷款金额以及偿还能力而存在差异。一般体现出这种规律，即贷款时间随着贷款金额的提高而增加，原因在于贷款的村民需要一段时间来筹集还贷的资金；村民能力越强，贷款时间就越短。从调研情况来看，贷款时间在 1 年以内的有 5 户，其中 1 户贷款金额为 1 万—3 万元，另外 4 户贷款金额在 1 万元以下，由此可以看出贷款期限较短的村民贷款的金额也较少。另外有 17 户的贷款期限为 1 年，其中贷款金额在 1 万元以下的有 11 户。贷款时间超过 5 年的，贷款金额一般也都超过了 5 万元。比较特殊的 1 户贷款 10 万元，贷款期限为 1 年，说明该户的还贷能力强。

调研组还询问了没有贷款经历的家庭未申请贷款的原因，回答不需要贷款的家庭是 99 户，占没有贷款经历的家庭的 54.4%。而继续深究其不需要贷款的原因，发现这些家庭大都有家庭成员在城市打工，有相对稳定的打工收入，经济条件相对较好，不需要贷款；有 32 户家庭表示尽管其有贷款需求，但既没有熟人也没有抵押物，不符合银行的贷款条件；另外还有 40 户家庭表示由于利息太高，偿债能力有限，担心借款后不能偿还贷款。认为贷款很难的有 127 户，占总户数的 60.48%，认为获得贷款比较容易的有 26 户，还有 47 户认为虽然获得贷款有一定的难度，但通过争取还是可以获得的。在询问受访者农村贷款存在的主要问题时，收集到以下回答：贷款政策不够透明、贷款审批时间长、申请贷款的手续太烦琐、对抵押物要求太高、利息太高等。也就是说村民希望金融机构通过简化贷款手续、降低抵押物的要求、降低贷款利率以及缩短贷款审批期限等来改进农村的信贷工作。村民主要是以信用担保的方式从农业银行以及农业信用社（农村商业银行）获得贷款，采用抵押担保方式的很少。在采取抵押贷款方式的农户中，以宅基地使用权、林权以及土地承包经营权进行抵押的情况都存在，这与重庆市是农村土地抵押试点地区有重要关系。调研组对土地使用权抵押政策在农村地区的宣传情况也作了调研。调研结果显示，被调研的村民有 79 位表示其知晓可以通过宅基地使用权抵押获得贷款，占比 37%，有 29 位村民知晓可以以土地承包经营权进行抵押贷款，占比 13.8%，另外还有 49 位村民知晓可以动产抵押贷款，占比 23.3%。通过数据可以发现，宅基地使用权抵押制度在试点地区的宣传力度还有待加强。金融机构在相关信息的发布方面不够积极，村民主要是通过报纸、网络以及亲朋好友的转告等知晓相关政策。

二 宅基地使用权抵押贷款意愿情况与分析

如前文所述，210 份调查问卷显示，在被调研的村民中只有 79 位表示其知晓可以通过宅基地使用权抵押获得贷款。在信息获得途径方面，有 42 位村民表示是从亲朋好友处获得信息，另有 30 位村民表示是通过观看电视获得相关信息。在调研组向被调研的村民详细介绍宅基地使用权抵押的政策后，只有 22 位村民表示其有通过宅基地使用权抵押的方式获得贷款的意愿，仅占比 10.48%。有学者对安徽省样本区的宅基地使用权抵押权认知调研，发现农户距离城镇越近、工作地点距离家乡越近，对宅基地使用权抵押政策了解的比例越高，有抵押意愿的比例也越高。[①] 调研组继续询问村民其为何对宅基地使用权抵押贷款没有意向，有 78 位村民表示其所在家庭没有贷款需求，占没有以宅基地使用权抵押贷款意愿的村民的 41.5%。调研组发现这 78 位村民所在家庭都有家庭成员在外打工，具有较为稳定的收入来源，而且这些家庭的耕地面积较少，从事农业生产性投资的需求较低；有 38 位村民表示其担心利息太高，没有偿债能力，担心因不能按期偿还债务而失去宅基地使用权和房屋，所以没有以宅基地使用权进行抵押贷款的意愿；此外还有 47 位受访村民表示其所在家庭在资金短缺时，可以从亲朋好友处等获得借款。

调研组继续询问具有以宅基地使用权抵押方式获得贷款的 22 位村民，如果其以此种方式获得贷款后，将作何用途。询问结果显示，有 9 位村民表示将会把贷款用作生活周转、建房买房、红白喜事以及看病等生活用途，8 位村民表示将会把贷款用于工商业，只有 5 位村民表示将会把贷款用于种植业，譬如购买农资、农业机械等。由此可见，农民以宅基地使用权抵押的方式获得的贷款用于农业生产的占比并不高，生活类用途和工商

---

① 彭长生：《农民对宅基地产权认知情况及其差异——基于安徽省 6 县 1413 个农户的问卷调查》，《华南农业大学学报》（社会科学版）2012 年第 2 期。

业用途是贷款资金的主要用途。

对有宅基地使用权抵押贷款意愿的村民的特征进行分析可以发现,在贷款需求方面,男性和女性的比例分别为77.27%、22.73%,男性高于女性。在年龄分布方面,36—50岁这一阶段的村民比较倾向于以宅基地使用权进行抵押贷款,占比54.55%,50岁以上的占比31.82%。在受教育程度方面,教育程度在高中以上且具有抵押贷款意向的村民的数量仅占9.09%,教育程度为初中的且具有抵押贷款意向的村民的数量占45.45%,但笔者认为这并不代表受教育程度与抵押贷款意愿成反比。之所以出现这种受教育程度高且有抵押贷款意向的村民在数量上比较低的现象,与被调研对象的受教育程度普遍较低具有重要关系。另外调研组还发现,具有外出打工经历的村民会比没有外出打工经历的村民更倾向于以宅基地使用权进行抵押贷款。综上可知,年龄分布在36岁到50岁之间、有过外出打工经验或者受教育程度在高中以上的男性村民更具有较高的以宅基地使用权进行抵押贷款的意愿。这与其他学者在调研农村宅基地流转意愿的调研结果类似,学者通过调研发现,职业分化程度和经济分化程度越高、非农收入比重越高,对宅基地使用权的依赖程度就越低,在一定程度上就会促进他们把宅基地使用权流转出去。[①] 这同样可以说明非农收入较高对宅基地使用权抵押的意愿具有正影响,这样的农民可以用宅基地使用权抵押获得的资金用于非农投入,从而获得资产增值。

对有宅基地使用权抵押贷款意愿的村民所在家庭特征进行分析可以发现,从事农业劳动的人口占家庭人口的比重在30%—60%的家庭,有一半具有以宅基地使用权进行抵押贷款的意愿;从事农业劳动的人口占家庭人口的比重在60%以上的家庭,仅有36.36%的家庭具有以宅基地使用权进行抵押贷款的意愿。而之前从未有过贷款经历的家庭,有95.45%的家庭具有以宅基地使用权进行抵押贷款的意愿。对具有以宅基地使用权进行抵押贷款的家庭的社会经济特征进行分析发现,房屋结构为二层或以上楼房的家庭占比为47.27%,房屋结构为一层砖瓦房的家庭占比为48.18%。在这些具有抵押贷款意愿的家庭中,有17户家庭已经取得房产证,有12户家庭知晓宅基地使用权抵押相关政策。另外,距离金融机构在5公里以内且具有抵押贷款意愿的家庭的数量要明显大于距离金融机构大于5公里

[①] 杨应杰:《农户分化对农村宅基地使用权流转意愿的影响分析——基于结构方程模型(SEM)的估计》,《经济经纬》2014年第1期。

的家庭的数量。

三 宅基地使用权抵押贷款意愿影响因素分析

通过对以上调查问卷的分析可以发现，受访者自身的特征、受访者所在的家庭的特征以及受访者所在家庭的社会经济特征等因素，对以宅基地使用权进行抵押贷款的意愿具有显著的影响。

（一）受访者自身特征对宅基地抵押贷款意愿的影响

在受访者的特征变量中，性别对宅基地使用权抵押贷款意愿具有显著的正影响，年龄和受教育程度则对宅基地使用权抵押贷款意愿具有显著的负影响。被调研者年龄越小，以宅基地使用权进行抵押的愿望就越强烈，年龄大者，反而抵押贷款的积极性没那么高。究其原因，村民随着年龄的增长从事农业生产的能力也相应下降，继而导致其对房屋的依赖性也越来越强，再加之思想随年龄的增长也趋向保守，对于宅基地使用权抵押这一金融创新产品难以接受也是情理之中。这样的调研结果与其他学者对贵州省样本区的调研结论相类似，该学者通过调研认为受访者年龄越大、家庭人口越多，对占有宅基地的依赖性越大。[1] 在受教育程度与宅基地使用权抵押意愿方面，受教育程度对宅基地使用权抵押意愿具有负影响。这种关系似乎与我们的认知有一定的出入。然而，从另一个角度来考虑，这种关系也可以解释。农村房屋作为农村家庭中的最重要的财产，与农民的日常生活密切相关，即便农民出现资金短缺的情况，倘若有其他筹集资金的方式，农民从情感上通常不会以宅基地使用权进行抵押而获得贷款。另外，一般情况下，农民受教育程度越高能力通常越强，通过经商或者进城打工等手段可以获得相对充足的资金。这也就意味着其贷款需求比较低，即便真正需要资金时，也会通过其他形式获得资金。换句话说，农民受教育程度越高，获得资金的渠道就越广泛，以宅基地使用权进行抵押贷款的意愿就越低。

（二）受访者所在家庭的特征对宅基地抵押贷款意愿的影响

在受访者所在家庭的相关变量中，是否曾经有关贷款经历对宅基地使用权抵押贷款意愿具有显著的正影响。曾经过贷款经历的家庭，对于宅基

---

[1] 张秋琴、罗海波、严金明、黄璐水：《农村宅基地退出意愿调查与可行性评价——以贵州省样本区为例》，《国土资源科技管理》2014年第4期。

地使用权抵押贷款表现出比较强烈的意愿。农业劳动力占全部家庭成员的比重对宅基地使用权抵押具有显著的负影响。农业劳动力占全部家庭成员的比重高，也就意味着农业收入为该家庭的主要收入来源。而通常情况下，以农业收入为主的家庭总体收入较低，以非农业收入为主的家庭总体收入较高。家庭总体收入低，即意味着其还债能力有限。有限的还债能力直接影响到以宅基地使用权进行抵押贷款的意愿。

（三）受访者所在家庭的社会经济特征对宅基地抵押贷款意愿的影响

在受访者所在家庭的社会经济特征的变量中，房屋的数量对宅基地使用权抵押贷款意愿具有显著的负影响，也即农村房屋的房间数量越多，以宅基地使用权进行抵押贷款的意愿就越低。究其原因，农村房屋数量越多者，家庭总收入通常较高，经济条件较好，对资金的需求较低。农村房屋的结构对以宅基地使用权进行抵押贷款的意愿具有显著的正影响，也即农村房屋的结构越好，其价值就越高，农民以该房屋及宅基地使用权进行抵押贷款的意愿也就越高。究其原因，当农村房屋的结构为草房、土房而价值较低时，即便房屋所有人需要资金，因房屋的价值有限不能满足其融资需求或者仅能获得很少一部分资金，此时以该结构的农村房屋以及宅基地使用权进行抵押显然性价比不高，在这种情况下房屋所有人就会选择以其他方式获取资金。相反，倘若房屋为二层及以上楼房而结构较好时，因房屋的价值较高，当农民有资金需求时，因该房屋的价值能够满足其融资需求，就会对以该房屋及宅基地使用权抵押贷款表现出较高的意愿。家庭收入支出比对以宅基地使用权抵押的意愿具有显著的负影响，即家庭收入支出比越高，以宅基地使用权进行抵押的意愿就越低。当收入与支出的比值为 1 时，说明该家庭收支平衡，而当收入与支出的比值大于 1 时，说明该家庭在当年的收入大于支出，具有闲余资金，自然无须以宅基地使用权抵押贷款。受访村民所在家庭离金融机构的距离对以宅基地使用权进行抵押的意愿具有正影响，这与我们之前的预期有所偏离。究其原因，可能与调研组所选择的样本具有重要关系。东石镇永湖村有金融机构，但这里的村民基本没有抵押的意愿。样本的选择以及特殊的地理位置导致了这种结果。

第四章

宅基地使用权抵押的规制构造

第一节　构建宅基地使用权抵押制度应遵循的原则

一　坚持和完善宅基地集体所有制度

（一）宅基地所有权主体的虚化

宅基地集体所有权主体的虚化，这是我国宅基地所有权制度最大的缺陷。我国既有法律规范规定宅基地所有权主体，存在规定模糊的现象，这直接导致主体不清晰、宅基地所有权缺乏独立的人格化代表的不利后果。关于宅基地所有权主体问题，我国《宪法》《民法典》《土地管理法》等均作出相关规定，在形式上形成了以《宪法》为指导，以其他部门法为基础的法律制度体系。尽管如此，宅基地所有权问题仍没有得到很好的解决，宅基地到底属于农村集体所有，还是农村集体经济组织所有，抑或农村的其他组织所有，没有得到很好的回答。农村集体、农村集体经济组织范围广泛，主要包括农村基层组织管辖的集体经济组织、农民专业经济组织以及股份合作经济组织等，不仅范围广，而且这些组织的设立程序、包含的农户范围及职责并不清晰。除此之外，受以往"三级所有、队为基础"之影响，宅基地所有权主体之模糊性问题一直没有解决。尤其是在宅基地所有权的行使方面，既有法律规范鲜有涉及宅基地所有权人如何实现所有权。鉴于既有法律对宅基地所有权主体规定空泛、模糊，造成了相关制度可操作性较差的事实，继而导致在实践中直接由某些农村经济组织、村委会甚至是乡镇政府等代行农村集体所有权，在事实上成为宅基地所有权的主体。

可以说，宅基地所有权主体之虚化，对于宅基地法律制度之运转已经产生了较大的影响,甚至已经成为我国深化农村改革的重大障碍,倘若该问题不能得到很好的解决,将会对农民的权益产生影响。① 宅基地所有权主体之虚化,对于宅基地使用权抵押制度之构建也会产生明显的消极影响。宅基地使用权抵押行为之展开,需要宅基地所有权人、使用权人、金融机构、各级政府以及社会中介机构等主体共同参与。在这些参与主体中,宅基地所有权人之作用十分重要,直接关涉农民集体利益能否得到有效保障。此外,宅基地所有权人还是宅基地使用权抵押融资的监督者与服务者,该主体是否真实存在以及能否实际发挥作用关系到能否实现宅基地使用权抵押融资之效率与公平的价值目标。宅基地所有权主体之虚化,便意味着宅基地使用权抵押制度所依托的"权益交互网"失去了基点,不仅该制度运行之效率会受到影响,制度运行的稳定性与平衡性也将弱化。

(二) 由宅基地所有权主体的虚化引发的争论

宅基地所有权主体的虚化以及由此带来的一系列不利影响,引发了理论界对宅基地所有权改造路径的探讨。在探讨的过程中形成了以下三种不同主张。

1. 宅基地国有化说

在宅基地国有化主张者看来②,包括宅基地等在内的农村土地所有权的国有化,体现了集体土地所有权社会化。国家将土地所有权收回后,将以所有权人的身份参与到集体土地的纠纷中,而不再以公权力行使人的身份参与。国家在利用土地资源方面比分散的集体经济组织具有优势,能更加合理、充分地利用农村土地资源。而且,土地价值原本就具有的全社会性以及公共性,也要求由国家收回集体土地所有权。实行宅基地国有化,将保障宅基地的公平使用和流转,防止农村基层官员对宅基地使用权人合法权益的侵害。当出现宅基地的违法侵害者时,依赖国家主权对侵害者实施惩戒也将更加有效。在这些学者看来,宅基地的国有化将解决宅基地主体虚位的困境,将当前"不完全国家所有权"上升为真正的国家所有权。国家直接拥有并处分宅基地,将使得农村宅基地管理混乱的局面得到改善。

笔者并不赞成宅基地国有化的主张,主要理由如下:第一,将宅基地

---

① 王菊英:《乡镇集体土地所有权的变革路径探析》,《西南政法大学学报》2005 年第 4 期。

② 刘俊:《中国土地法理论研究》,法律出版社 2006 年版,第 147—59 页。

集体所有转化为国家所有，无非有两种形式：无偿宣告和有偿购买。以前种方式进行容易引发农民不满，稍有不慎就会引起社会动荡，以后种方式进行将耗费大量国有资产，带来巨大财政压力。第二，在将宅基地收回归国有后，面对大量分散的宅基地，国家行使所有权困难重重，而且农村集体经济组织应何去何从也是需要谨慎对待的问题。第三，在我国农村地区宅基地集体所有制有着深刻的经济社会基础，短期之内难以改变。第四，在宅基地国有化的过程中农民的利益不可避免地要受到损害，农民在心理上短期之内无法接受。

2. 宅基地私有化说

在宅基地私有化主张者看来[①]，推动宅基地的私有化对宅基地的流转是有利的，且与我国当前市场经济的需求相符，能够使市场在宅基地资源的配置方面真正发挥基础性的作用。宅基地私有化，基层官员在宅基地分配过程中的贪污腐败的机会就会大大减少，农民因征地补偿向法院起诉或者上访的情形也就大大减少。而且，农民取得完整的宅基地所有权后，就可以通过自由转让宅基地的方式来获取资金。从政府的角度来讲，宅基地的私有化将推动基层政府精简机构，转变职能，从而推动基层政权改革目标的实现。

笔者也不赞同宅基地私有化的主张，主要理由如下：第一，宅基地私有制与我国生产资料公有制的经济制度基础是不符合的。第二，宅基地私有化面临实际运行与操作的困难。我国农村人口众多，且数量并非定值，难以选择一个分配宅基地的最合理标准，统计和评估宅基地、人口也必然会造成难以估量的人力、物力损耗。第三，那种认为通过宅基地自由化而推动宅基地的自由流转并最终实现宅基地资源的有效配置的观点过于理想化，在实践操作中，会导致宅基地的兼并问题，导致更多的社会矛盾。第四，宅基地私有化主张并不必然调动农民的积极性，在坚持宅基地集体所有的前提下，通过合理的制度安排，同样可以挖掘并发挥宅基地的财产功能。况且，国外失败的土地私有化的案例也给我们敲响了警钟。

3. 宅基地复合所有制说

按照宅基地复合所有制说，我国的农村宅基地可以采取在国有制基础上农民私有的复合所有制。在宅基地复合所有制的框架下，农民享有的是

---

① 王利明：《物权法论》，中国政法大学出版社1998年版，第526—527页。

宅基地的个人所有权，国家享有的则是宅基地的社会所有权。[1]复合所有制说的提出者和支持者认为该学说具有很大的合理性，理由如下：第一，认为宅基地复合所有制说是与我国国情相符合的，即农民对宅基地以及因宅基地所享有的收益，符合宅基地因农民活动带来增值的属性，而国家对宅基地的公有化并行使管理职能符合宅基地的社会性。第二，由于宅基地符合所有制方案的确立，确保了农民对宅基地享有的部分所有权，容易得到广大农民的支持。第三，国家对宅基地所享有的社会所有权，从宏观视域来看将使国家在管理农村经济中的作用得到推动。第四，宅基地复合所有制符合我国农村经济发展中包括家族观念、平均主义以及集权经济等非制度性的传统要求。

对于宅基地复合所有制说笔者并不赞成，理由如下：第一，该学说不仅概念与定义模糊，而且具体框架缺失，未解释该模式与完全国有化或者私有化的区别等根本性问题。第二，将宅基地所有权划分为个人和国家共同所有，缺乏实践与法理的支持。第三，按照复合所有制说，国家所拥有的宅基地所有权会对农民享有的不完全的宅基地所有权产生影响，在具体实践中可能会进一步异化为国家对农民宅基地所有权及相关权利的侵害，对国家和农民之间的权利和义务进行合理界定也是非常困难的，不但无法对宅基地权利和利益的分配格局进行调整，也会侵害国家在事实上享有的宅基地所有权或者国家对农民的宅基地权利，导致权利和义务更加不清。

(三) 宅基地使用权抵押的前提：坚持和完善宅基地集体所有权

我国《宪法》第6条和《土地管理法》第8条规定了我国的所有制形式和农村土地的农民集体所有制，对包括宅基地等在内的农村土地的完善是一个宏大的理论问题，基于前述原因，笔者并不赞成学界提出的宅基地国有化说、宅基地私有化说以及宅基地复合说。相较于这些观点，笔者更赞同集体所有制是我国农村土地制度的基础，无论如何改革创新集体土地使用权，均不能偏离这一基础[2]，赞同对宅基地所有权"改良"论，即综合考虑我国的基本国情，宅基地集体所有权制度应继续坚持。首先，坚持宅基地集体所有权制度才能使我国数亿农民的生存与发展有保障。作为一个发展中的农业大国，农村人口众多是我们首先要面对的一个现实，党

---

[1] 钱忠好：《关于中国农村土地市场问题的研究》，《中国农村经济》1999年第1期。
[2] 顾华详：《论农村集体土地使用权制度改革创新》，《中共南京市委党校学报》2016年第4期。

和政府将广大农民的生存与发展放到至关重要的位置。坚持宅基地集体所有权制度，有利于解决农民的整体发展问题，还可避免因宅基地私有而导致土地集中现象发生。历史上的失败实践均告诫我们，宅基地私人所有会引发一系列社会问题，甚至会导致民无居所的严重后果。其次，坚持宅基地集体所有权制度也恰好契合了农村的社区功能性。宅基地是保障广大农民生存和繁衍的物质基础，只有保障每个家庭具有平等的申请宅基地使用权的机会，广大农民的生存权才能得到保障。由特定的农村共同体拥有宅基地所有权，是确保该共同体内所有家庭生存的保障。坚持宅基地集体所有，便意味着具备该集体成员的身份，就可以获得相应的宅基地，在该地区居住就享受不可被剥夺地使用宅基地的"自然权利"，取得"社员权"或者"村民权"便意味着取得该社区宅基地的利用权。再次，在坚持宅基地集体所有制度的基础上进行宅基地制度改革，成本最低，且最具有可行性。为了一个不确定的预期而颠覆现有的制度是不明智之举。更何况，包括宅基地等在内的农村土地集体所有权制度是我国的一个根本性土地制度。尽管我国目前宅基地集体所有权制度存在一些问题，但这些问题并非致命性问题。在原有的制度框架内通过合理的制度设计，是可以消除存在的问题的，我们可以在坚持集体土地所有制的前提下，把宅基地使用权的流转作为核心问题来解决。① 当变革可能导致的成果以及变革的成本超出我们预料范围的情况下，我们尤其需要谨慎选择。在当前我国的政治经济及人文背景下，宅基地集体所有制依然是构建我国宅基地产权制度的基础。② 而且站在改革成本的角度上考虑，系最佳选择。最后，坚持宅基地集体所有制度在我国农村地区有着坚实的社会基础。作为宅基地集体所有制既是我国进行社会主要改造的成果，也是广大农民长期选择的结果。经过几十年的推行，宅基地集体所有制已经被广大农民接受。尽管其间发生一些小的变革，但是宅基地的权属关系始终没有发生改变，以队为基础、以村为单位的所有制格局至今仍然保留。至少在目前的阶段，宅基地集体所有制仍然是顺民心、合乎国情的。

落实宅基地集体所有权，关键之处在于对流转利益的分配，从法理上讲，集体作为所有权拥有者，天然地享有一定的流转利益，也是所谓集体所有在经济上的实质表现；而农户的宅基地使用权虽是无偿取得，但在宅

---

① 张善斌：《集体土地使用权流转的障碍排除与制度完善》，《法学评论》2014 年第 2 期。
② 赵淑华：《关于农地产权制度的理性思考》，《学习与探索》2004 年第 6 期。

基地之上的农房以及附属物也要得到一定的补偿，也符合物权的相关理论。所以，宅基地使用权流转收益的分配比例至关重要，各地可以根据不同的经济发展水平和试点经验确定具体的比例，实现农村村民和集体组织的双赢。坚持以集体所有与社会保障作用为基本立足点，这是我国基本制度所决定的，"三权分置"设想是对"两权分离"的土地制度在新的历史条件下的进一步探索和发展，必须在宅基地公有的基础上进行更大程度的赋权于民，守住社会保障和公平正义，改革之路才能深入和走远。宅基地制度改革亦是在保障宅基地集体所有权属性的基础上展开的探寻宅基地使用权财产性变现的路径。

我国农村实践中确实存在宅基地所有权主体虚化的问题，为解决这一问题，笔者主张构建宅基地集体所有权主体人格化代表。农民集体由诸多农民个体组成，而作为农民集体成员的个体又不能具体行使所有权。故而，确定一个合适代表，由其代表农民集体成员行使宅基地集体所有权，就可以有效保障农民个体和农民集体的权益。尽管我国将农村集体等抽象意义上的主体纳入了法律规定的范围，但是我国的广大农民事实上处于一家一户的经济状态，没有形成真正意义上的经济组织。在某种程度上可以说，正是由于我国农村地区组织资源极度匮乏，我国农民才长期处于弱势地位。广大农民的利益之所以屡遭侵害，与真正代表农民利益的组织的缺失也有重要关系。确立一个能够真正代表农民利益的人格化代表，成为解决"三农"问题的关键。完善宅基地集体所有权制度，不可回避的一点就是寻找一个能够代表农民集体形式宅基地所有权的组织机构，明确宅基地所有者的权利和义务，并保障农民能够充分行使宅基地使用权，这才是解决问题的关键。

笔者认为，"村委会+村民代表会议"是构建宅基地所有权主体人格化代表的最佳形式。该形式具有作为农村集体所有权的代表所具有的代表性、稳定性和权威性。[①] 在具体操作上，由村民代表会议作为宅基地所有权主体的人格化代表行使宅基地所有权。由村民代表会议作为宅基地所有权主体的人格化代表不仅与宅基地归农民集体所有的特质相契合，还能在最大限度上确保公正，从而实现对农民宅基地权益的保护。除此以外，由村民代表会议作为宅基地所有权主体人格化的代表，还能够在很大程度上

[①] 贾生华：《论我国农村集体土地产权制度的整体配套改革》，《经济研究》1996 年第 12 期。

使得权利行使的效率提高。另外,为了落实村民代表会议的相关决策,加强宅基地的日常管理,还应将村民委员会界定为宅基地所有权人的代理人。毕竟,村委代表会议仅是一种会议形式,而非常设机构,无法参与宅基地的日常管理。故而,确定一个常设机构就非常必要,将村民委员会确立为常设机构,就可以由其代表农民集体进行对外活动。笔者并不赞成设置土地管理委员会并由其作为宅基地所有权人的代理人的观点。虽然创建土地管理委员会在理论上比较说得通,但是在具体实践中,土地管理委员会的存在可能会提高宅基地所有权的行使成本、降低宅基地所有权的行使效率。

二 对利益相关者进行均衡保护

宅基地使用权抵押融资制度建立与完善的过程实际就是农民金融制度变迁过程的一部分,而任何的制度变迁的过程实际就是不同的利益主体相互博弈的过程。可以这样说,制度变迁能否最终成功,关键要看产生于制度变迁中的成本能否由各利益相关方合理分担以及所产生的收益能否由各相关方合理分享。从法律主体的角度来看,宅基地使用权抵押融资就是一个关系到多个利益主体的复杂的运行过程。具体而言,宅基地使用权抵押制度涉及宅基地使用权抵押人、抵押权人、宅基地所有权人,在抵押权实现时还会涉及宅基地使用权继受人。另外,鉴于宅基地的特殊性质,政府还会在必要的时候介入由私法进行调整的宅基地使用权抵押行为。由此可以看出,宅基地使用权抵押的制度运行涉及中央政府、地方政府、农村集体经济组织、农村金融参与组织或个人、农户等的多方利益博弈,宅基地使用权抵押融资是一个涉及不同相关利益主体的复杂行为。而欲实现宅基地使用权的抵押融资功能,非常关键的一点就是要均衡保护各相关利益主体的权益,从而实现各利益主体的动态平衡。在既有的试点中,就存在各利益主体的权益进行保护时的失衡问题。有人在论述宅基地征收补偿类型化问题时,提出应当在土地征收制度整体框架下,根据农地和建设用地的不同性质、价值和功能,对宅基地征收补偿进行类型化立法,认为应当制定公平合理的补偿标准,对宅基地征收补偿分配制度予以完善。[①] 这种宅基地征收公平合理补偿、分配制度,对宅基地使用权抵押实现时利益的分配

---

① 梁亚荣、高海燕:《宅基地征收补偿类型化立法探析》,《南京农业大学学报》(社会科学版) 2014 年第 1 期。

也具有参照价值。比较典型的例子就是在试点工作中，通过在政府财政的参与下建立风险补偿基金，优先保护参与宅基地使用权抵押业务的金融机构，而在宅基地使用权的评估过程中则人为地压低评估价格，甚至是以限制抵押率等方式，保证金融机构可以充分实现其债权。农地融资法律制度的核心是维护与保障法律关系中的各方利益。① 在宅基地使用权的流转被严格限制的阶段，开展宅基地使用权抵押融资业务时金融机构需要承担额外的法律风险，故而需要优先保护金融机构的利益。然而，当宅基地使用权抵押融资在政策上已经被认可，法律风险已基本消除的情况下，对宅基地使用权抵押融资相关利益主体的权益进行均衡保护就应当成为重点。只有这样，才能保证宅基地使用权抵押融资制度的健康持续发展。对一方的优先保护，就意味着对另一方保护不周或者以牺牲另一方的利益为代价。在既有的宅基地使用权抵押融资试点中，对金融机构的优先保护往往是以政府买单或者牺牲抵押人的利益为代价的，这与公平、正义的理念是相违背的，政府的角色安排应当转变和重新定位。因此，从这个角度来看，政府应当以利益博弈参与者的角色定位，转变为利益博弈的裁判者，均衡保护宅基地使用权抵押各参与方的利益。

首先，要保护宅基地使用权抵押人的正当利益诉求。最为重要的一点就是要确保抵押人所抵押的宅基地使用权的经济价值得到应有的、充分的体现。要做到这一点，就要重点从以下三个方面进行把握。其一，在决定是否以宅基地使用权进行抵押的环节，要坚持两个原则：第一个原则就是由农民自主决定是否以宅基地使用权抵押融资以及如何行使宅基地使用权抵押融资权；第二个原则就是在挖掘宅基地使用权的财产功能时，要以保障权利人最基本的生存权与发展权为前提，不能因该制度的实施而最终"无房可住"。其二，在评估环节，对宅基地使用权的价格进行合理评估，使得评估价格真正体现宅基地使用权的应有价值。其三，在抵押权的实现环节，要确保能够以合理的价格处置宅基地使用权，做到物有所值。

其次，要保护宅基地使用权抵押权人的正当利益诉求。从理论上来讲，宅基地使用权抵押权人应不限于金融机构，只要有足够资金且愿意接受宅基地使用权作为担保的民事主体均可以成为抵押权人。但就我国的政策规定以及实践现状来看，金融机构是资金的主要提供者，毕竟一般的民

---

① 彭虹：《农地融资的制度构建初探》，《东南学术》2010年第6期。

事主体无法在资金方面与金融机构抗衡。故而，为了鼓励金融机构参与宅基地使用权抵押业务的积极性，有必要对金融机构的正当利益诉求提供保障。一方面，要保障金融机构所提供的贷款资金的安全性；另一方面要保障金融机构通过开展宅基地使用权抵押业务获得一定的经济回报。在化解金融机构风险的过程中，在不同阶段，需要制定有针对性的具体措施。在抵押权的设定环节，应对宅基地使用权作出合理的估价，从而为金融机构确定贷款额度提供参考标准。在抵押权的实现环节，需要完善相关制度，以确保抵押权能够及时变现。对于金融机构而言，在债务人无法按期偿还债务时，只有宅基地使用权顺利变现，其所提供的贷款资金的安全性才能最终得到保障。换言之，宅基地使用权的经济价值并非金融机构所关心的，金融机构更关心宅基地使用权的变现价值。

再次，要保障宅基地使用权继受人的正当利益诉求。在宅基地使用权抵押制度中，宅基地使用权继受人也是非常重要的主体，该主体直接关系到宅基地使用权抵押权是否能够顺利实现，故而，对其正当利益诉求进行保护也十分重要。倘若不能有效保障其正当利益，那么必将削弱其参与宅基地使用权抵押业务的积极性，进而阻碍构建宅基地使用权抵押制度。宅基地使用权继受人的利益诉求通常包括以下几方面：第一，取得的宅基地使用权不存在权利瑕疵；第二，在取得宅基地使用权后，能够在法定范围内充分行使宅基地使用权的各项权能，并不受他人非法干涉；第三，在法定存续期间内宅基地使用权能够稳定存在，除公法行为以外，宅基地所有者或者其他任意主体都不能随意调整或者收回；第四，在宅基地使用权因公共利益被征收时，宅基地使用权的继受人能够依法获得相应的补偿。

又次，要保障宅基地所有权人的正当利益诉求。现有法律环境下，在宅基地资源的分配方面严格执行"平均分配"的准则，确切地说是以"户"为单位进行相对平均分配，并且在取得方式上是无偿的。在固化的、封闭的宅基地利用关系中，宅基地所有权人作为农民集体的代表，基本上不存在独立的利益诉求。然而，在动态的、开放的宅基地利用关系中，在宅基地使用权人将其占有的宅基地使用权进行流转时，宅基地所有权人独立的利益诉求也就开始凸显。以宅基地使用权进行抵押就意味着可能发生宅基地使用权的流转。所以，应赋予宅基地所有权人独立的利益诉求。在我国对土地的用途进行严格管制的条件下，就经济价值而言宅基地使用权要明显高于农用地，这也就意味着宅基地所有权人基于所有权，理应分享因宅基地使用权流转而产生的增值收益。

最后,要保障本集体经济组织其他成员的正当利益诉求。宅基地使用权的抵押人为农村经济组织的某一成员,基于农村所特有的"圈层"结构社会关系和宅基地集体所有的特殊性质,抵押人所在集体经济组织的其他成员也应该享有独立的诉讼请求。本集体经济组织的其他成员的正当利益诉求主要体现在抵押权实现的环节。在抵押权实现时,在同等条件下,本集体经济组织的其他成员有权优先受让宅基地使用权。而且在宅基地使用权抵押融资的过程中,宅基地的实际利用情况也决定了应赋予本集体经济组织的其他成员在同等条件下优先受让宅基地使用权。这主要考虑到,宅基地的利用通常需要邻接宅基地使用权人的支持与配合,赋予本集体经济组织其他成员优先受让权,有助于消除宅基地使用权"易主"后的纠纷。

三 效率与公平相统一

包括宅基地等在内的土地资源是经济社会得以发展的物质基础,也是人类进行财富创造活动的源泉。与社会经济的深入发展相伴随,土地资源供给的稳定性特点使得社会对土地资源不断增长的需求和土地资源的稀缺性产生矛盾,而且这种矛盾在不断加深。可以说,能否实现土地资源的优化配置,直接影响到一个国家经济发展的成败和经济社会的可持续发展。作为我国农民集体土地重要类型的宅基地,能否对其实现优化配置,将对我国的社会稳定和生态文明建设等产生直接影响。效率和公平是经济学研究中不可不提的主题,而在法学领域,效率与公平同样是学者进行学术研究以及立法者进行立法实践时不能忽视的主题。资源优化配置的重要目标就是实现资源配置效率与公平相统一,宅基地法律制度的建立与完善将直接影响到宅基地的配置,宅基地法律制度是否科学,将直接对宅基地配置的效率与公平状况产生影响。只有让土地流转起来,生产者的能力才能够与其拥有的土地相匹配,从而真正实现公平与效率的统一。宅基地使用权抵押制度作为宅基地制度的一部分,其产生与完善应当确保宅基地配置实现效率与公平相统一。

经济学中通常通过生产效率与经济效率两个层面对效率进行界定。其中,前者是从投入、产出的角度进行衡量,即以最小成本获得最大产出;后者则是从优化资源配置的角度来进行衡量,即目前社会所拥有的资源与人类满足之间的对比程度。本书所指的宅基地效率则主要是指宅基地的经济效率。按照新古典主义经济学"边际理论"效率原则,资源配置在不同时间、空间及用途上边际价值相同,是实现资源配置效率的基本原则。按照这个基本原则,具体到宅基地配置,宅基地效率的实现就是要实现宅基地在不同时间、空间及用途上配置的边际价值相等。而要实现这一目标,就需要以效益的原则进行流动,将宅基地配置给最能实现其效益的经营者或者部门,发挥宅基地的最佳效用。而能否实现宅基地的这一流动,与宅基地制度是否合理密切相关,不合理的宅基地制度安排将阻却这种流动,合理的宅基地制度安排将促进这种流动。具体而言,宅基地主要通过以下两种途径进行流动:第一种途径是宅基地在不同用途之间进行流动,如将宅基地转换为农用地或者集体经营性建设用地;第二种途径是宅基地在农村之间以及城乡之间的不同空间上流动,如通过宅基地使用权抵押、"地票"交易、征地以及城乡建设用地增减挂钩等形式向城镇流动等。依照宅基地配置效率之要求,宅基地使用权抵押制度是一种按照效益原则进行流动的形式,其有益于将宅基地配置到效率高的空间或者用途,有益于发挥宅基地资源的最佳效用。在具体的宅基地制度构建与完善的过程中,也应当将效率原则贯彻其中。

公平原则是宅基地使用权抵押制度构建过程中需要遵循的另外一个原则,公平与效率同等重要,二者不可偏废。倘若将经济的发展过程视为一个循环的过程,那么经济运行的整个过程实际上就可以划分为三个阶段,即起点、过程与结果。而与之对应,公平也可被区分为起点公平、过程公平以及结果公平。从制度构建的角度而言,起点公平难以把控,绝对的结果公平也很难实现,故而应该将重点放在规则公平与机会公平上面。正如新制度经济学所强调的那样,在强调规则公平的前提下再强调结果公平。具体宅基地配置及流转方面,则应强调规则公平、权利公平以及机会公平。规则公平强调的是宅基地资源配置市场对每个市场主体都是公平的,农村居民之间、城市居民之间以及城乡居民之间在参与宅基地使用权抵押活动时应规则公正;权利公平则是指宅基地使用权人的权利是平等的,同等地受到法律保护;机会公平强调的是市场主体参与宅基地使用权抵押活动的机会应当是平等的,除非法律明确规定该主体不能参与该行为,否则其参与的机会不应被剥夺,农村居民之间、城市居民之间以及城乡居民之间应当平等地享有参与宅基地使用权抵押业务的机会。

第二节 宅基地使用权抵押当事人资格界定

在宅基地使用权抵押中，抵押人和抵押权人是最重要的参与主体[1]，关于其资格要求，理论上和实践中认识与做法不一，这在前文已经提及。笔者认为，为完善我国宅基地使用权抵押制度，应对抵押人和抵押权人的资格作以下界定：

一 宅基地使用权抵押人的资格界定

（一）抵押人在抵押权实现后仍可以有偿取得宅基地使用权

正如前文所提到的，有些地方在开展宅基地使用权抵押试点工作时会要求抵押人作出类似"抵押权实现后不再申请宅基地"的承诺。笔者认为，将抵押人作出不再申请宅基地的承诺作为同意其参与宅基地使用权抵押业务的前置程序，并不具有合理性。在抵押权实现后，抵押人能否再申请宅基地与农民以宅基地使用权进行抵押的权利并没有直接关系。抵押权实现后，农民会失去对宅基地的占有，而按照《土地管理法》"一户一宅"的要求，农民失去宅基后将不能再向集体申请宅基地。然而，笔者认为，我国《土地管理法》的这种规定并非完全剥夺了失去宅基地的农民的再申请宅基地的权利，而仅仅是剥夺了其再一次无偿取得宅基地的权利。我国的现有宅基地制度中，初次分配农民无偿取得宅基地的规定体现了国家在农村宅基地分配方面的福利性。[2] 倘若允许抵押人在抵押权实现而失去宅基地使用权后再次通过申请无偿取得宅基地使用权，有违公平性。然而，倘若抵押人失去宅基地后如果彻底剥夺其获得宅基地使用权的机会，也会引发包括抵押人无房可住等一系列社会问题。故而，笔者认为比较可行的做法是，抵押人在抵押权实现后，待其经济条件好转时仍然可以赋予其有偿从集体经济组织或者集体经济组织其他成员处取得宅基地使用权的权利。这不仅照顾了宅基地分配上的公平性与福利性，也可以保障抵押人在失去宅基地后的居住需求。

---

[1] 在抵押权实现时，宅基地使用权的继受人也是参与宅基地使用权抵押活动的重要主体，关于其资格，笔者在后文的宅基地使用权实现部分另行界定。

[2] 高圣平、刘守英：《宅基地使用权初始取得制度研究》，《中国土地科学》2007年第2期。

（二）不应强制要求抵押人保证在抵押权实现后有居住场所

抵押人必须确保其在抵押权实现后仍有可居住场所，这是目前我国不少地方政府在开展宅基地使用权抵押试点工作时作出的强制要求。为此，农民若想要以其宅基地使用权进行抵押，就要向金融机构提供其除宅基地使用权和农村房屋外还有其他可居住场所的证明，以防止社会风险的发生。[①] 笔者认为，要求农民其除宅基地使用权外还有其他可居住场所的确可以在很大程度上化解抵押人因抵押权实现而无场所可住所带来社会风险，但这绝不应该成为限制农民以宅基地使用权进行抵押的条件。理由如下：第一，对于以住房进行抵押的城镇居民而言，在抵押权实现时，城镇居民同样面临失去居无住所的可能性，但这并不影响在城镇住房上设立抵押，在农民以宅基地使用权进行抵押的情况下，设置一个农民须具有其他居住场所的前置程序，显然与平等的原则是相违背的。第二，在市场经济条件下，农民应同样被作为"经济理性人"看待。作为"经济理性人"的农民在以宅基地使用权进行抵押时，并不会如一些学者所想象的那样盲目行事，其对抵押权实现后的法律后果如事先有所考虑，就会在抵押时评估相关风险，并在最大限度上避免风险。第三，我国《土地管理法》确立的"一户一宅"原则决定了大多数农民仅有一处居住场所。而且，农村的客观情况决定了让农民寻找其他居住场所会存在明显的困难。故而，设置农民向金融机构提供其他可居住场所的前置程序，对于农民以宅基地使用权进行抵押将会造成极大的限制，从而限制了宅基地使用权资产功能的发挥。宅基地使用权抵押制度构建的本意也将落空。在笔者看来，抵押权实现后农民居住问题的解决，采取施加抵押限制条件的方法并不科学，也非长久之计，应当另寻其他政策措施予以解决。譬如，建立专门的风险补偿基金，在抵押权实现以后，可以向失去居住场所的农民提供风险补贴；建立住房保障制度，在强制收回或者农民自愿退出的宅基地上建设廉租住房。类似措施也出现在既有的文件中。其中，国务院于2015年8月发布的《关于开展农村承包土地的经营权和农民住房财产权抵押贷款试点的指导意见》就要求试点地区结合自身实际情况"设立风险补偿基金等方式，建立'两权'抵押贷款风险缓解及补偿机制"。为了贯彻国务院

---

① 林依标：《农民住房财产权抵押、担保、转让的思考》，《中国党政干部论坛》2014年第9期。

上述指导意见，"两会三部"共同制定了《农民住房财产权抵押贷款试点暂行办法》和《农民住房财产权抵押贷款试点县（市、区）名单》，为依法稳妥规范推进农民住房财产权抵押贷款试点明确了政策要求。除此以外，最高人民法院早在 2005 年就针对城镇房屋被抵押且抵押权实现后，原房屋所有人面临失去居住场所这一情况作出规定，要求各级人民法院在执行房屋抵押房屋案件时，如果被执行人无法自行解决居住问题，申请执行人可以为被执行人提供临时住房并收取租金。另外，倘若被执行人属于低保对象且因案件的执行而无居住场所时，人民法院不应强制被执行人迁出。① 上述规定，同样可以适用于宅基地使用权抵押制度。由此可见，通过创新司法制度也可以在一定程度上解决抵押权实现后农民无居住场所的状况。

（三）宅基地抵押人可以其宅基地为他人债务设定抵押

按照担保法原理，债务人和第三人均可以作为抵押人，为他人的债务提供抵押担保。按照该原理，在宅基地使用权抵押制度中，农民以其宅基地使用权和农村住房为本人债务设定抵押的，应当没有什么疑问。然而，当农民以其宅基地使用权和农村住房为他人债务设定抵押时，由于关系到农民的住房保障问题，故而在学界存在争议，在实践中做法也不尽相同。有的地方在开展宅基地使用权抵押试点活动中，规定债务人或者第三人均可以作为抵押人。② 有些地方则规定只有债务人本人可以宅基地使用权进行抵押，第三人则不能。③ 在笔者看来，抵押人有设定抵押权的自由，这种自由不仅包括是否设定抵押权的自由，还包括为谁设定抵押权的自由，法律对抵押人的这种权利进行限定是没有理由的。尽管有些地方政府禁止农民以其宅基地使用权为他人债务设定抵押权是考虑到住房保障的现实问题，但仅以此为理由对农民进行限制是不充分的。故而，笔者认为宅基地使用权抵押人可以其宅基地使用权为他人债务设定抵押。

---

① 参见《最高人民法院关于人民法院执行设定抵押的房屋的规定》（法释〔2005〕14 号）。
② 参见《成都市农村房屋抵押融资管理办法（试行）》第 2 条、《重庆市农村土地承包经营权、农村居民房屋及林权抵押融资管理办法》第 3 条。
③ 参见《丽水市农村住房抵押贷款管理暂行办法》第 3 条、《巴中市农村产权抵押融资管理办法（试行）》第 2 条、《舟山市农村合作金融机构农村住房抵押贷款管理暂行办法》第 3 条。

（四）禁止宅基地使用权单独抵押

"农民住房财产权由房屋所有权和宅基地使用权构成。"[①] "农民住房抵押的标的物为农民住房，住房所有权和宅基地使用权一并抵押。"[②] 因而，农民基于成员权申请并占有了宅基地后而未在宅基地之上建设农民住房，其在本质上仍为宅基地资格权，不应当被流转，宅基地使用权单独抵押应当禁止。宅基地制度设立之目的在于保障农民的基本居住需求，此基本需求的满足亦是农民获取其他发展的前提。倘若农民在无偿获得宅基地使用权后径直将其流转，无疑背离了宅基地制度设立、健全、发展的初衷。此外，从集体土地与国有土地二者差异的视角来看，在我国经济社会发展中宅基地使用权具有特殊地位，为防止宅基地使用权性质及用途发生变化，我国立法对宅基地使用权实施了更加严格的保护。正如陈小君教授所言："如果允许宅基地使用权单独成为市场要素，则违背现行法基于宅基地使用权保障功能限制其流转的立法政策，且将会损害农民集体、其他成员（包括未来成员）的利益。"[③]

二 宅基地抵押权人的资格界定

宅基地抵押权人是接受宅基地使用权为抵押的债权人，当债务人没有履行债务时，可就宅基地使用权的流转价值优先受偿。在既有的试点实践中，主要由农业银行、村镇银行、农村信用合作社等正规金融机构作为抵押权人。在学术界的理论探讨中，将正规金融机构作为抵押权人也基本没有争议。有一大部分学者认为，由于宅基地使用权抵押制度是一项新生事物，涉及的利益关系是非常复杂的，需要"慎重稳妥推进"，故而在选择抵押权人时也应非常谨慎。并以此为由，非正规金融机构、其他组织以及自然人等不适宜作为宅基地使用权的抵押权人。[④] 然而，与正规金融机构的商业化经营原则相比，宅基地使用权抵押业务在客观上与之存在冲突。笔者在调研中也发现，正规金融机构对于宅基地使用权抵押业务似乎并不感兴趣。毕竟，农民以宅基地使用权进行抵押贷款的数额通常不会太大，

---

① 高圣平：《农民住房财产权抵押规则的重构》，《政法与法律》2016年第1期。
② 房绍坤：《农民住房抵押之制度设计》，《法学家》2015年第6期。
③ 陈小君：《我国涉农民事权利入民法典物权编之思考》，《广东社会科学》2018年第1期。
④ 房绍坤：《农民住房抵押之制度设计》，《法学家》2015年第6期。

且相较于其他业务,该业务的利润较少,在抵押权实现后抵押物变现也比较困难。故而,正规金融机构参与宅基地使用权抵押业务的积极性并不高,即使参与,也多是基于其他因素的考虑。欲解决这一问题,笔者认为有两种思路,第一种思路是由政府牵头成立风险补偿基金,或者由国家提供专项补贴,从而对正规金融机构参与此业务形成激励;第二种思路是设立土地政策性银行,并由其作为抵押权人,或者直接由现有的政策性银行作为抵押权人。事实上,在域外已有类似做法。例如,美国联邦政府为了对联邦土地银行开展的土地抵押业务提供二级担保,通过财政部购买了土地银行的股票,以此作为土地银行的创立资本;再比如,我国台湾地区的农业发展委员会就以较低的利率贷款给台湾土地银行,目的在于帮助土地银行筹集资金。[①] 就试点结果及未来发展趋势来看,笔者更青睐于第二种思路。具体而言,可交由作为国家政策性银行的中国农业发展银行承担此项任务,对于宅基地使用权之抵押实行低息甚至无息贷款,增加农民的融资途径。

除正规金融机构外,也应将非正规金融机构、其他组织等纳入宅基地使用权抵押权人范围之内。甚至在条件成熟时,也应允许自然人作为宅基地使用权的抵押权人。毕竟,正规金融机构的商业化经营,决定了即便国家在选择特定正规金融机构作为抵押权人时会给予这些金融机构特别的政策支持,但相较于其他利润较高的业务,政府给予的政策支持并不占优势。笔者所在调研组曾对重庆农村商业银行万州支行的工作人员就"宅基地使用权抵押贷款审核情况"展开调研,工作人员表示其所在支行仅把宅基地使用权抵押作为附属抵押,借款人还需要提供其他可抵押的财产,其所在支行才会贷款。这种情形在全国开展宅基地使用权抵押的试点地区并非个例,由此也证实了正规金融机构在参与该业务方面没有太大的积极性。正规金融机构的这种消极状态,自然会对宅基地使用权抵押制度资产功能实现之进程造成阻碍。另外,受限于各试点地区将非正规金融机构、其他组织及自然人等排除在宅基地使用权抵押权人的主体范围之外,即使这些主体对该业务比较感兴趣,也无法参与到该项业务中来。事实上,正规金融机构之外的上述主体,自身拥有比较充足的资金,而且在正规金融机构几乎垄断利润空间较大的项目背景下,其对宅基地使用权抵押

---

① 季秀平:《论土地承包经营权抵押制度的改革与完善》,《南京社会科学》2009年第1期。

业务表现出较正规金融机构更浓厚的兴趣。与其违背市场规律由政府指定特定正规金融机构参与到宅基地使用权抵押业务中来,不如打破制度藩篱,让非正规金融机构、其他组织甚至是有充足闲置资金的自然人参与到宅基地使用权抵押业务中来。尽管让这些主体参与到该项业务中来,实践中的确会引发高利贷以及以抵押担保为名的私下宅基地买卖行为[①],但这种客观存在的风险不应成为将上述主体排除在业务范围之外的充分理由。笔者认为,高利贷问题可通过国家的金融监管渠道或者借助法院司法裁判渠道予以遏制或者解决,以抵押担保为名的私下宅基地买卖行为也会在对宅基地使用权进行进一步的物权塑造后予以解决。故而,将因为这种通过其他途径可解决的客观风险而将非正规金融机构等主体排除在抵押权人范围之外无异于因噎废食。

三　缴纳宅基地使用权租赁费

从既有的地方改革试点做法来看,"有其他合适居所"成为推进农民住房财产权抵押制度尤为重要的一个前置条件,其目的在于保障农民在抵押权实现后仍有房可住,此举一方面在于保障农民最基本的生存权利,另一方面则在于维护社会稳定。在农民"有其他合适居所"的条件下,其是否可以将农民住房及其占用范围的宅基使用权一并抵押呢?对此,笔者持否定态度。基于历史遗留、继承、转让等多种因素影响,实践中,农民合法的"一户多宅"现象十分普遍,造成宅基地的大量闲置。倘若制度上不作出回应,随着时间的推移,"一户多宅"的现象必将积重难返。《土地管理法》所确定的"一户一宅"原则应严格遵守,并在此基础上制定统一的标准。对于超越标准部分的宅基地在登记时应当进行备注,可考虑对于超标准的部分进行收费,并依据不同地区的差异和人均用地面积,实施不同档次的基本收费标准。另外,还可考虑对超面积部分实行阶梯收费制度。至于收费的性质,笔者认为可通过宅基地使用权租赁制度解决,即针对多余的住宅,由房屋所有者向集体缴纳一定的宅基地使用权租赁费,以此促进农民宅基地使用权的退出,促进宅基地的合理高效使用。基于此,在"有其他合适居所"的条件下,将农民按规定缴纳宅基地使用权租赁费作为把住房与宅基使用权一并抵押的前提。抵押权实现后,宅基

---

① 冯华、陈仁泽:《农村土地制度改革,底线不能突破——专访中央农村工作领导小组副组长、办公室主任陈锡文》,《人民日报》2013年12月5日第2版。

地使用权租赁费的缴纳义务则转移给受让方。

第三节　宅基地使用权抵押程序设置

一　宅基地使用权抵押机制体系

诚如前述，宅基地使用权抵押改革已经进入全国试点阶段，在全国各地改革经验的基础上应适时作出立法。唯有如此，依靠政策推进的改革成果才能及时以法律制度的形式加以确定，因宅基地使用权抵押改革而释放的制度红利也才能及时被全国农村共享。需要特别强调的是，在将相关政策上升为法律时，并不能将政策的内容复制为法律。鉴于法律在规范性、强制性、逻辑性、协调性以及立法技术方面均有要求，在将相关政策上升为法律的过程中应注意以下两点：其一，相关立法不能偏离政策所体现的基本精神；其二，相关立法表达与安排应符合法律规范的一般性要求。在这一过程中，我们不可回避的一点就是以何种方式对宅基地使用权抵押制度进行法律表达。学界通常认为将该制度纳入现行法律制度体系包括两种方式，即制定专门法律的方式和嵌入的方式。对此，笔者认为以制定专门法律的形式将宅基地使用权抵押制度上升为法律，不仅不科学，也没有必要。毕竟，宅基地使用权抵押是一种担保方式，而较为完整的担保制度体系已经存在于我国现有法律体系之中。为了保障担保制度体系的完整性，应当以嵌入式的方式将宅基地使用权抵押纳入既有担保制度体系中。在担保制度体系下，宅基地使用权抵押与一般的财产抵押具有很大相似点，故而，宅基地使用权抵押的设置程序应当遵循签订书面抵押合同、办理抵押登记等一般的抵押权设立条件。然而，由于宅基地使用权具有特殊性，所以在宅基地使用权上设立抵押是否还需要具备其他特殊条件，实践中的做法以及理论界的观点并不一致。争论的焦点则是在宅基地使用权上设定抵押是否需要本集体经济组织的同意，所获得的贷款在用途上是否应受到限制，宅基地使用权抵押期限是否应当受到限制等。鉴于这些争论，笔者在程序设置方面的探讨也将聚焦于此。

二　宅基地使用权抵押无须经本集体经济组织的同意

农民是否可以在其宅基地使用权上自由设立抵押，也就是说宅基地使用权的设立是否需要以集体经济组织的同意为前提，理论和实践上的认识和做法也是存在不一致的地方。有些学者认为，农民以其宅基地使用权进行抵押应当征得其所在的集体经济组织的同意，这是由宅基地使用权的性质决定的。[①] 还有些学者则认为，农民以其宅基地使用权进行抵押时，无须经其所在的集体经济组织的同意。[②] 在宅基地使用权抵押试点实践中，大多数地方政府都会要求农民以其宅基地使用权进行抵押时须征得其所在的集体经济组织的同意，而且抵押权人对宅基地使用权和农村住房进行处置时也须征得集体经济组织的同意。[③] 在笔者看来，不管是农民在其宅基地使用权上设定抵押，还是抵押权人对宅基地使用权和农村房屋进行处置，均无须征得集体经济组织的同意。理由如下：第一，我国《民法典》确立了担保活动自愿的原则，农民以宅基地使用权进行抵押担保属于担保活动的表现，故而不应受他人干涉，也应遵循自愿的原则；第二，农民以其宅基地使用权进行抵押并不会损害国家、集体和他人的利益，故而农民有权自行处分，其他组织和个人无权干涉；第三，在确保宅基地集体所有的情况下，农民在宅基地使用权上设定抵押对本集体经济组织的利益不会造成损害；第四，鉴于农村复杂的人际关系以及农村经济组织的构架，倘若要求将集体经济组织同意作为宅基地使用权抵押的前提条件，那么抵押权的设立可能会遇到很大阻碍，甚至根本无法设立，那么国家的改革任务也就会落空。

三 通过宅基地使用权抵押获得贷款的用途在法律上不应受到限制

农民以宅基地使用权抵押的贷款在性质上属于农户贷款，农户的贷款根据用途的不同可被划分为两类，即生产经营贷款和生活消费贷款。前者是指用于农、林、牧、渔或者其他生产经营的贷款，后者是指用于日常生活、学习、医疗等需要的贷款。关于农户以宅基地使用权进行抵押获得的贷款的用途，就目前已经开展的宅基地使用权贷款的实践来看，各地做法是不一致的。有些地方将贷款的用途严格限制为农业生产经营[④]，而有些

[①] 林依标：《农民住房财产权抵押、担保、转让的思考》，《中国党政干部论坛》2014年第9期。
[②] 沈咏敏：《农村宅基地使用权抵押问题探讨》，《东南大学学报》（哲学社会科学版）2008年第S2期。
[③] 参见《铜陵市农村房屋抵押融资管理办法》第5条、第7条；《成都市农村房屋抵押融资管理办法》第5条、第7条。
[④] 参见《重庆市农村土地承包经营权、农村居民及林权抵押融资管理办法》第4条。

地方则规定所获得的贷款既可以用于农业生产经营，还可以用于生活消费①。根据党的十八届三中全会通过的《中共中央关于全面深化改革若干重大问题的决定》之要求，稳妥推进农民住房财产权抵押之目的在于增加农民财产性收入的渠道，而并非完全出于满足农业生产经营的需要。故而，只要农民通过宅基地使用权抵押获得财产性收入的，无论所获得的贷款是用于生产经营还是生活消费，都应当被允许。当然，作为抵押权人的正规金融机构、非正规金融机构、其他组织甚至是自然人，在事先了解了抵押人的贷款用途后，也有权利自主决定是否向以宅基地使用权抵押的抵押人发放贷款。

四 宅基地使用权抵押期限应当受到限制

按照我国现有法律条文之规定，农村集体经济组织成员初始获得的宅基地使用权是一种无期限的物权。已有法律之所以作出这种规定，是考虑到宅基地使用权所承载的社会保障作用，但在立法之时并未考虑无期限的宅基地使用权流转可能产生的不利后果。试想，在抵押权实现后，若非本集体经济组织成员继受取得宅基地使用权，就有可能出现一户多宅的现象，且是无期限的，这就可能会对本集体经济组织成员的利益造成损害。从长远来看，倘若对通过初始方式取得的宅基地的使用权之期限不作出限制，就会出现宅基地的利用效率降低的情况，甚至会造成宅基地的长期闲置。事实上，宅基地使用权与国有土地使用权二者具有同质性，另外，考虑到初始取得的宅基地使用权具有身份性和保障性，可以将通过初始方式取得的宅基地使用权的年限限定为 70 年，在期限届满后，如果宅基地之上的农村房屋仍然存在并且房屋原始权利人未死亡的，宅基地使用权应当自动续展；如果在期限届满后宅基地之上的农村房屋灭失或者权利人死亡但无人继承房屋，那么宅基地使用权就会灭失，由所在的集体经济组织收回。

在对宅基地使用权的年限作出限制的基础上，也应对宅基地使用权抵押期限作出限制，毕竟，宅基地使用权抵押期限将对宅基地使用权抵押人和抵押权人的利益衡量产生直接影响。笔者认为，可由当事人自主约定宅基地使用权的抵押期限。我国法律并未禁止当事人以约定的方式确定抵押权。根据我国《民法典》之规定，抵押期限属于当事人约定的其他事项，

---

① 参见《舟山市农村合作金融机构农村住房抵押贷款管理暂行办法》第 8 条、《厦门市农村房屋抵押融资管理暂行办法》。

而并非抵押合同的法定内容。基于意思自治原理以及相关法律关系的私法性质等因素考虑，应允许当事人自主约定抵押期限。而且，从一般意义上来说，宅基地使用权期限越长，宅基地使用权的经济价值就越高，反之，宅基地使用权的经济价值就越低。由当事人自主约定抵押期限、贷款额度及还款期限，有益于当事人自主选择和判断风险与收益，对维护当事人的合法权益也是有益的。当然，虽然允许当事人自主约定抵押期限，但所约定期限应当在宅基地使用权剩余的使用期限范围之内，这也是应当被遵循的一个基本原则。倘若突破该原则，宅基地使用权抵押的设定就失去了合法性基础，形成宅基地使用权人对宅基地的非法处分。

第四节　宅基地使用权抵押权之实现后果

一　宅基地使用权抵押权的实现方式

我国《民法典》规定了折价、拍卖以及变卖三中抵押权实现方式。对于宅基地使用权而言，后两种方式应当同样适用，至于折价是否适用于宅基地使用权抵押权的实现，则仍存在争议。在笔者看来，能否将折价作为宅基地使用权抵押权的实现方式，取决于受让人的范围。如果立法将受让人限制在本集体经济组织的范围内，在抵押权实现时折价这种方式就不能被适用。如果立法不进行这种限制，折价这种方式就可以被适用。前文已经提到，笔者主张受让人范围不应该被局限于本集体经济组织成员，故而，笔者主张我国可以适用折价这一方式。

除了折价、拍卖、变卖等方式外，是否还可以采取其他方式作为宅基地使用权抵押权的实现方式？我国现有法律规定对这个问题没有规定。在学界有些学者认为可以根据租赁价格、债权的数额以及房屋买卖之间的对当关系等而采取其他方式。譬如，在担保债权的数额不是很大的情况下，用一到两年的房屋租金就能够清偿债务，也就无须再通过折价、拍卖、变卖等方式来实现抵押权，完全可以采用强制管理的方式。[①] 在具体操作方面，由执行法院或其聘请的管理人将房屋出租，所获得的租金将被用来清

[①] 强制管理是由执行机关或者其指定的管理人直接管理被执行的不动产，因管理而产生的收益将被用来清偿债权。参见房绍坤《论土地承包经营权抵押的制度构建》，《法学家》2014年第2期。

偿债务。① 以对被执行财产进行强制管理的方式来实现抵押权，其优势是非常明显的。在这种方式之下，被执行的财产并没有发生权利上的变化，被执行人仍享有宅基地的使用权和农村房屋的所有权，只是其丧失了收益权，而收益权则被用于清偿债务。有关强制管理，虽然我国《民事诉讼法》并没有作出规定，但最高人民法院的司法解释却具有类似的规定，即在被执行人的财产不能变卖或者拍卖的情况下，如果申请执行人同意，且在不对社会公共利益或者债权人合法权益造成危害的情况下，人民法院可以将该财产作价抵偿债务，或者交由申请执行人管理该财产，倘若申请执行人拒绝接受管理，人民法院则将财产退回被执行人。② 只不过最高人民法院通过司法解释确立的这一制度与强制管理制度相比，管理对象并没有被局限为不动产，而是由申请执行人担任管理人。在笔者看来，强制管理的方式在我国具有可行性。至于强制管理的具体方式，既可以是抵押权人自己利用，也可以是出租。执行法院指定的管理人，可以是抵押权人，也可以是特定的组织或者公民个人。

二 宅基地使用权抵押权实现时的受让人资格

在抵押物为一般财产的情况下，法律对于抵押权实现时的受让人资格并没有作出规定。然而，在以宅基地使用权及宅基地之上的农村房屋作为抵押物时，在抵押权实现时对于受让人的资格是否应该进行限制，理论界对此持不同态度。有的学者主张只有本集体经济组织的成员才可以作为受让人③，也有学者认为本集体经济组织以外的成员，也可以作为抵押权实现时宅基地使用权的受让人。④ 实践中，不同的地方政府所作的规定也存在差异。在各地宅基地使用权抵押试点工作中，有的将受让人限定在本集体经济组织的范围内⑤，有的规定一定范围内的农业户籍人员也可以作为受让人⑥，还有的将宅基地使用权变更为集体建设用地使用权，并以此作

---

① 高圣平：《宅基地制度改革试点的法律逻辑》，《烟台大学学报》（哲学社会科学版）2015年第3期。
② 参见《最高人民法院关于适用〈中华人民共和国民事诉讼法〉的解释》第492条。
③ 秦红松：《重构农村房地产抵押制度》，《中国金融》2013年第23期。
④ 岳永兵、孙涛：《农民宅基地抵押问题与改革建议》，《中国土地》2014年第11期。
⑤ 参见《巴中市农村产权抵押融资管理办法（试行）》第35条。
⑥ 参见《舟山市农村合作金融机构农村住房抵押贷款管理暂行办法》第24条、《丽水市农村住房抵押贷款管理暂行办法》第25条。

为设置抵押权的前置条件,并且对于抵押权实现时受让人的范围没有作出限制。①

笔者主张在宅基地使用权抵押权实现后,不应限制受让人的范围。换言之,本集体经济组织的内外成员,甚至是城镇居民,均可作为受让人。除此之外,符合条件的特定组织,亦可作为受让人。原因如下:其一,倘若将受让人限制为本集体经济组织成员,那么无论是抵押权的设立还是抵押权的实现都会变得非常困难。原因在于,将受让人的范围限定过小,需求量就会降低,从而影响到价格因素,这不利于抵押权人实现债权,从而直接影响到金融机构从事宅基地使用权抵押业务的积极性。其二,根据国务院发布的《关于开展农村承包土地的经营权和农民住房财产权抵押贷款试点的指导意见》之要求,在对农民住房财产权抵押贷款的抵押物进行处置时,受让人的范围原则上应该被限制在法律法规内,但随着新一轮土地改革的开展,国务院还应根据试点情况适时扩大受让人的范围,这也是农村土地使用权市场化之需求。其三,在不改变宅基地所有权性质,而且在对宅基地的使用期限作出界定的条件下,即使扩大受让人的范围,通常情况下也不会损害相关主体的权益。而且,根据前文所提的公平原则,既然我国法律法规对城镇房屋的流转范围未作出限制,宅基地使用权的受让范围同样不应受到过多的限制。

当然,考虑到宅基地使用权以及农村房屋同其他财产相比所展现出的特殊性,为了在最大限度上保护本集体经济组织及其成员的利益,在处置作为抵押物的宅基地使用权时,应赋予本集体经济组织及其成员在同等条件下的优先购买权。就目前各地开展的试点来看,那些未严格限制受让人范围的地方,一般会允许本集体经济组织及其成员在同等条件下优先购买抵押物。至于优先购买权的顺序,集体经济组织成员处于第一顺位,本集体经济组织处于第二顺位。② 笔者对该观点持支持态度,毕竟,集体经济组织在收回宅基地使用权后,会依申请,通过有偿转让或者分配的方式转给本集体经济组织成员。如果是有偿转让的方式,则会增加交易成本;如果以分配的方式,无疑会增加集体经济组织的成本。因此,将第一顺位的优

---

① 参见《铜陵市农村房屋抵押融资管理办法》第20条、《成都市农村房屋抵押融资管理办法》第17条。

② 参见《铜陵市农村房屋抵押融资管理办法》第22条、《成都市农村房屋抵押融资管理办法》第18条、《丽水市农村住房抵押贷款管理暂行办法》第25条。

先购买权赋予本集体经济组织成员，以上出现的成本增加问题便迎刃而解。

三 关于"房地一体"原则与"房地分离"原则的选择问题

当农民以农村房屋进行抵押时，宅基地使用权将会被一同抵押。因此，按照"房地一体"的原则，在抵押权实现时，应当将农村房屋连同宅基地使用权一并转让给受让人。然而，在笔者看来，由于宅基地使用权具有特殊性，并且考虑到我国的基本国情，当对作为抵押物的农村房屋进行处置时不应绝对地按照"房地一体"的原则进行，而应当选择一种与商品房抵押不同的处理方式。正如国务院印发的《关于开展农村承包土地的经营权和农民住房财产权抵押贷款试点的指导意见》所要求的那样，"农民住房财产权（含宅基地使用权）抵押贷款的抵押物处置应与商品房制定差别化规定"。笔者认为，当对作为抵押物的农村房屋进行处置时，应根据受让人主体身份的不同而采取不同的原则。如果受让者为本集体经济组织成员以外的主体，该受让者就不应取得作为物权存在的宅基使用权，而仅应取得以债权形式存在的宅基地使用权，即遵循"房地分离"的原则。笔者之所以建议采取这种方式，是考虑到我国宅基地制度的现状。当然，这种措施不应成为长久性措施，仅是一种过渡。待条件成熟时，再赋予宅基地使用权与国有建设用地使用权相同的法律地位，届时再按照"房地一体"的原则对作为抵押物的农民住房进行处置。

具体而言，在对作为抵押物的农民住房进行抵押时，应根据受让人的身份，分情况处理：首先，若受让人为本集体经济组织成员，在抵押权实现时宅基地使用权可以一同转移，即由其他集体经济组织成员获得宅基地使用权；其次，在本集体经济组织为受让人时，宅基地使用权因与所有权混同，归于消灭；最后，若受让人为本集体经济组织以外主体，受让人不适格，无法取得宅基地使用权。按照笔者的上述观点，因受让人无法取得宅基地使用权，从而导致"房地分离"现象的出现。在受让人不能取得作为物权存在的宅基地使用权的条件下，受让人所取得的权利的权源是什么呢？理论上对这一问题有以下几种不同的观点：第一，国有土地使用权说。该学说认为，当受让人为城镇居民时，宅基地在所有权属性上应由集体所有转变为国家所有。[1] 第二，地上权说。该观点持有者主张在以农村

---

[1] 赵俊臣：《农民财产权抵押方案如何设计？》，《决策》2014 年第 4 期。

房屋进行抵押并在抵押权实现后而将农村房屋转让给他人时，宅基地使用权不随同转让，农村房屋受让人仅取得约定或法定的地上权。① 第三，地役权说。该观点主张在宅基地使用权与农村房屋的主体出现分离的情况下，受让人取得的是地役权，住房是需役不动产，宅基地是供役不动产。② 第四，法定租赁权说。该学说认为在抵押权实现时，可以推定受让人取得法定租赁权。③

上述观点各有道理，而且在域外的立法实践中也均有先例。然而，笔者更赞同将法定租赁权作为受让人所取得的权利的权源。首先，根据国有土地使用权说，只因抵押物由城镇居民购买，就改变宅基地的所有权属性，既侵害了集体经济组织的合法权益，也背离了党的十八届三中全会的相关精神，是不足取的。其次，地上权说与我国现有法律规范冲突，也不足取。一方面，我国物权法已经抛弃了地上权的说法；另一方面，域外依法之所以创设地上权这一概念，是为了解决土地所有权与建筑物不一致而引发的各种问题，并不同于我国农村出现的宅基地使用权与农村住房不一致的情况。倘若采用法定地上权的观点，实际上就是承认受让人同时取得宅基地使用权，也就是承认了宅基地处分行为的合法性，这显然与我国现行法不符。最后，以地役权说来对宅基地使用权与农村住房相分离的现象进行解释，与地役权的属性是不符的。地役权实际就是一种利用他人权利来提高权利人的不动产效益的权利。地役权人在地役权中并不享有专属使用供役不动产的权利。

故而，基于以上分析笔者认为只有法定租赁权说能够很好地解释宅基地使用权与农村住房相分离的情况，从而为受让人取得农村房屋的所有权提供正当权源，理由则包括以下三点：第一，租赁权在法律属性上为债权。故而，采用法定租赁权说就不用担心出现违背物权法的情况；第二，法定租赁权虽为债权，但具有一定的物权效力，这可增强相关主体对宅基地的利用效力；第三，根据《民法典》的规定，如有相反证据，建筑物所有权与建设用地使用权可以发生分离。国有土地租赁权便是其典型表

---

① 汤文平：《宅基地地上私权处分的路径设计》，《北方法学》2010 年第 6 期。
② 冯张美：《地役权于农村房屋买卖之可行性研究》，《法治研究》2011 年第 1 期。
③ 刘凯湘：《法定租赁权对农村宅基地制度改革的意义与构想》，《法学论坛》2010 年第 1 期。

现,也就是说建筑物所有权的正当权源国有土地租赁权,而非建设用地使用权。① 按此类推,受让人取得农村住房所有权,正当权源是集体土地租赁权。法定租赁权制度在"保证宅基地使用权和宅基地所有权的主体不发生变化、不突破现有土地法律基本制度的前提下,实现农民房屋的自由转让、抵押"②。

四 建立市场化的"专项风险补偿基金"

在农村产权抵押的初级阶段,政府积极建立融资风险分担机制,有利于激励金融机构开展农村金融服务,推动农村产权抵押融资向深入发展。③ 在此基础上,通过市场化的方式建立"专项风险补偿基金",可以克服政府兜底性的风险分担机制所带来的弊端。在农民"无其他合适居所"的条件下,农民以住房财产权进行抵押,就面临在抵押权实现后其最基本的居住条件不能得到保障之风险。此种风险的存在,是否应该成为禁止农民住房财产权抵押的理由?对此,笔者同样持否定的态度。先抛开农民本应该作为"经济理性人"这一点不谈,单从制度自身言,我们依然可以通过合理设计来化解上述风险。具体而言,在农民"无其他合适居所"的条件下,应当只允许农民以住房本身的价值进行抵押,即贷款额度应与住房的评估价格相当。根据"房随地走,地随房走"的原则,宅基地使用权应当被推定一并抵押。在抵押权实现时,抵押权人仅就农民住房部分优先受偿,宅基地使用权部分所得价款交由集体经济组织成立"专项风险补偿基金",用于解决农民"无其他居住场所"的困境。

---

① 崔建远:《物权:规范与学说——以中国物权法的解释论为中心》(下册),清华大学出版社2011年版,第571页。
② 刘凯湘:《法定租赁权对农村宅基地制度改革的意义与构想》,《法学论坛》2010年第1期。
③ 钟三宇:《困境与革新:宅基地使用权抵押融资的法律思考——以宅基地使用权的物权属性为视角》,《西南民族大学学报》(人文社会科学版)2014年第11期。

第五章

宅基地使用权抵押的运行机制改善

第一节 完善宅基地确权登记制度

一 我国宅基地确权登记中存在的问题

农村宅基地使用权登记的宗旨是保护权利人的合法权益。依法对农村宅基地使用权进行确权登记，可以有效防止宅基地使用权权属纠纷，推动宅基地使用权抵押制度的开展，从宏观视野而言则有利于维护农村社会秩序的和谐稳定。[①] 我国在颁布《物权法》之初，就提出对不动产实行统一登记制度。2013年11月，国务院常务会议决定对不动产登记职责进行整合，并建立不动产统一登记制度。通过确认、登记等方式来达到保护公民、法人的合法权益不受侵犯的目的。然而在新形势下，我国宅基地使用权确权登记中出现的新的问题，这些问题具体表现如下。

（一）"房地分离"的管理模式增加了宅基地确权难度

产权明确是宅基地使用权抵押和流转制度的前提和条件[②]，农村宅基地与建在农村宅基地之上的农村房屋在物理性质上属于不可分割的一个整体，然而，我国在管理上却采取了"房地分离"的模式，即农民拥有农村房屋的所有权，但是对宅基地仅享有使用权，宅基地归集体所有，农民不得随意出租或者出卖。同时，房管部门是农村房屋所有权的原登记部门，而国土资源部门又是宅基地的审批、确权和登记部门。房屋与宅基地使用权的

[①] 宋才发、马国辉：《农村宅基地和集体建设用地使用权确权登记的法律问题探讨》，《河北法学》2015年第3期。

[②] 方明：《农村宅基地使用权流转机制研究》，《现代经济探讨》2014年第8期。

登记分属不同部门，统一的登记机关仍未建立，徒增执行之困难。① 农村房屋与宅基地两种所有权的异化，成为对两项财产进行管理亟须跨越的障碍。②

(二) 实践中不好把握"一户一宅"政策

农村宅基地实行"一户一宅"，这是我国《土地管理法》所确立的原则。而且，各个地方政府对每户申请的宅基地在面积上也会作出限制。然而，由于农户的界定存在比较模糊的情况，这就使得"户"的弹性比较大，这也挑战了土地登记制度和宅基地确权的严肃性。在实践当中，农民为了规避法律而多申请宅基地或者增加宅基地的面积，会出现原本属于一户的父母与子女之间、夫妻之间等单独立户，从而出现一个人一个户口本，进而持户口本要求增加宅基地面积或者另外申请宅基地的情况。甚至还出现将农村房屋转让给本集体经济组织以外的成员，继而重新向本集体经济组织申请宅基地使用权的情形，形成了事实上的超面积建房或者"一户多宅"的现象。同时，对宅基地的面积标准，虽然各省、自治区、直辖市设置了标准，但实践中由于缺乏管理和引导，多占和超标的问题严重。③ 这些行为，不仅对宅基地登记秩序带来干扰，给宅基地登记工作带来很大困难，而且也造成宅基地使用的不公平、不合理。

(三) 农村房屋的流转使得宅基地确权难度加大

具备特定的身份是原始取得宅基地使用权的前提条件。尽管法律将宅基地使用权的转让限制在同一集体经济组织的范围内，但在实践中却存在大量的向其他集体经济组织成员甚至是向城镇居民转让宅基地使用权的行为，而且"法不责众"的心理使得这种流转现象愈演愈烈。尽管宅基地使用权流转已不可逆转，但是游离在法律之外的宅基地使用权流转行为，无疑会给宅基地的确权带来很大的难度与阻力。实践中普遍存在着宅基地和农村房屋在流转以后无法确权登记的情况，使得大量的宅基地和农村房屋处于管理的真空地带，这无疑给社会带来诸多不稳定因素。

二 我国宅基地确权登记中存在问题的原因

我国宅基地使用权确权登记之所以存在上述问题，归纳而言，主

---

① 陈小君、蒋省三：《宅基地使用权制度：规范解析、实践挑战及其立法回应》，《管理世界》2010年第10期。
② 杨维刚：《农村宅基地确权登记中的问题和对策》，《中国土地》2015年第11期。
③ 方明：《农村宅基地使用权流转机制研究》，《现代经济探讨》2014年第8期。

要受以下三个方面因素影响：第一，滞后的法律法规。我国目前主要依靠土地法律法规的个别法律条文以及地方政策对宅基地的管理和登记进行调整，缺少一部系统的农村房地产管理专项法律法规。即便是已有的规范当中，也缺乏针对性和系统性。也正是因为这种缺失，导致现有政策与法律条文之间出现不一致、不衔接的地方，无形中增加了政府对宅基地管理的难度。第二，不完善的农村规划。包括宅基地等在内的农村土地利用总体规划很难与村庄规划、新农村建设规划衔接起来，也就是说农村规划已经不能适应快速发展的农村建设。对于农村居民的位置要求和规模标准，规划建设在很多情况下都未能充分考虑。随着农村社会经济的发展以及农村生活水平的提高，农民对于改善其居住条件的标准也越来越强烈，违反规划内容与标准建设农村房屋的现象已经非常普遍，甚至出现"建了新房不拆旧房"以及"不将旧宅基地归还给农村经济组织"的现象。继而导致空心村破败而无人居住，新村农民一户多宅的现象比较突出。第三，不健全的监督管理机制。《土地管理法》对村民委员会、乡镇及县级国土资源部门监督宅基地建设及农民私自占地建房的机制不健全。2022年11月，农业农村部发布《农村宅基地管理暂行办法（征求意见稿）》对宅基地的监督管理规定了具体的措施。

三 我国宅基地确权登记制度的完善

宅基地使用权登记制度存在的诸多问题将带来一系列的不利影响，权证法律效力的缺失，将无法起到定分止争和明晰产权的作用，并损害宅基地权益。对于宅基地使用权抵押制度而言，其不利影响则体现得更为直接。因为，作为资金提供者的抵押权人如果知悉被用来抵押的宅基地使用权存在权证上的瑕疵，自然不会接受这项交易。如果抵押权人在审查环节没有发现被抵押的宅基地使用权存在的这种瑕疵，那么抵押权人便面临着巨大的风险，在债务人不能偿还债务时，抵押权人还面临抵押权不能实现的风险。在笔者看来，可遵循以下路径来完善宅基地使用权抵押制度。

（一）完善宅基地的审批与监管程序

宅基地使用权确权登记制度的完善，首先要从源头上完善宅基地使用权的审批与监管程序。在宅基地使用权的审批上要在权限范围内按规划、重程序，实行规划选址、开工放线、竣工验收的"三到场"制度。审批部门在完成审批工作后，还应对农村房屋的建设实行全程监管。为了最大限度方便农民，应由乡镇国土资源部门受理申请，并报县国土资源部门审批。在审批完成后，由乡镇国土资源部门向提出申请的农民送达证书或者向其告之县国土资源部门不予审批的决定。对于通过审批者，则对宅基地使用权和农民房屋所有权实行不动产统一登记。县、乡两级国土资源部门还应同时作为宅基地的监管部门，对于违法违规问题应加大处理力度。在加强巡查力度的同时，还创新协管员监督管理机制，及时制止违法违规行为，以免形成事实后给后面的执法工作带来困难。对于已经取得宅基地使用权的农户，如果在确权登记两年后仍将宅基地闲置，或者擅自改变宅基地用途的，则应由审批机关依法收回宅基地使用权。如果宅基地上的农村房屋已经不能正常居住且两年后仍未修建新的农村房屋的，也由原审批机关收回宅基地使用权。① 除此之外，还应重点突出宅基地的基层监管，在集体经济组织成员认可的前提下，制定宅基地有偿使用和退出收益收缴、分配和使用的管理办法。

（二）落实宅基地确权登记费用

自 2007 年开始我国就启动了全国性的包括宅基地使用权在内的农地使用权确权登记工作，并且国土资源部计划用三年的时间完成全部城乡土地确权工作。然而，通过梳理 2010 年"中央一号文件"和 2013 年"中央一号文件"可以发现，农村土地确权登记工作仍然是工作的重点。也就是说，包括宅基地使用权等在内的农地使用权确权登记工作在不断往后推延。2014 年 8 月，国土资源部、财政部、住房和城乡建设部、农业部、国家林业局联合发布《关于进一步加快推进宅基地和集体建设用地确权登记发证工作的通知》；2016 年，国土资源部发布《关于进一步加快宅基地和集体建设用地确权登记发证有关问题的通知》，2020 年 5 月，自然资源部发布《关于加快宅基地和集体建设用地使用权确权登记工作的通知》；2023 年 6 月，自然资源部发布《关于持续推进农村房地一体宅基地确权登记颁证工作的通知》等政策文件以要求地方细化完善政策，推进宅基地的确权办证登记手续。之所以出现这种"一拖再拖"的情形，除了与

---

① 宋才发：《农民宅基地所有权及使用权的法律探讨》，《中南民族大学学报》（人文社会科学版）2012 年第 4 期。

农村土地确权工作自身的复杂性有关外，与经费不足也有重要关系。宅基地使用权确权登记工作既烦琐又复杂，欲解决历史遗留问题以及对政府职责进行科学划分等，均需要大量的人力、财力和物力的投入。从既往的确权登记工作实践来看，经费是否能够得到保障在很大程度上决定了确权登记工作能否顺利开展。据调研，对于一个中等水平的县而言，倘若没有前期的基础工作，欲完成宅基地使用权和集体建设用地的确权登记工作，需要的经费在一千五百万元左右。① 而要实现宅基地使用权确权登记在全国范围内的覆盖，难度可想而知。相关经费的承担，最终还需要政府的财政支持。至少在宅基使用权确权登记工作的前期，应用政府财政来负担确权登记工作，从而确保宅基地使用权确权登记工作能够进入良性发展阶段，最终实现确权登记全国覆盖的目标。② 这一思路也得到了中央文件的肯定，2010年"中央一号文件"提出将确权登记产生的费用纳入财政预算，2011年"中央一号文件"又提出对于宅基地使用权确权登记产生的费用由中央予以"适当补助"，2013年"中央一号文件"则调整为"纳入地方财政预算、中央财政予以补助"，2014年"中央一号文件"则再次强调了这一规定。在具体实施中央系列文件的过程当中，则还需要制定具体的宅基地使用权确权登记财政资金使用办法，尤其是需要明确规定中央与地方政府承担的比例、支付的具体方式等。

（三）在标准先行的基础上对宅基地的功能区进行合理界定

应严格遵守《土地管理法》所确定的"一户一宅"的原则，在此基础上制定统一的标准。对于超越标准部分的宅基地应当进行备注，可考虑对于超标准的部分进行收费，收费则依据不同地区的差异和人均用地面积实施不同档次的基本收费标准。另外，还可考虑对超面积部分实行阶梯收费制度。在此基础上，由国土资源部门向农户按照标准发证。另外，还应结合农村居民的实际需求情况，制定合理的区分院落、房屋、打晒谷场、牲畜棚圈、防护林地以及房屋前后菜地等功能区类型的标准，明确和留足宅基地的必要生活功能区。

---

① 参见国土资源部《加快土地确权登记 切实维护农民权益》，http://politics.people.com.cn/n/2013/0627/c70731-21994704.html，最后访问时间：2016年10月20日。

② 郑凤田、傅晋华：《关于土地登记制度实施过程中政府角色的经济学分析》，《经济问题》2007年第1期。

第二节　构建宅基地价格评估制度

一　宅基地价格评估制度是构建宅基地抵押制度的必备要件

宅基地使用权价格评估主要通过实地收集宅基地的相关信息，并运用科学的评估方法，科学地估计宅基地的价值。[①] 价格是市场的灵魂，这在宅基地使用权流转市场表现得更为明显。由于宅基地的层次性、地域性非常明显，宅基地使用权流转市场的协调发展需要合理的价格作为基础。合理的价格不仅能促进市场形成一个有机整体，还能促进宅基地使用权流转市场的有序运行，进而促进宅基地资源的优化配置。宅基地使用权价格评估体系的合理、科学与完整是宅基地使用权抵押市场的保障，应当考虑将宅基地使用权的价格关系纳入价格法的调控视野。[②] 与一般的商品相比，宅基地具有其特殊性，这也就决定了宅基地使用权价格的特殊性。农民在知识掌握上具有局限性，这决定了其难以合理、科学地估计宅基地使用权及附属的房屋的价值。并且宅基地使用权的价格产生影响的因素是多样的，笼统来说，凡是对宅基地的供给与需求产生影响，或者对宅基地的还原利率以及宅基地收益率产生影响的因素，一般都会对宅基地使用权的价格产生影响。如果对这些因素进行类型化划分，则可以划分为一般因素、区域因素以及个别因素。其中，一般因素是指会对宅基地使用权的价格产生影响的共同的、具有普遍性的因素，这些一般因素会直接影响到宅基地使用权的总体水平，具体而言，这些一般因素包括了国家的相关政策、社会经济的法律状况、城镇化水平、财税体制、宅基地产权状况以及宅基地资源禀赋等因素；区域性因素则是指对宅基地使用权的价格产生影响的经济、社会和自然因素等，具体而言，主要包括区域位置、区域规划、基础设施水平、环境质量等因素；个别因素则是指宅基地自身的条件和特征对宅基地使用权的价格产生影响，具体而言，包括宅基地的位置、面积、临街宽度、形状、开发程度等因素。[③] 宅基地使用权的价格，简而言之，就

[①] 林绍珍、廖桂容：《我国农村宅基地使用权流转机制研究》，《东南学术》2014年第5期。

[②] 吕军书、豆芳芳：《农村宅基地使用权抵押流转的路径选择——基于河南省新乡市190家农户的调查》，《吉首大学学报》（社会科学版）2014年第2期。

[③] 毕宝德主编：《土地经济学》（第五版），中国人民大学出版社2006年版，第360页。

是专业人员基于特定的评估目的，遵循科学的价格评估程序、原则与方法，对宅基地使用权的市场价格进行测定。

既有的宅基地使用权抵押实践证明，科学合理地评估宅基地使用权的价格，无论是对于宅基地使用权抵押融资目的之实现，还是对于保护当事人的合法权益，均具有十分重要的意义。宅基地使用权评估价格的高低，直接决定了抵押人能否获得贷款以及获得多少贷款。站在金融机构等抵押权人的角度来看，在贷款人提出贷款申请时，为降低金融风险、确保资金的安全性，抵押权人通常会要求抵押人向其提供价格评估报告，而相关报告须由中立的价格评估机构出具，以此得知被抵押的宅基地使用权的经济价值，进而以此作为重要的参考标准来决定是否向贷款人发放贷款以及发放贷款的高低，这一程序对于金融机构而言也是其开展抵押业务的常规性要求，《商业银行法》对此也作出规定。[1] 而站在作为抵押人的农民的角度来看，宅基地使用权的价格评估结果将直接关系到其能否获到贷款以及获得贷款的金额。在实际的宅基地使用权评估的过程中，倘若价格被评估得过低，那么宅基地使用权的交换价值就无法得到体现，这也就意味着农民以宅基地使用权进行抵押会承担较高的风险，对于保护农民的利益显然是不利的；相反，如果对宅基地使用权的价格评估过高，那么对于作为抵押权人的金融机构而言，其收回贷款的成本会加大，会导致不良贷款的产生。故而，建立一个科学合理的、能够客观公允地反映宅基地使用权的价格评估制度，是建立宅基地使用权抵押制度必不可少的条件。

二 我国宅基地价格评估发展现状

早在原国家土地管理局成立时，我国就进入了一个全国地价管理与评估工作有序发展的阶段。然而，单就宅基地使用权的价格评估来说，总体还处于一个起步的阶段，大量的基础性工作尚未完成，总结来说，主要表现在以下方面。

第一，我国宅基地使用权价格评估工作发展不平衡。自20世纪末我国启动包括宅基地等在内的农村土地使用权的价格评估工作至今，还基本停留在一个价格评估初步探索的层面。举例而言，早在1999年我国就提出着力建立健全包括宅基地等在内的农村土地使用权定级估价制度，并将

---

[1] 参见《商业银行法》第36条。

其作为"十五"期间的一项重要任务。然而，我国农村地区以乡镇建设用地使用权和宅基地使用权为代表的农村集体建设用地使用权的价格评估工作还远远不能满足农村集体建设用地流转实践的要求。我国还未在法律法规层面规范宅基地使用权的价格评估工作。2020年4月，自然资源部自然资源开发利用司会同中国土地估价师与土地登记代理人协会专家起草的《农村集体土地价格评估指引》的发布实施，为规范宅基地使用权的价格评估提供了一定的指导价值。

第二，开展宅基地使用权价格评估的基础性工作尚未完成。在所有的宅基地使用权价格评估的基础性工作中，尤为重要的一项便是宅基地分等定级登记工作。然而令人遗憾的是，我国在包括宅基地在内的农村土地登记及评级工作方面仍然严重滞后。宅基地分等定级，就是指按照宅基地的位置、质量、所处环境等综合因素对其进行综合评估，并且划定相应等次。实践中，无论是我国的乡镇企业用地还是宅基地，仍未开展相应的分等定级工作，这对开展乡镇建设用地使用权、宅基地使用权价格评估工作将产生直接影响。尤其是对于宅基地而言，由于实践中已经存在着大量的宅基地流转现象，而且党的十八届三中全会也明确提出要实现其与国有土地"同等入市、同权同价"，在这一政策背景下，针对宅基地开展相应的分等定级工作也就尤其重要。尽管我国已有不少地方在探索实施包括宅基地在内的农村土地分等定级工作，但囿于资金保障缺失、政府重视不够等因素的影响，实施的效果并不是很好。目前实际情况就是，除了一些比较发达的地区外，分等定级等宅基地价格评估的基础性工作尚未在大部分农村地区开展或者完成，这直接影响了宅基地使用权价格评估机制的建立与完善。

第三，相关价格评估机构发展滞后。在市场经济条件下，为确定价格的公正与客观，就需要由专业的中介机构对宅基地使用权的市场价值进行评估。但是，由于我国农村土地使用权的价格评估还处于起步阶段，无论是专业性人才还是相关的科学标准都处于缺失的状态，这也就使得宅基地使用权价格评估机构发展滞后，进而导致宅基地使用权价格评估无法满足宅基地使用权抵押融资的实践发展需求。从我国现有的宅基地使用权抵押融资实践来看，还没有形成一支规范的、专业的宅基地使用权价格评估机构，而是通常由土地管理所、经营站以及司法所等充任宅基地等农村土地使用权的价格评估机构。① 由这些主体充任中介机构，不仅会在资格上受到质疑，评估的结果也不科学。

三 我国宅基地价格评估存在的问题

从已经开展的宅基地使用权抵押实践来看，对宅基地使用权进行价格评估的过程中存在的问题主要体现在以下几个方面。

（一）在进行价格评估时主观性比较明显

诚如前述，鉴于当前宅基地使用权价格评估过程中面临专业性人才以及科学标准均处于缺失状态的现实，导致对宅基地使用权进行价格评估时缺少专业性中介机构，进而造成评估结果存在随意性强、主观性比较明显的特征。甚至在一些地方在对宅基地使用权进行价格评估时，出现中介机构工作人员不出现场、在办公室随意合计便得出评估结果的不正常现象。显然，这种评估结果很难体现出宅基地使用权的实际经济价值。如果以此主观性较强的评估结果作为开展宅基地使用权抵押业务的依据，无论是对于抵押人还是抵押权人都是不利的。

（二）评估结果通常低于宅基地的实际经济价值

宅基地使用权抵押业务的主要参与主体，即作为农民的抵押人和作为金融机构的抵押权人之间实力悬殊较大，这是不可回避的事实。再加之我国缺少一些专业性强、业务素质高的农村土地使用权价格评估机构，这就直接导致处于强势地位的抵押权人在实践中会将被抵押的农村土地使用权的价格远远低于农村土地使用权的实际价值。以土地承包经营权为例，在辽宁省某县的抵押融资实践中，900多亩土地的一年期的土地承包经营权的市场价格大概为60万元，而金融机构在发放贷款时仅发放30万元的贷款额②；类似现象并非个案，在具有"蔬菜之乡"的山东寿光的农村土地使用权抵押实践中，蔬菜大棚连同农村土地承包经营权的价值被低估的现象也是普遍存在，甚至存在单个大棚在价格评估中被低估为3万元的现象，更有甚者，在较为偏远的农村地区，存在土地承包经营权仅被评估为

---

① 杨婷、叶琪：《土地流转中农村金融制度的缺失与创新》，《山西农业大学学报》（社会科学版）2010年第1期。

② 王世玲：《陈锡文：慎行土地承包经营权抵押》，《21世纪经济报道》2009年5月11日第7版。

四五百元的现象，与农村土地的经济支出相比这显然是非常低的。① 农村土地使用权的价格评估远远低于其实际价值这一现实，也成为反对者批判以农村土地使用权进行抵押融资的重要理由。

(三) 政府对宅基地的价格评估进行不当干预

鉴于宅基地资源的特殊性，在开展宅基地使用权抵押业务的过程中，经常会出现政府不当干预宅基地使用权价格评估的现象。政府的这种不当干预，利益受到损害的往往是作为抵押人的农民。举例而言，不少地方政府在探索宅基地使用权抵押业务时，往往会指定特定的评估公司对宅基地使用权的价格进行评估，而不认可作为抵押人的农民与作为抵押权人的金融机构协商认可的价格。这不仅打破了当事人的意思自治，而且评估公司所收取的高昂的费用也给作为抵押人的农民造成很大的压力。

四 构建宅基地价格评估制度的对策

(一) 完善宅基地价格评估的基础性

欲构建宅基地使用权价格评估制度，宅基地的分等定级、地籍调查管理等基础性工作是必不可少的。为了推动我国宅基地使用权确定登记工作的顺利开展，加快宅基地的地籍调查、强化宅基地的地籍管理是必不可少且十分迫切的。具体而言，就是需要在相关规范要求之下，严格调查宅基地使用权的地籍，查清楚每一宗宅基地的权属、界址、面积等关键信息，以此为基础，对宅基地使用权地籍信息管理系统进行完善，将相关信息入库，逐渐实现宅基地使用权地籍管理的规范化。在规范宅基地使用权地籍管理的基础上，还需要逐渐推动宅基地分等定级工作在全国范围内的开展，尽快完成宅基地分等定级工作。

(二) 推动市场化的农村土地使用权价格评估机构的成立

对包括宅基地等在内的农村土地使用权进行科学、合理的价格评估，专业的农村土地使用权价格评估机构的参与是必不可少的。但是，对于如何建立农村土地使用权价格评估机构，学界产生了不同的认识。有些研究者认为，应当通过政府主导的模式来推动农村土地使用权价格评估机构的建立，具体来说，就是在县 (市) 级以上政府的领导下，由土地行政主

---

① 刘成友：《关键是解决农民后顾之忧——山东寿光土地承包经营权抵押贷款试点调查》(下)，《人民日报》2010 年 9 月 15 日第 10 版。

管部门牵头，充分发挥乡镇、农业及财政部门的作用，为包括宅基地使用权在内的农村土地使用权抵押工作提供高效的价格评估服务。有的支持者则主张，应当由被抵押的农村土地所在的乡镇、土地管理、物价等部门的工作人员会同金融机构、村委会及村民代表共同组成农村土地使用权价格评估小组，对包括宅基地等在内的农村土地使用权的价格进行统一评估。[①] 这样做的理由则是，地域分布较广的农村土地，同时受到土地的地理位置、土地的投入以及土地的使用期限等诸多因素的影响，而完全采用市场化的方式对农村土地使用权的价格进行评估无疑会遇到很大的困难，故而需要在政府主导之下筹建农村土地价格评估机构。当然，还有一部分研究者则主张，因农村土地使用权的价格评估结果会对参与抵押业务的当事人的利益产生巨大影响，故而建议仍由政府机关充当评估机构的角色。[②]

笔者认为，基于综合因素考虑，应将坚持走市场化道路作为我国设立与发展农村土地使用权价格评估机构的方向。一方面，在我国大力发展社会主义市场经济的背景下，将农村土地使用权价格评估机构的发展回归到市场经济的轨道上来，才是与市场经济规律相契合的当然选择，而政府自身的性质与承担的职能决定了其不宜承担价格评估的工作；另一方面，透过已有的实践来看，当由政府承担农村土地使用权价格评估的工作时，不仅存在着效率较低的情形，还存在着不当干预、权力寻租等现象，直接损害了抵押人与抵押权人的合法权益。当然，需要作出说明的是，农村土地使用权价格评估机构的发展与完善走市场化道路并不意味着完全脱离政府的影响，地方政府应当根据宅基地的地理位置，设定宅基地基准价或指导价，同时给予税收优惠等相关政策上的支持也是十分重要的。

（三）建立宅基地基准价格制度

所谓宅基地使用权基准价格制度，就是指在按照宅基地的位置、质量、所处环境等综合因素对宅基地分等定级的基础上，分别评估不同等级不同级别的宅基地在确定的估价期日上法定最高年限宅基地使用权的区域平均价格。常见的基准价格有三种形式，即区片基准价格、级别基准价格以及路线基准价格。基准价格是政府对土地市场进行管理与调控的一种重要手段，其能够为宅基地资产收益的核算以及宅基地资产价值的显化等提

---

① 付先军等：《关于农村土地承包经营权抵押贷款业务的研究》，《华北金融》2009年第8期。

② 王文军、吴擎宇：《土地承包经营权抵押开禁之辩》，《农业经济》2011年第3期。

供最基本的依据。在我国大多数城市，国有土地使用权的基准价格制定工作已经基本完成，而且完善的土地基准价格更新机制也已经建立。① 然而，令人遗憾的是，在我国广大的农村地区还尚未针对包括宅基地等在内的农村土地建立基准价格制度，农村土地使用权价格评估工作进展也因此进展缓慢，而且在既有的评估中经常存在地价可比性差、地价水平不协调等一系列问题，这在很大程度上阻碍了农村土地使用权的流转。从宏观视角而言，也不利于发挥政府在农村土地流转市场中的宏观调控作用。

我国宅基地使用权基准价格制度的构建，可以参考相对比较成熟的城镇国有土地使用权基准价格制度。事实上，我国在试点工作中，有些地方已经进行了类似的制度创新。例如，较早开展农村土地抵押试点工作的成都在对宅基地使用权的抵押价值进行评估时，就规定了既可以由抵押人和抵押权人自主协商抵押物的价值，也可以由具有专业资质的中介机构对抵押物的价值进行评估，但无论是自主协商的价格还是由中介机构评估后得出的价格，均不应低于县（区、市）政府公布的同一地区、同一时期并且同一类型的宅基地使用权、农村土地承包经营权的基准价格。② 再比如，铜陵市在开展农村土地使用权抵押试点工作的过程中，也确立了类似的基准价格制度，并且指定由各县（区）的农业和林业等行政主管部门来具体负责公司各辖区的农村土地使用权流转基准指导价格等相关信息。③ 实践也证明，在农村土地使用权基准价格已经确立的地方，相关价格评估工作相对比较规范，对于推动农村土地使用权的流转发挥了积极作用，所取得的社会经济效果也十分明显。

第三节　进一步完善农村产权交易市场

在宅基地使用权抵押制度中，如果债务人不能按期向抵押权人偿还债务，那么抵押权人只能通过实现抵押的方式维护其合法权益，而抵押权的实现则依赖于完善的农村产权交易市场。当农村产权交易市场并未建立或者存在诸多不足时，那么抵押权人通过实现抵押权来维护其合法权益的期

---

① 孟梅、蒲春玲：《关于建立农用地估价体系的探讨》，《科技信息》2007年第26期。
② 参见《成都市集体建设用地使用权抵押融资管理办法（试行）》第8条、《成都市农村土地承包经营权抵押融资管理办法（试行）》第10条。
③ 参见《铜陵市农村土地承包经营权抵押融资管理办法》第10条、第13条。

许也就不能得到保障。可见，不完善的农村产权交易市场，必然会极大地影响金融机构以及其他资金富余者参与宅基地使用权抵押融资业务的积极性。

一 完善农村产权交易市场的意义

农村产权交易市场是为包括宅基地使用权等在内的农村生产要素提供高效流转交易的专业化服务平台，它也是深化农村改革十分敏感的话题。[①] 在新形势下，完善的农村产权交易市场对推动农村社会经济发展发挥着不可替代的作用。

（一）农村产权交易市场为农村生产要素的资本化提供了规范的市场环境

产权交易是资本市场上一个新兴的平台，构建产权市场也是创新产权市场运营模式的重要体现。基于公平、公开以及公正原则下的产权交易市场中的交易行为，在事实上扮演着发现价格与发现市场的功能。就本质而言，包括宅基地使用权等农村生产要素的资本化就是通过资产的资本化交易实现最大化的资产价值。农村产权制度的创新则是实现农村生产要素资本化的核心环节。农村产权交易市场的发展与完善，使得农村沉睡的资本得以激活，农民可以通过宅基地使用权的流转等获得可观的增值收益，对于推动农村资产资本化进程也具有十分重要的意义。

尽管我国已经在农村产权制度方面着手进行改革，截至 2018 年 9 月末，222 个试点地区建立了农村产权交易平台[②]，但依然存在诸多问题，这些问题包括但不限于与新型农业经营主体有关的金融服务与金融产品的缺失、农村产权交易市场的缺位等。成熟的农村产权交易市场是包括宅基地使用权等在内的农村生产要素市场化的基础条件，也是对交易行为进行规范的有力保障。农村生产要素的流动以及其与社会资本的结合，均可以通过农村产权交易市场这一平台来完成。通过产权交易运行机制的构建以及农村资源交易方式的完善，农村产权市场有效地提高了包括宅基地使用权在内的农村资源的配置效率与使用效率。从农民的角度而言，通过在宅基地使用权等农村资源上设置抵押，盘活了资产，缓解了农民生产性资金

---

① 吴群：《农村产权交易市场发展若干问题思考》，《现代经济探讨》2014 年第 10 期。
② 《国务院关于全国农村承包土地的经营权和农民住房财产权抵押贷款的报告》。

短缺的困境,也有效地提高了资产利用效率。

(二) 农村产权交易市场的建立与完善能够有效促进农村其他各项制度改革

前文已经提到,我国自改革开放以后,尽管法律对农村土地的流转进行较为严格的限制,但在实践中却存在着大量隐形的农村土地流转行为。再加之由各地方政府主导下的农村建设征地行为等,可以说我国农村产权交易在形式上呈现多样化。其中,由农民自发的农村土地交易行为因法律规范的缺失而处于一种无序化的状态。产权交易是市场经济的一种内在要求。我国农村产权交易之所以处于落后的状态,最为关键的因素则是我国土地所有权的不平等性,而最直接的因素则是较高的交易成本,这些因素均阻碍了包括宅基地等在内的农村土地的使用权进入市场进行交易。农村产权交易市场的建立与完善,其目的不仅包括创新运行模式,还包括推动农村产权交易的公开透明与公正合法,最大限度避免行政力量参与下的权力寻租和行政腐败。此外,相关服务体系建立后,可以助推产权融资。以宅基地使用权抵押为例,在债务人不能按期偿还债务时,完善的宅基地使用权流转市场是抵押权人的合法权益得到保障的基础条件。即便现有的政策对宅基地使用权抵押行为持支持态度,但在成熟的农村产权交易市场缺失的情况下,在抵押权实现时,由于被抵押的宅基地使用权进入农村产权交易市场流通困难较大,这无疑会削弱金融机构以及其他资金闲余者参与宅基地使用权抵押业务的积极性。此外,农村产权交易市场的建立与完善,在降低农村资本向城市流动的同时,还可以引导城市资本向农村流动。

二 完善我国农村产权交易市场的建议

(一) 应通过强化政策支持来推动农村产权交易市场的进一步发展

某种程度上可以说,政策环境的优良对于农村产权交易市场的发展程度起着决定性的作用。农村产权交易涉及集体经济组织、农民、金融机构、担保机构、产权受让人等多方主体,多方主体为争夺有限的资源展开争夺也十分常见,这就决定了其中所暗含的关系是错综复杂的。此外,农村产权交易还涉及多个部门,需要多个部门之间相互配合。为此,政府在政策上给予必要的支持是建立成熟的农村产权交易市场的关键,且应以优惠政策来引导和鼓励农民,尊重农民的合法权益,积极推动我国相关法律规范的完善。在完善农村产权交易市场中政府给予的优惠政策应重点体现在以下三个方面：其一，给予必要的资金支持。同市场上的其他产权交易市场相比，农村产权交易市场的公共服务性质十分明显，其所服务的对象主要是经济能力以及信息接收能力都比较弱的农民，要求其与其他市场主体一样参与到农村产权交易市场中来难度是比较大的。故而，就需要政府通过设立专项基金等来激励多方的积极性。其二，完善农村产权交易配套设施。鉴于目前我国尚未形成统一的农村产权交易管理办法，故而进行农村产权交易时是缺乏操作依据的。在《民法典》《土地管理法》等法律规范完善及修订之前，由政府探索具体的实施细则，由下而上推动农村产权交易市场的完善是比较可行的做法。其三，推动农村产权交易风险防范机制的建立与完善。农村土地使用权抵押风险补偿机制是依赖政府政策建立与完善农村产权交易风险防范机制的典型代表，这种机制已经在作为全国统筹城乡综合配套改革试验区的重庆取得较好的效果。

（二）应将农村产权交易市场界定为公益性服务机构，并创新管理机制

目前我国已在有些地区已经建立了农村产权交易市场，主要是以农村产权交易所或者农村产权交易中心的形式存在的，其主要承担着抵押融资、信息集散、资源配置、资本进退、资本配置以及行为规范等多种功能，并且这些机构大部分依附于政府职能部门存在。这种依附性的特点，决定了其市场主体地位不够明晰。各地方成立的农村产权交易市场大多以非营利性公司制企业法人注册的，并且以公司制治理机构进行运行，但在实践中政府主导了其实际运行过程，这也就决定了其监督机制相对比较薄弱。故而在未来改革及制定政策的过程中，规范政府的职能以及明确农村产权交易市场的定位就显得十分重要。根据农村产权制度的改革思路，包括宅基地在内的农村土地交易机构应当为提供公益服务的公益性服务机构，在性质上为公益性事业单位，而不应成为为政府提供服务的经营性机构，而且更应该防止成立的农村产权交易机构依赖政府的行政力量最终主导了农村产权交易。另外需要注意的是，公司化运作应当成为农村交易市场未来的发展方向，通过市场化的方式来对各类资源进行整合。实践中，尤其需要通过顶层设计的完善，在坚持农村产权交易中心公益方向的同时，最大限度调动与发挥社会的力量。农村产权交易市场综合效益与服务水平的提高，依赖于机制的创新和监督管理的强化，要依托于与之相关的法律规范，创新管理体制。

(三) 寻求与区域综合产权交易市场的合作，创新运行机制

产权交易市场由多个部门组成，农村产权交易市场仅是其中的一个小众市场。随着国家对"三农"问题的持续高度重视以及农村产权交易制度改革的进一步深化，在产权交易领域农村产权交易已成为重点关注的对象。在实践中，已经成立的农村产权交易中心可以尝试与区域性的产权交易中心签署合作协议，从而拓宽交易渠道、规范自身的产权交易行为。具体而言，一方面可以通过资源共享实现优势互补，从而促进共同发展。我国各地的产权交易中心自改革开放以来发展速度极快，很大一部分产权交易市场不仅形成规模且运营优良。在建立农村产权交易市场的过程中，可以借鉴区域产权交易市场的优良经验，借助其信息资源，吸纳其先进理念，实现机构之间的衔接，促进其与区域产权交易市场的共同发展。依托这种专门化的服务平台，可以打通农户与社会资本进行交易时的藩篱，推动农村产权交易的快速发展。另一方面，借助区域产权交易市场可以促进农村产权交易市场的规范化管理。而农村产权交易中心的规范化管理，是激活农村市场要素、理顺工作机制以及预防违法行为不可或缺的。

结　　论

　　宅基地作为农村土地的重要组成部分，在我国很长的一段时间里主要承载着"居者有其屋"的社会保障功能，为了保障宅基地发挥其应有的社会保障功能，我国通过立法来限制宅基地使用权的流转。然而，改革开放后随着社会经济的快速发展，农村的生产力在很大程度上得到了解放，城乡一体化的进程在加快，农村经济在发展模式上也朝着多元化方向发展。农民对于资金的需求日益庞大，而融资难的问题又一直是农民难以解决的问题。在这一背景下，强化宅基地使用权的资产功能，也是不可逆转之势。宅基地使用权资产功能的强化主要体现在农民以宅基地使用权进行抵押，而且各地开展的宅基地使用权抵押试点工作已经部分得到党和国家政策上的支持。然而，欲将宅基地使用权抵押制度或者相关政策上升到法律层面，还有诸多问题需要厘清。为厘清这些问题，本书针对宅基地使用权抵押展开系统研究，并得出以下结论。

　　第一，认为宅基地使用权在法律属性上为"超用益物权"或"类所有权"。从宅基地使用权的存有期限来看，尽管在理论上宅基地使用权的期限与宅基地之上的房屋的有效使用期限相同，且宅基地之上房屋的使用期限并非永久，但在实践中即使宅基地上的房屋倒塌，权利人依然可以通过重新建造房屋的形式来延续对宅基地的使用。由此可见，宅基地的使用期限可以在事实上推定为具有永恒性，这与宅基地所有权期限的永恒性是吻合的。况且，在潜意识里作为集体成员的农民也是以一种类似所有者的观点来对待其享有的宅基地使用权的。理论界广大学者也意识到宅基地使用权存在名实不一的情形，在内容上使用权已经实现超越而具有了准所有权的特性。因此我们可以得出结论，宅基地使用权已经具有相当的准所有权的属性，且这种"准所有权"的定位，不仅具有理论上的合理性，而且也有实践基础作为依托。

第二，同其他宅基地使用权流转方式相比，宅基地使用权抵押具有无可比拟的独特优势。一方面，通过宅基地使用权抵押可以在较短时间内为权利人融资资金。在常见的宅基地使用权流转方式中，无论是农村房屋赠与、农村房屋继承引发的宅基地使用权流转，还是通过宅基地使用权入股以及宅基地换房等方式引发的宅基地使用权流转，尽管会使得权利人获益，但这几种方式却无法在短时间内为权利人融得资金。另一方面，宅基地使用权抵押未转移占有，相对而言是一种最温和的流转方式。农村房屋的买卖、租赁、赠与、继承以及宅基地使用权入股、宅基地换房等引发的宅基地使用权的流转，均引发一个共同的后果，即农村房屋和宅基地使用权发生转移占有，这也就意味着农村房屋和宅基地使用权不再或者在一段时间内对原权利人不再具有社会保障的功能。从这个角度而言，宅基地使用权抵押之外的其他宅基地使用权流转方式都是较为激烈的流转方式。倘若连宅基地使用权抵押这种最温和的流转方式都不能得到立法的认可，更毋谈其他流转方式。

第三，应将坚持和完善宅基地集体所有权制度作为构建宅基地使用权抵押制度的最基本前提。我国作为一个发展中的农业大国，农村人口众多是我们首先要面对的一个现实，党和政府关心的首要问题就是广大农民的生存和发展的问题。坚持宅基地集体所有权制度，对于解决农民的整体发展问题是有益的，还可避免因宅基地私有而导致的土地集中现象的发生。历史以及国外一些失败的实践均告诫我们，宅基地私人所有会引发一系列社会问题，甚至会导致民无居所的严重后果。而且，坚持宅基地集体所有权制度也恰好契合了农村的社区功能性，在我国农村地区有着坚实的社会基础。作为我国进行社会主要改造的成果，宅基地集体所有也是我国农民长期选择的结果。宅基地集体所有制度在我国农村地区已经推行几十年，已经为广大农民所接受。可以说，坚持宅基地集体所有制度是我国宅基地制度改革成本最低的可行性方案。除遵循坚持和完善宅基地集体所有制度的最基本原则之外，构建宅基地使用权抵押制度还应遵循对利益相关者进行均衡保护的原则和效率与公平相统一的原则。

第四，认为宅基地使用权的抵押人和抵押权人不应作过于严格的限制，范围也不应过于狭窄。就抵押人而言，抵押人在抵押权实现后仍可以有偿取得宅基地使用权，不应强制要求抵押人保证在抵押权实现后有居住场所，宅基地使用权的抵押人还可以其宅基地使用权为他人债务设定抵押；就宅基地使用权的抵押权人而言，笔者通过调研发现，正规金融机构对于宅基地使用权抵押业务似乎并不感兴趣。毕竟，农民以宅基地使用权进行抵押贷款的数额通常不会太大，且相较于其他业务，该业务的利润较少，在抵押权实现后抵押物变现也比较困难。故而，正规金融机构参与宅基地使用权抵押业务的积极性并不高，即使参与，也多是基于其他因素的考虑。故而，笔者认为与其违背市场规律由政府指定特定正规金融机构参与到宅基地使用权抵押业务中来，不如打破制度藩篱，让非正规金融机构、其他组织甚至是有充足闲置资金的自然人参与到宅基地使用权抵押业务中来。

第五，应完善宅基地使用权抵押的设置程序。具体而言，宅基地使用权抵押无须经本集体经济组织的同意、通过宅基地使用权抵押获得贷款的用途不应受到限制以及宅基地使用权抵押期限应当受到限制。

第六，应创新抵押权实现方式。认为除了以折价、拍卖、变卖等方式来实现抵押权外，还可以通过强制管理的方式来实现抵押权。在宅基地使用权抵押权实现后的受让人的范围方面，不应作出限制，但为了最大限度保护本集体经济组织及其成员的利益，应赋予本集体经济组织及其成员在同等条件下的优先购买权。

农民住房财产权抵押制度之构建涉及国家、农村经济组织、农民以及金融机构等多方主体，所蕴含的利益关系十分复杂，除涉及法律因素外，还涉及政治、经济和社会等多方因素，可谓是一项异常艰巨的工程。简单套用一般的法律制度显然无法有效协调上述复杂利益关系，故而设计一套科学合理的农民住房财产权抵押规则便显得至关重要。中央层面的宅基地"三权分置"顶层制度设计为农民住房财产权抵押制度之推行提供了可能性，而科学合理的农民住房财产权抵押制度并不能一蹴而就，实践中应当以一种审慎的方式逐步推进相关改革，既不能保守亦不能过于激进。譬如，在推行农民住房财产权抵押时要不要以保障农民基本居住权为由，要求抵押人有两处以上房产或者由他人保证的情况下[①]，才允许其办理抵押手续？抛开前文所提到的建立"专项风险补偿基金"方式不谈，从审慎推进的角度出发，在我国农村社会保障体系尚不十分健全的背景下，该主

[①] 焦富民：《农业现代化视域下农民住房财产权抵押制度的构建》，《政法论坛》2018年第2期。

张有其一定的合理性,而且实践中诸多地方政府亦作出这种要求。然而,从长远来看,从充分挖掘农民住房财产功能,尊重"经济理性人"意思自治的角度出发,上述附加限制性的要求应当被取消,这也是缩小城乡二元差距进而实现城乡一体化进程的内在要求。概而言之,农民住房财产权抵押制度规则之构建,应当以审慎的方式逐步突破制度瓶颈,在法治原则之下,以市场为导向平衡多方利益,使得农民住房财产权的处分自由能够得到充分保护,最终实现农民住房之用益属性能够得到充分、平等的发挥之目标。正如富勒所言:"认识到法律的内在道德可能支持并赋予功效给多种多样的实体目标,并不等于相信任何实体目标都可以在无损于合法性的情况下获得接受。"① 但这是一个新的起点。

---

① [美] 富勒:《法律的道德》,郑戈译,商务印书馆 2005 年版,第 177 页。

主要参考文献

一 著作类

[美] 阿米·古特曼、丹尼斯·汤普森:《民主与分歧》,杨立峰等译,东方出版社2007年版。

白钦先、李钧:《中国农村金融"三元结构"制度研究》,中国金融出版社2009年版。

毕宝德主编:《土地经济学》(第五版),中国人民大学出版社2006年版。

蔡四平、岳意定:《中国农村金融组织体系重构——基于功能视角的研究》,经济科学出版社2007年版。

陈立夫:《土地法研究》,新学林出版股份有限公司2007年版。

陈明:《农地产权制度创新与农民土地财产权利保护》,湖北长江出版集团、湖北人民出版社2006年版。

陈小君:《农村土地问题立法研究》,经济科学出版社2012年版。

陈新民:《德国公法学基础理论》(增订版·上卷),法律出版社2010年版。

崔建远:《土地上的权利群研究》,法律出版社2004年版。

崔建远:《物权:规范与学说——以中国物权法的解释论为中心》(下册),清华大学出版社2011年版。

崔文星:《中国农地物权制度论》,法律出版社2009年版。

戴伟娟:《城市化进程中农村土地流转问题研究——基于制度分析视角》,上海社会科学院出版社2011年版。

[美] 道格拉斯·诺思:《理解经济变迁过程》,钟正生、邢华等译,

中国人民大学出版社 2008 年版。

杜润生主编:《中国的土地改革》,当代中国出版社 1996 年版。

[美] E·博登海默:《法理学　法律哲学与法律方法》,邓正来译,中国政法大学出版社 1999 年版。

付子堂:《法律功能论》,中国政法大学出版社 1999 年版。

高飞:《集体土地所有权主体制度研究》,法律出版社 2012 年版。

高富平:《物权法原论》,中国法制出版社 2001 年版。

苟军年:《农地使用权流转模式选择及创新研究》,法律出版社 2014 年版。

郭洁:《土地资源保护与民事立法研究》,法律出版社 2002 年版。

[英] 哈耶克:《自由秩序原理》,邓正来译,生活·读书·新知三联书店 1997 年版。

韩俊:《中国农村土地问题调查》,上海远东出版社 2009 年版。

韩松:《集体所有制、集体所有权及其实现的企业形式》,法律出版社 2009 年版。

贺雪峰:《地权的逻辑——中国农村土地制度向何处去》,中国政法大学出版社 2012 年版。

[秘鲁] 赫尔南多·德·索托:《资本的秘密》,于海生译,华夏出版社 2007 年版。

胡亦琴:《农村土地市场化进程中的政府规制研究》,经济管理出版社 2009 年版。

[法] H.孟德拉斯:《农民的终结》,李培林译,社会科学文献出版社 2005 年版。

江华、杨秀琴:《农村集体建设用地流转——制度变迁与绩效评价》,中国经济出版社 2011 年版。

李昌麒主编:《中国农村法治发展研究》,人民出版社 2006 年版。

李凤章:《土地抵押融资的法律困境和制度创新》,立信会计出版社 2012 年版。

李明秋、王宝山:《中国农村土地制度创新及农地使用权流转机制研究》,中国大地出版社 2004 年版。

李蕊:《中国土地银行法律制度构建研究》,法律出版社 2014 年版。

梁慧星主编:《中国民法典草案建议稿附理由·物权编》,法律出版社 2004 年版。

梁慧星主编：《中国物权法草案建议稿：条文、说明、理由与参考立法例》，社会科学文献出版社 2000 年版。

梁慧星、龙翼飞、陈华彬：《中国财产法》，法律出版社 1998 年版。

刘承韪：《产权与政治——中国农村土地制度变迁研究》，法律出版社 2012 年版。

刘俊：《中国土地法理论研究》，法律出版社 2006 年版。

刘卫东、彭俊编著：《土地资源管理学》，复旦大学出版社 2005 年版。

罗剑朝：《中国农地金融制度研究》，中国农业出版社 2005 年版。

马九杰等：《社会资本与农户经济：信贷融资·风险处置·产业选择·合作行动》，中国农业科学技术出版社 2008 年版。

马俊驹、余延满：《民法原论》，法律出版社 2005 年版。

孟勤国等：《中国农村土地流转问题研究》，法律出版社 2009 年版。

钱明星：《物权法原理》，北京大学出版社 1994 年版。

钱忠好：《中国农村土地制度变迁和创新研究》，中国农业出版社 1999 年版。

全国人大常委会法制工作委员会民法室编：《中华人民共和国物权法条文说明立法理由及相关规定》，北京大学出版社 2007 年版。

任丹丽：《集体土地物权行使制度研究——法学视野中的集体土地承包经营权流转》，法律出版社 2010 年版。

阮梅洪：《宅基地价值化——一个义乌样本的观察与思考》，同济大学出版社 2010 年版。

[美] R. 科斯、A. 阿尔钦、D. 诺斯等：《财产权利与制度变迁——产权学派与新制度学派译文集》，刘守英等译，上海人民出版社、上海三联书店 1994 年版。

石凤民：《土地法律制度研究》，山东大学出版社 2011 年版。

宋敏、陈廷贵、刘丽军：《中国土地制度的经济学分析》，中国农业出版社 2008 年版。

宋志红：《集体建设用地使用权流转法律制度研究》，中国人民大学出版社 2009 年版。

孙宪忠：《德国当代物权法》，法律出版社 1997 年版。

孙毅、申建平：《建设用地使用权、宅基地使用权》，中国法制出版社 2007 年版。

汪军民：《土地权利配置论》，中国社会科学出版社 2008 年版。

汪军民：《中国农地制度的立法基础与路径选择》，中国政法大学出版社 2011 年版。

汪小亚：《农村金融体制改革研究》，中国金融出版社 2009 年版。

王丽娅编著：《企业融资理论与实务》，中国经济出版社 2005 年版。

王利明：《物权法研究》（修订版）（下卷），中国人民大学出版社 2007 年版。

王利明：《物权法研究》，中国人民大学出版社 2002 年版。

王卫国、王广华主编：《中国土地权利的法制建设》，中国政法大学出版社 2002 年版。

王小莹：《我国农村土地流转法律制度研究》，法律出版社 2012 年版。

王效贤、夏建三：《用益物权制度研究》，法律出版社 2006 年版。

王煜宇：《农村金融法律制度改革与创新——基于法经济学的分析范式》，法律出版社 2012 年版。

王泽鉴：《民法物权 2：用益物权·占有》，中国政法大学出版社 2001 年版。

温铁军：《三农问题与世纪反思》，生活·读书·新知三联书店 2005 年版。

吴越、沈冬军、吴义茂、许英等：《农村集体土地流转与农民土地权益保障的制度选择》，法律出版社 2012 年版。

［美］W. 阿瑟·刘易斯：《经济增长理论》，梁小民译，上海三联书店、上海人民出版社 1994 年版。

杨立新主编：《民商法理论争议问题——用益物权》，中国人民大学出版社 2007 年版。

杨小玲：《中国农村金融改革的制度变迁》，中国金融出版社 2011 年版。

叶剑平等编著：《中国农村土地产权制度研究》，中国农业出版社 2000 年版。

于霄：《中英比较视野下的宅基地法律改革》，上海人民出版社 2013

年版。

余红：《中国农民社会负担与农村发展研究》，上海财经大学出版社 2000 年版。

袁铖：《制度变迁过程中农民土地权利保护研究》，中国社会科学出版社 2010 年版。

岳彩申、张晓东主编：《新农村建设中的金融法律制度改革与创新研究》，法律出版社 2012 年版。

曾庆芬：《信贷配给与中国农村金融改革》，中国农业出版社 2009 年版。

张云华等：《完善与改革农村宅基地制度研究》，中国农业出版社 2011 年版。

张掌然：《问题的哲学研究》，人民出版社 2005 年版。

郑玉波：《民法物权》，三民书局 1995 年版。

中国社会科学院农村发展研究所宏观经济研究室编：《农村土地制度改革：国际比较研究》，社会科学文献出版社 2009 年版。

周立：《中国农村金融：市场体系与实践调查》，中国农业科学技术出版社 2010 年版。

周林彬：《物权法新论———一种法律经济分析的观点》，北京大学出版社 2002 年版。

周小全：《城乡统筹中的农地金融问题研究》，经济科学出版社 2012 年版。

二 论文类

蔡立东：《宅基地使用权取得的法律结构》，《吉林大学社会科学学报》2007 年第 3 期。

曹泮天：《宅基地使用权流转法律问题研究》，博士学位论文，西南政法大学，2010 年。

陈柏峰：《农地的社会功能及其法律制度选择》，《法制与社会发展》2010 年第 2 期。

陈楚舒、刘琼、唐培华：《基层政府在农地流转中的公共服务能力构建研究》，《山西农业大学学报》（社会科学版）2013 年第 1 期。

陈希勇：《农村土地社会保障功能：困境及其对策分析》，《农村经济》2008年第8期。

陈霄：《农村宅基地利用与抵押调查研究——基于重庆市不同区域农户的问卷分析》，《西部论坛》2010年第5期。

陈霄、鲍家伟：《农村宅基地抵押问题调查研究》，《经济纵横》2010年第8期。

陈治：《财政激励、金融支农与法制化——基于财政与农村金融互动的视角》，《当代财经》2010年第10期。

程国栋：《我国农民的财产性收入问题研究》，博士学位论文，福建师范大学，2005年。

邓大才：《农村土地的融资功能与我国的政策选择》，《岭南学刊》2005年第5期。

邓科：《土地能保障农民什么》，《中外房地产导报》2001年第19期。

窦祥铭：《基于产权视角的中国农村土地制度创新模式探讨》，《理论探讨》2013年第1期。

杜旭宇：《农民财产权益的缺失及其保障》，《经济问题》2005年第3期。

杜志艳、易可君：《我国农地的权属、功能与制度变迁》，《经济体制改革》2003年第4期。

房绍坤：《论土地承包经营权抵押的制度构建》，《法学家》2014年第2期。

房绍坤：《论用益物权制度的发展趋势》，《河南省政法管理干部学院学报》2003年第3期。

房绍坤：《农民住房抵押之制度设计》，《法学家》2015年第6期。

冯张美：《地役权于农村房屋买卖之可行性研究》，《法治研究》2011年第1期。

高富平：《物权法的十个基本问题——物权法草案修改意见》，《法学》2005年第8期。

高圣平：《不动产统一登记视野下的农村房屋登记：困境与出路》，《当代法学》2014年第2期。

高圣平：《宅基地制度改革试点的法律逻辑》，《烟台大学学报》（哲学社会科学版）2015年第3期。

高圣平、刘萍：《农村金融制度中的信贷担保物：困境与出路》，《金融研究》2009 年第 2 期。

高圣平、刘守英：《宅基地使用权初始取得制度研究》，《中国土地科学》2007 年第 2 期。

官兵：《中国农村金融改革的制度解释》，《农业经济问题》2005 年第 10 期。

桂华、贺雪峰：《宅基地管理与物权法的适用限度》，《法学研究》2014 年第 4 期。

郭春镇：《论法律父爱主义的正当性》，《浙江社会科学》2013 年第 6 期。

郭继：《土地承包经营权抵押的实践困境与现实出路——基于法社会学的分析》，《法商研究》2010 年第 5 期。

郭景萍：《社会合理性与社会合情性——对人性化社会何以可能的一种思考》，《学术交流》2006 年第 10 期。

郭明瑞：《关于宅基地使用权的立法建议》，《法学论坛》2007 年第 1 期。

郭兴平：《构建普惠型农村金融政策支持体系的思考》，《农村经济》2011 年第 1 期。

郭振杰、曹世海：《"地票"的法律性质和制度演绎》，《政法论丛》2009 年第 2 期。

韩康：《宅基地制度存在三大矛盾》，《人民论坛》2008 年第 14 期。

韩世远：《宅基地立法问题——兼析物权法草案第十三章"宅基地使用权"》，《政治与法律》2005 年第 5 期。

韩松：《论物权平等保护原则与所有权类型之关系》，《法商研究》2006 年第 6 期。

韩松：《农民集体所有权和集体成员权益的侵权责任法适用》，《国家检察官学院学报》2011 年第 2 期。

韩松：《农民集体所有权主体的明确性探析》，《政法论丛》2011 年第 1 期。

何博、夏立安：《地方法院"造法"的逻辑——以温州等地宅基地流转试验为切入点》，《政法与法律》2012 年第 2 期。

何显明、揭艾花：《制度变迁与中国现代化进程》，《浙江社会科学》1999 年第 2 期。

何缨：《"宅基地换房"模式的法律思考》，《山东社会科学》2010年第1期。

贺日开：《我国农村宅基地使用权流转的困境与出路》，《江苏社会科学》2014年第6期。

贺雪峰：《改革语境下的农业、农村与农民——十八届三中全会〈决定〉涉农条款解读》，《人民论坛·学术前沿》2014年第3期。

侯建省等：《农村金融生态环境建设的基本路径：齐河个案》，《金融发展研究》2009年第3期。

胡建：《农村宅基地使用权抵押的立法嬗变与制度重构》，《南京农业大学学报》（社会科学版）2015年第3期。

黄宝连：《农地产权流转平台及机制研究——以成都为例》，博士学位论文，浙江大学，2012年。

黄家亮：《法社会学视野中的农村宅基地纠纷：村规民俗与法律秩序——冀北米村个案研究》，《学习与实践》2009年第1期。

黄明、王修华：《基于征信视角的农村金融生态环境优化研究》，《农村经济》2009年第11期。

黄庆安：《中国农村金融生态环境问题研究》，《中国农学通报》2009年第13期。

黄奕杰：《农村家庭联产承包责任制的半私有制性质》，《海峡科学》2010年第11期。

惠献波：《家庭个体特征对宅基地使用权抵押贷款意愿影响调查分析》，《首都经济贸易大学学报》2013年第3期。

贾生华：《论我国农村集体土地产权制度的整体配套改革》，《经济研究》1996年第12期。

蒋满霖：《我国农村土地金融制度的建构》，《江西财经大学学报》2003年第5期。

金瓯：《农村土地金融发展研究——基于温州的思考》，《中共宁波市委党校学报》2010年第6期。

李爱喜：《"三农"视角下的农村金融生态层次结构与效率研究》，《宏观经济研究》2008年第10期。

李昌平：《建设新农村先建新金融——深化农村改革的举措之一》，《探索与争鸣》2010年第2期。

李长健：《论农民权益的经济法保护——以利益与利益机制为视角》，《中国法学》2005 年第 3 期。

李长健、张兵、袁蓉婧：《农村土地的社会保障功能与农村土地制度的完善——兼论农民权益保护问题》，《农村经济》2009 年第 5 期。

李国英、刘旺洪：《论转型社会中的中国农村集体土地权利制度变革——兼评〈物权法〉的相关规定》，《法律科学》（西北政法学院学报）2007 年第 4 期。

李乐平：《农民金融权：主体、本质属性及权能》，《广西社会科学》2013 年第 1 期。

李乾宝：《农地入股抵押模式的实践探索及其风险防范探究》，《福建师范大学学报》（哲学社会科学版）2013 年第 6 期。

李晓峰：《论用益物权在物权法中的地位——以土地用益物权为例》，《中国人民大学学报》2000 年第 4 期。

李信见：《基于农村信用体系建设的信用制度激励与约束机制——长岛农村信用社优化金融生态环境与化解不良贷款案例》，《征信》2011 年第 5 期。

李迎生：《农村社会保障制度改革：现状与出路》，《中国特色社会主义研究》2013 年第 4 期。

厉以宁：《城乡二元体制改革关键何在》，《经济研究导刊》2008 年第 4 期。

林依标：《农民住房财产权抵押、担保、转让的思考》，《中国党政干部论坛》2014 年第 9 期。

刘保玉：《现代物权法的发展趋势及其对我国物权立法的启示》，《烟台大学学报》（哲学社会科学版）2005 年第 3 期。

刘斌、郭迪跃、许兆军：《204 个重点村"宅基地问题"调查》，《国土资源导刊》2009 年第 5 期。

刘广林：《创新农村宅基地使用权流转之对策》，《改革与战略》2012 年第 6 期。

刘广明：《论农地融资功能强化及其制度构建》，《求实》2011 年第 2 期。

刘广明：《农地抵押融资功能实现法律制度研究》，博士学位论文，西南政法大学，2014 年。

刘俊：《农村宅基地使用权制度研究》，《西南民族大学学报》（人文社会科学版）2007年第3期。

刘凯湘：《法定租赁权对农村宅基地制度改革的意义与构想》，《法学论坛》2010年第1期。

刘凌晨、曾益：《新农保覆盖对农户劳动供给的影响》，《农业技术经济》2016年第6期。

刘萍：《一项从根本上打破垄断，保护国家和农民利益的重大改革——来自农村集体建设用地使用权流转研讨会上的报告》，《中国改革》2001年第9期。

刘锐：《农村宅基地性质再认识》，《南京农业大学学报》（社会科学版）2014年第1期。

刘锐：《如何解读党的十八届三中全会土地制度改革精神》，《国家行政学院学报》2014年第1期。

刘艳：《农地使用权流转研究》，博士学位论文，东北财经大学，2007年。

刘杨：《中国农地融资制度建设构想——基于发达国家实践的启示》，《湖南农业大学学报》（社会科学版）2012年第5期。

刘云生：《农村土地使用权抵押制度刍论》，《经济体制改革》2006年第1期。

吕军书：《从政法传统看我国农村宅基地抵押流转的必然性——兼论农村宅基地抵押流转的途径》，《求实》2014年第1期。

吕军书：《物权效率视角下我国农村宅基地使用权市场化配置探微——兼论宅基地市场配置的风险防范》，《法学杂志》2011年第7期。

罗亚海、张文臻：《农村宅基地流转及其法制研究——从法经济学的视角分析》，《山东农业大学学报》（社会科学版）2009年第2期。

马运全、朱宝丽：《农村宅基地使用权抵押法律问题探析》，《农村金融研究》2011年第8期。

马智利、瞿鹏成：《重庆农村宅基地确权证书抵押机制设计研究》，《重庆理工大学学报》（社会科学版）2013年第1期。

孟勤国：《物权法开禁农村宅基地交易之辩》，《法学评论》2005年第4期。

米健：《用益权的实质及其现实思考——法律的比较研究》，《政法论坛》1999 年第 4 期。

聂勇：《农村金融发展的财政补偿路径选择》，《南方金融》2010 年第 3 期。

宁红丽：《民法强制性规范的反思与优化》，《法学》2012 年第 4 期。

潘施琴：《农民金融发展权立法：一个分析框架》，《理论月刊》2002 年第 7 期。

彭诚信、陈吉栋：《农村房屋抵押权实现的法律障碍之克服——"房地一致"原则的排除适用》，《吉林大学社会科学报》2014 年第 4 期。

彭虹：《农地融资的制度构建初探》，《东南学术》2010 年第 6 期。

彭丽坤、宁国强、姜健：《农户宅基地使用权抵押贷款意愿的研究——以辽宁省为例》，《江苏农业科学》2014 年第 6 期。

彭新万：《我国农村土地产权清晰化配置与实现——基于农村土地功能变迁视角》，《江西社会科学》2013 年第 6 期。

钱忠好：《关于中国农村土地市场问题的研究》，《中国农村经济》1999 年第 1 期。

秦红松：《重构农村房地产抵押制度》，《中国金融》2013 年第 23 期。

宋才发：《农民宅基地所有权及使用权的法律探讨》，《中南民族大学学报》（人文社会科学版）2012 年第 4 期。

宋才发、马国辉：《农村宅基地和集体建设用地使用权确权登记的法律问题探讨》，《河北法学》2015 年第 3 期。

孙国华、何贝倍：《法的价值研究中的几个基本理论问题》，《法制与社会发展》2001 年第 4 期。

孙笑侠、郭春镇：《法律父爱主义在中国的适用》，《中国社会科学》2006 年第 1 期。

汤文平：《宅基地地上私权处分的路径设计》，《北方法学》2010 年第 6 期。

唐烈英：《夹缝中的兴盛：论农地"三权"抵押的法禁令行》，《社会科学》2016 年第 1 期。

唐薇、吴越：《土地承包经营权抵押的制度"瓶颈"与制度创新》，《河北法学》2012 年第 2 期。

唐贤兴、余亚梅：《运动式执法与中国治理的困境》，《新疆大学学报》（哲学人文社会科学版）2009 年第 3 期。

田洪涛、张万博、刘全保：《法律应允许农村土地承包经营权抵押》，《河北金融》2007 年第 12 期。

田野：《农民融资抵押制度创新问题研究》，《农村经济》2010 年第 3 期。

万广军：《农村产权抵押融资中的利益平衡——以"成都经验"为例》，《农村经济》2011 年第 4 期。

万广军、杨遂全：《农村产权抵押融资的抵押物研究——成都经验的启示》，《经济体制改革》2011 年第 2 期。

万国华：《宅基地换房中的若干法律问题》，《中国房地产》2009 年第 3 期。

王崇敏、孙静：《农村宅基地使用权流转析论》，《海南大学学报》（人文社会科学版）2006 年第 2 期。

王崇敏：《宅基地使用权制度现代化构造》，博士学位论文，武汉大学，2013 年。

王浩：《农地抵押估价方法适用性分析及完善对策》，《湖南社会科学》2013 年第 3 期。

王菊英：《乡镇集体土地所有权的变革路径探析》，《西南政法大学学报》2005 年第 4 期。

王利明：《论征收制度中的公共利益》，《政法论坛》2009 年第 2 期。

王利明、周友军：《论我国农村土地权利制度的完善》，《中国法学》2012 年第 1 期。

王明初、贺雪峰：《论中国农村土地制度的社会功能》，《福建论坛》（经济社会版）1999 年第 4 期。

王湃、张安录：《农地价值构成及其评估方法研究》，《理论月刊》2007 年第 6 期。

王胜利：《农村土地私有化的法律思考》，《焦作大学学报》2007 年第 1 期。

王为民、李相敏：《农村社会保障缺失下的土地撂荒问题研究》，《山东社会科学》2008 年第 4 期。

王选庆：《中国农地金融制度研究》，博士学位论文，西北农林科技大学，2004 年。

王莹丽：《农民金融发展权及其法律保障机制》，《财经科学》2010年第8期。

吴元元：《法律父爱主义与侵权法之失》，《华东政法大学学报》2010年第3期。

吴越：《从农民角度解读农村土地权属制度变革——农村土地权属及流转调研报告》，《河北法学》2009年第2期。

夏立平、岳悍惟：《试论中国农民的人权发展》，《法学论坛》2001年第2期。

向红、曹跃群、何涛：《农村产权抵押融资的制约因素及路径选择——以重庆为例》，《安徽农业科学》2011年第31期。

熊鹭：《建立农村金融税收优惠政策的长效机制》，《中国金融》2010年第12期。

徐凤真：《关于完善宅基地使用权的若干思考》，《理论学刊》2010年第1期。

徐剑波、朱敢：《对农村承包土地和宅基地抵押贷款情况的调查思考——以福建省为例》，《福建金融》2010年第12期。

徐珍源、孔祥智：《改革开放30年来农村宅基地制度变迁、评价及展望》，《价格月刊》2009年第8期。

徐祖林：《农地融资的法律经济学分析》，《广西民族大学学报》（哲学社会科学版）2011年第6期。

杨杰：《宅基地问题的法律分析》，《南京农业大学学报》（社会科学版）2007年第2期。

杨立新：《论我国土地承包经营权的缺陷及其对策——兼论建立地上权和永佃权的必要性和紧迫性》，《河北法学》2000年第1期。

杨婷、叶琪：《土地流转中农村金融制度的缺失与创新》，《山西农业大学学报》（社会科学版）2010年第1期。

杨维刚：《农村宅基地确权登记中的问题与对策》，《中国土地》2015年第11期。

姚道艳：《农村住宅抵押法律问题研究》，《南方金融》2013年第3期。

姚丽、魏西云、章波：《北京市郊区宅基地流转问题研究》，《中国土地》2007年第2期。

姚敏:《我国农村金融改革的反思与展望》,《现代经济探讨》2011年第2期。

余亚梅:《政府偏好与制度变迁:以收容遣送制度为案例的研究》,博士学位论文,复旦大学,2011年。

余亚梅、唐贤兴:《政府偏好与制度起源:以1950年代后的收容遣送政策为例》,《社会科学》2012年第3期。

喻文莉、陈利根:《困境与出路:城市化背景下的集体建设用地使用权流转制度》,《当代法学》2008年第2期。

袁铖:《主要功能变迁视角下的中国农村土地制度创新》,《中南财经政法大学学报》2009年第6期。

岳永兵、孙涛:《农民宅基地抵押问题与改革建议》,《中国土地》2014年第11期。

曾庆芬:《城乡二元体制下农村产权的信贷供给效应研究》,《江汉学术》2013年第6期。

张盖华:《农村宅基地使用权抵押融资法律问题探析》,《甘肃金融》2012年第4期。

张国华:《论宅基地使用权的功能》,《天津法学》2013年第3期。

张湖东:《为什么农村土地抵押借贷具有比较优势——中国历史经验的考察》,《中国经济问题》2013年第4期。

张晓霞:《我国农地金融制度建设的经验教训与启示》,《上海金融》2011年第2期。

张晓远、吴玉萍:《农村土地承包经营权流转中的法律问题亟待完善》,《农村经济》2005年第5期。

张晓云、张伟:《宅基地置换模式的立法思考》,《前沿》2014年第Z2期。

张笑寒:《美国早期农地金融制度及其经验启示》,《农村经济》2007年第4期。

张笑寒、张娟:《农户贷款困境与农地金融制度的构建》,《江西财经大学学报》2005年第6期。

张燕、杜国宏、吴正刚:《农民金融权:一个农村民间金融理论研究的新视角》,《农村经济》2010年第9期。

张迎春、吕厚磊、肖小明:《农村产权确权颁证后融资困境解决了吗——以成都市为例》，《农村经济》2012年第5期。

张振勇：《利益博弈、同意一致性与农村宅基地制度演化》，《西北农林科技大学学报》（社会科学版）2014年第2期。

张振勇、杨立忠：《农户宅基地流转意愿的影响因素分析——基于对山东省481份问卷调查》，《宏观经济研究》2014年第6期。

赵常华：《论农村土地的社会保障功能》，《中国房地产》2004年第8期。

赵俊臣：《农民财产权抵押方案如何设计?》，《决策》2014年第4期。

赵淑华：《关于农地产权制度的理性思考》，《学习与探索》2004年第6期。

赵小军：《对土地私有化之批判——兼论农村土地的社会保障功能》，《河北法学》2007年第1期。

赵忠奎：《农地抵押地方"试错"的证成、限制与出路》，《江西财经大学学报》2015年第6期。

郑凤田、傅晋华：《关于土地登记制度实施过程中政府角色的经济学分析》，《经济问题》2007年第1期。

郑兴明：《农地金融：何以可能与何以可为——基于农地流转的思考》，《理论探索》2009年第6期。

郑有贵：《又一次土地制度创新的探索——比较视角下的平罗县农村土地信用合作社》，《农村经营管理》2008年第2期。

郑宇存、赵力、李向萍：《农村土地产权抵押融资的实践与思考——以宁夏平罗县为例》，《西部金融》2013年第8期。

郑志峰、景荻：《新一轮土地改革背景下宅基地入股的法律制度探究》，《农村经济》2014年第12期。

中国人民银行成都分行营业管理部课题组、谢萍：《从交易费用视角看农村产权抵押融资改革——基于成都案例的分析》，《西南金融》2011年第2期。

中国人民银行哈尔滨中心支行课题组、周逢民、张会元：《福建省宅基地抵押贷款经验借鉴及我省开展宅基地抵押贷款业务的思路设计》，《黑龙江金融》2011年第7期。

中国土地勘测规划院地政研究中心：《我国城市郊区宅基地问题研

究》,《中国土地》2007年第1期。

钟三宇:《困境与革新:宅基地使用权抵押融资的法律思考——以宅基地使用权的物权属性为视角》,《西南民族大学学报》(人文社会科学版)2014年第11期。

周立群、张红星:《农村土地制度变迁的经验研究:从"宅基地换房"到"地票"交易所》,《南京社会科学》2011年第8期。

朱宝丽:《农村宅基地抵押的法律约束、实践与路径选择》,《生态经济》2011年第11期。

朱新华:《农村宅基地制度创新与理论解释——基于"要素相对价格变化、利益博弈与制度创新"的分析框架》,博士学位论文,南京农业大学,2011年。

朱秀茹、张永敏:《社会主义新农村土地流转的制约因素与路径选择》,《农业经济》2011年第4期。

诸培新、曲福田、孙卫东:《农村宅基地使用权流转的公平与效率分析》,《中国土地科学》2009年第5期。

邹新阳、段豫川、吕刚武:《农地金融制度的组织体系创新——基于制度供给的视角》,《农村经济》2012年第3期。

左平良、余光辉:《土地承包经营权抵押与农村金融担保制度创新》,《学术论坛》2005年第8期。

后 记

在完成这部《宅基地使用权抵押法律制度研究》著作之后，我深感欣慰与满足。这本书不仅仅是我博士学位论文的延伸与拓展，更是我六年多来坚持深入研究、不断整理修改的心血结晶。它承载了我对宅基地使用权抵押法律问题的深入思考与探索，也寄托了我"走出乡间路"的梦想与追求。

回想当初，我选择宅基地使用权抵押法律问题作为我的博士论文研究方向，除了考量唐烈英老师主持的国家社会科学基金项目"农村土地'三农'抵押融资窘境及改革措施研究"（13BFX107）外，也是基于作为农村子弟对这个领域深厚的兴趣与责任感。随着城市化进程的加速，宅基地问题日益凸显，而宅基地使用权抵押则是其中一个复杂而重要的环节。我出生于农村，深知农村的发展与变革对于整个国家的重要性。我希望通过我的研究，能够为农村的法律建设与发展贡献自己的一份力量。这部著作的完成，不仅仅是我个人学术成果的展现，更是我对农村、对乡土的一份深情厚意。我希望通过深入研究，能够为宅基地使用权的规范化、法制化提供一些有益的思考与建议。

一路走来，似乎应该回顾一下心路历程，心有千绪，应该要从哪说起呢？人当知有来处，方知去往何处。2012 年年初，联系唐烈英老师，向先生表达了我考博的意向。先生非常支持我的想法，其间给我提供了很多力所能及的帮助，使我在 2013 年有幸成为西南政法大学经济法学院的一名博士研究生。记得录取前，卢代富教授电话询问如果被录取，能否来就读时，我高兴万分，激动之情无以言表，感谢卢老师激发出我青春的激情，每当有机会，总要敬卢老师小酒三杯以表一直以来的感激之情。

博士期间的学习是辛苦的，与其他同学相比，我的各方面学术技巧相形见绌。能顺利完成学位论文，离不开唐烈英教授的支持、关心和帮助。先生是我本科、硕士研究生、博士研究生的导师，一路走来，看着我成长，从同学谑称的"杀手"到"应是绿肥红瘦"知冷暖的关怀，从博士期间"小论文"的写作到"大论文"的选题、撰写及修订，从授课解惑到国家社科基金结项排名，先生都给予无私的帮助和贴心的关怀，对先生的感激无以言表。

  感谢家人的关爱与支持。博士学业至此，已近知天命之年，在学术上仍有所坚持和求索，这种坚定、这种博士情怀的实现离不开父母、内人的鼓励与支持。内人在繁忙工作之余，要辅导儿子学习，照顾家庭；父母帮我照看儿子，送儿读书，照顾冷暖，使我能够工作学习两不误。有家，人生的高度；有识，人生的宽度；这是我前进的动力。

  感谢那些帮助过我的人，愿以敬畏、虔诚之心为学为人，雄关漫道真如铁，而今迈步从头越，从头越，不负诸位之期望，不负吾之梦。

  最后，感谢福建江夏学院学术著作出版资助，才能让本书顺利出版。

钟三宇

2024 年 4 月 26 日

福建　福州